T0194634

Sammlung Metzler
Band 116

Karl S. Guthke

Das deutsche bürgerliche Trauerspiel

6., vollständig überarbeitete und erweiterte Auflage

Verlag J.B. Metzler Stuttgart · Weimar

Der Autor

Karl S. Guthke, geb. 1933, ist Professor für deutsche Literatur an der Harvard University.

Bibliografische Information Der Deutschen Bibliothek
Die Deutsche Bibliothek verzeichnet diese Publikation in der Deutschen Nationalbibliografie; detaillierte bibliografische Daten sind im Internet über <http://dnb.ddb.de> abrufbar.

ISBN 978-3-476-16116-1
ISBN 978-3-476-01491-7 (eBook)
DOI 10.1007/978-3-476-01491-7

© 2006 Springer-Verlag GmbH Deutschland
Ursprünglich erschienen bei J.B. Metzlersche Verlagsbuchhandlung
und Carl Ernst Poeschel Verlag GmbH in Stuttgart 2006
www.metzlerverlag.de
info@metzlerverlag.de

Inhalt

Abkürzungen

Abt.	Abteilung
Bd/Bde	Band/Bände
bgl.Tr.	bürgerliches Trauerspiel
Diss.	Dissertation
DLD	Deutsche Literatur-Denkmäler
dt.	deutsch
DVjs	Deutsche Vierteljahrsschrift für Literaturwissenschaft und Geistesgeschichte
GLL	German Life and Letters
GRM	Germanisch-Romanische Monatsschrift
Hrsg.	Herausgeber
hrsg.	herausgegeben
Jb./Jbb.	Jahrbuch/Jahrbücher
JEGP	Journal of English and Germanic Philology
Jh.	Jahrhundert
Lachmann/Muncker	G.E. Lessing, Sämtliche Schriften, hrsg. v. Karl Lachmann. 3. Aufl. besorgt von Franz Muncker. 23 Bde. 1886–1924
Masch.	Maschinenschrift (ungedruckt)
MLN	Modern Language Notes
MLR	Modern Language Review
N.F.	Neue Folge
Petersen/Olshausen	G.E. Lessing, Werke. Vollst. Ausg. in 25 Teilen, hrsg. v. Julius Petersen u. Waldemar v. Olshausen. [1925–35].
RL	Reallexikon der dt. Literaturgeschichte/Literaturwissenschaft
Slg	Sammlung
Tgb.	Tagebücher
Zs.	Zeitschrift

Vorwort zur zweiten Auflage

Für die Neuauflage wurden die Bibliographien auf den neusten Stand gebracht und die Textpartien einer gründlichen stilistischen und sachlichen Revision unterzogen. Dieser sind nicht nur die Besprechungen der ersten Auflage und die neueren Arbeiten zum bürgerlichen Trauerspiel sowie zu einzelnen Exemplaren der Gattung zugute gekommen, sondern auch die eigenen Studien der letzten Jahre, die zu meinem Buch »Literarisches Leben im 18. Jahrhundert in Deutschland und in der Schweiz« (Bern u. München: Francke, 1975) geführt haben.

Der Anforderung dieser Realienbuch-Reihe: *kritische Information* zu bieten, Urteil und Unparteilichkeit zu verbinden, ist in einer Darstellung des deutschen bürgerlichen Trauerspiels nicht leicht zur Zufriedenheit aller Kritiker zu genügen, da das bürgerliche Trauerspiel für viele ein Politikum geworden ist. Was den einen als Fairneß berührt, wirkt auf andere als Zuviel oder Zuwenig an Parteilichkeit. Davon unangefochten, habe ich es jedoch für angezeigt gehalten, meine grundsätzliche Skepsis gegenüber der landläufigen Vorstellung vom bürgerlichen Trauerspiel als kohärenter literarischer Gattung stärker (doch ohne die Verpflichtung zur Sachlichkeit weniger ernst zu nehmen) zu akzentuieren (s. besonders Kap. I) – in der Hoffnung, dadurch ein kritisches Gespräch in Gang zu bringen über die immer noch viel zu wenig durchdachte Fundierung des Begriffs dieser Gattung in unausgesprochenen traditionellen wissenschaftlichen Vorentscheidungen. Für einen kritischen Anstoß in dieser Richtung danke ich außer den Rezensenten, die so freundlich waren, die eigenständige Forschungssubstanz dieses kleinen Handbuchs zu würdigen, besonders Herrn Dr. Reinhart Meyer, der mich auch auf drei als bürgerliche Trauerspiele bezeichnete Stücke sowie auf die Periochen von zwei verschollenen jesuitischen bürgerlichen Trauerspielen aufmerksam machte (s.u. S. 76), die mir in der ersten Auflage entgangen waren.

Harvard University
Dezember 1975   K.S.G.

Vorwort zur fünften Auflage

Die vierte Auflage (1984) dieses Buches, das zuerst 1972 erschien, war lediglich eine bibliographisch leicht ergänzte und in einigen Details korrigierte und erweiterte Fassung der dritten Auflage (1980), die ihrerseits gegenüber der zweiten (1976) und vor allem der ersten eine generelle Überarbeitung darstellte. Die vorliegende fünfte ist wiederum eine in den darstellenden und bibliographischen Partien stark revidierte und ergänzte Bearbeitung der vierten.

Die Druckgeschichte dieses Buches umspannt also das Vierteljahrhundert, in das (nach der ersten Phase des Interesses, vom späten 19. Jahrhundert bis in die dreißiger Jahre des 20.) die entscheidenden Ereignisse in der Erforschung der Gattung des bgl. Tr. fallen. In den sechziger und frühen siebziger Jahren bot sich das bgl. Tr. in erster Linie »als Paradigma für eine literarische Beschäftigung mit Texten an, deren Bedeutung primär in der Spiegelung gesellschaftlicher Umbruchprozesse hervortrat«, wie Manfred Durzak es in »Zu Gotthold Ephraim Lessing. Poesie im bürgerlichen Zeitalter« (1984) formuliert hat (S. 133). Es folgten, nach einem gewissen Rückgang des Interesses in den Jahren der wiederentdeckten Innerlichkeit, in den achtziger Jahren besonders die familiengeschichtlich orientierten Studien zu der Gattung, die ja in prononcierter Weise in der Familie statt am Hof oder in der großen Welt beheimatet ist und in dieser Hinsicht der sozialen Realität gerecht zu werden sucht. Zögernd ließen sich auch ein paar mehr formal und im engeren Sinne literarisch orientierte Arbeiten sehen. Um 1990 dann schien der ganze Komplex im wesentlichen hinreichend erforscht zu sein; die Akten waren mehr oder weniger geschlossen, das Examensthema besiegelt, das Wissenswerte übersichtlich geordnet, nicht zuletzt in der vierten Auflage dieses Buches, so ergänzungsbedürftig in Einzelheiten besonders bibliographischer Art es auch mittlerweile erscheinen mochte. Es sah aus, als sei das La Bruyèresche »Tout est dit« erfüllt. Was die in der ehemaligen DDR seit der vierten Auflage weiterhin anhaltende Hochflut sozialhistorisch ausgerichteter Studien noch brachte, war, nicht anders als seit den sechziger Jahren, wenig brauchbares Strandgut, in der Regel ohne ausreichenden Kontakt mit der Forschung, voraussagbar im »Ergebnis«, sachlich négligeable.

Das Thema »Bgl. Tr.« schien reif für postmoderne Zuwendung. Dazu ist es noch nicht gekommen. Vorerst aber, um 1993, hat man vielmehr ernst gemacht mit dem seit langem als berechtigt erkannten, schon in der ersten Auflage dieses Buches ausgesprochenen Wunsch, innerhalb der Gattung bgl. Tr. die *Umgebung* der allbekannten Spitzenleistungen (»Miss Sara Sampson«, »Emilia Galotti«, »Kabale und Liebe« und noch »Maria Magdalena«) genauer kennen zu lernen. Besonders die stofflich reichhaltig fundierten umfassenden Studien von Elena Vogg und Cornelia Mönch haben den explorativen Abstieg vom »Höhenkamm« nicht gescheut – mit interessanten Ergebnissen, die in dieser Neubearbeitung berücksichtigt werden. Gewiß ist das erst ein Anfang, ein Anfang, der auch Probleme aufwirft und auf eben diese Weise weiteren Studien dieser Art den Weg weist. So hat es den Anschein, als werde jetzt eine neue Phase der Erforschung des bgl. Tr. eingeleitet, die ihm erneute Aktualität verspricht.

Harvard University
Sommer 1994 K.S.G.

Vorwort zur sechsten Auflage

Seit der fünften Auflage sind zwei übersichtartige Darstellungen der Gattung erschienen: die Aachener Dissertation von Kwang Woo Park, »Die Entstehung und die Stufen des Wandels des bürgerlichen Trauerspiels in Deutschland« (Aachen: Mainz 1998), und Christian Rochow, »Das bürgerliche Trauerspiel« (Stuttgart: Reclam 1999). Während die erste sich auf die Höhepunkte – Lessing, Schiller, Hebbel – konzentriert und weder zur Einzelinterpretation noch zur Gattungsdiskussion nennenswert Neues bringt, schließt die zweite, weithin eher eklektisch-skizzenhafte gelegentlich die Erörterung wenig bekannter Stücke ein, ohne jedoch den Anspruch zu erheben, der vorliegenden Einführung Konkurrenz zu machen, die vielmehr als »für ein vertieftes Studium unentbehrlich« bezeichnet wird (S. 7, 220). Den Stand der Forschung ergänzt Rochow vor allem durch seine Berücksichtigung Gottscheds als Vorläufers auf dem Gebiet der Theorie des bgl. Tr. sowie durch seine Erörterung des Schicksalsdramas als marginale Variation des goethezeitlichen bürgerlichen (wenn auch nicht so genannten) Schauspiels.

Gegenüber der vorausgehenden Fassung von 1994 stellt die sechste Auflage in Konzeption und Ausgestaltung eine durchgreifende Revision und Erweiterung des Textes im Licht neuerer Forschungsergebnisse dar. Streckenweise ist kein Stein auf dem anderen geblieben. Die Literaturangaben wurden entsprechend auf den neusten Stand gebracht; sie wurden aber auch, im Zuge eines neuerlichen grundsätzlichen Durchdenkens des Themenkomplexes, retrospektiv, also für die Zeit vor 1994, ergänzt, im übrigen auch kritisch gekürzt (wobei im Auge behalten wurde, daß ältere Werke, auch maschinenschriftliche Dissertationen, manchmal wertvolle Dokumentarialien oder unüberholte Interpretationsansätze enthalten; auch ist es sinnvoll, die Geschichte der Beschäftigung mit dem Thema zu dokumentieren, indem »aufgehobene« Forschungsbeiträge in den Bibliographien verzeichnet bleiben). Sollte ein Hinweis auf dieses oder jenes Sekundär- oder auch Primärwerk vermißt werden, so handelt es sich im Zweifelsfall um eine wohlüberlegte (wenn natürlich auch nicht unbedingt richtige) negative Entscheidung meinerseits; jedenfalls habe ich die einschlägige Forschung extensiv und intensiv zur Kenntnis genommen: auch »Lücken« mögen also ihren Wert haben.

Besonders reichhaltig waren im Intervall seit der letzten Auflage (wieder) die Arbeiten zu Lessing, Schiller und Hebbel. Um die Bibliographien nicht ins Uferlose wuchern zu lassen und im Text nicht vom Hundertsten ins Tausendste zu kommen, wird von der Sekundärliteratur zu den Dramen dieser Autoren nur das berücksichtigt, was sich in betonter Weise auf das bgl. Tr. als Gattung und die ihr eigenen Probleme bezieht. Selbst bei dieser Abstinenz ist jedoch zu sagen, daß das grundsätzlich Neue, das bei der Sichtung der rezenten Literatur für die Fragestellungen dieses Buches herausspringt, sich in Grenzen hält. Oft wird – nicht immer in Kenntnis des bereits Gesagten – Bekanntes variiert und nuanciert, was selbstverständlich in vielen Fällen aufschlußreich ist, aber an Ergiebigkeit nicht zu vergleichen ist mit den weiterführenden wissenschaftlichen Gesprächen über das bgl. Tr. in den sechziger und siebziger Jahren. Die Solidität fundamentaler Ergebnisse hat sich im wesentlichen bewährt. Um so nötiger ist es allerdings angesichts der Hochflut wissenschaftlicher Publikationen, daß die Fülle einigermaßen reduziert, geordnet und überschaubar gemacht wird.

In zunehmendem Maße allerdings haben die weniger prominenten Dramatiker kritische Aufmerksamkeit gefunden – mit bedeutsamen Ergebnissen, von denen dann auch ein Licht auf die großen Namen zurückfällt. Interesse fand hier vor allem das schon seit den sechziger und dann wieder seit den frühen neunziger Jahren in vielen Aspekten behandelte Thema Familie: Idyll und Ideal oder Ort der Spannungen zwischen individuellem Autonomiestreben und repressiv-patriarchalischer Beharrungstendenz? Verstärkt sind dabei in neuerer Zeit Gender-Fragestellungen, also Probleme der Geschlechterrollen und -identität zur Geltung gekommen, nicht ohne augenöffnende feministische Akzentsetzung.

Das Theorie-Kapitel wurde um einige Texte aus dem 18. und frühen 19. Jh. bereichert, z. T. auf Grund der »Theaterperiodika des 18. Jahrhunderts« von Wolfgang F. Bender, Siegfried Bushuven und Michael Huesmann (1994–2005). Die gelegentlich ungeprüft aufgegriffene, aber auch kritisch in Frage gezogene These von Cornelia Mönch (1993), daß das bgl. Tr. (repräsentiert durch die problematische Auswahl der ihrem Buch zugrundegelegten Texte) wirkungsästhetisch auf Abschreckung statt Mitleiderregung verpflichtet sei, ließ sich auch von der zeitgenössischen Theorie der Gattung her nicht bestätigen.

Wann die Geschichte des bgl. Tr. beginnt, ist, wenn auch nicht ganz unkontrovers, weniger umstritten als die Frage nach ihrem Ende, speziell: ob die Gattung, die man häufig als ein Phänomen der Zeit vom mittleren 18. bis zum mittleren 19. Jh. gesehen hat, im 20. Jh.

noch ein Nachleben hatte oder aber spätestens »heute« ausgestorben
sei. Das ist natürlich z. T. eine Definitionsfrage. Die Stimmen mehren sich (nicht unangefochten zwar) für die Auffassung, daß das bgl.
Tr. gegen Ende des 19. Jhs in eine neue Phase getreten sei und in
charakteristischen, auch konkret auf frühere Phasen zurückgreifen-
den Metamorphosen noch in der unmittelbaren Gegenwart lebendig und aktuell sei. Die vorliegende Fassung trägt dieser Entwicklung Rechnung.

Die Liste der sich als bgl. Tr. bezeichnenden Dramen wurde in einigen Fällen präzisiert und ergänzt nach Reinhart Meyers »Bibliographia
dramatica et dramaticorum« (bis einschl. 1. Abt., Bd XXIV).

Dem gegenwärtigen postkolonialen »globalen« Interesse an der
Literatur kommt die eng umgrenzte Welt des bgl. Tr. natürlich wenig
entgegen. Wieso jedoch die Grenzen menschlicher Existenzerfahrung
um so spürbarer werden, je mehr sich der globale Blick ins Grenzen-
lose erweitert (wie es gerade in der Goethezeit als der Hauptblütepe-
riode des bgl. Tr. der Fall ist), sucht mein Buch »Die Erfindung der
Welt. Globalität und Grenzen in der Kulturgeschichte der Literatur«
(Tübingen: Francke 2005) darzustellen.

Harvard University
Februar 2006   K.S.G.

I. Einführung: Bürgerliches Trauerspiel – eine literarische Gattung?

Das bgl. Tr. steht seit einigen Jahrzehnten (wieder) in einem der Brennpunkte des literaturwissenschaftlichen Interesses an deutschsprachigen Texten. Als besondere Herausforderung hat sich dabei der Umstand erwiesen, daß sich unter dem Stichwort »bgl. Tr.« eigentlich nur vier Dramen im kollektiven Gedächtnis der Gebildeten erhalten haben: »Miß Sara Sampson« (1755), »Emilia Galotti« (1772), »Kabale und Liebe« (1784) und »Maria Magdalena« (1844). Diese selektive Überlieferung stellt den Historiker vor zwei Probleme.

Erstens: die genannten Stücke sind zwar die interessantesten und wertvollsten vom Standpunkt der künstlerischen Vollendung und des menschlichen Gehalts; aber die üblich gewordene Konzentration auf diese Höchstleistungen garantiert keineswegs einen angemessenen Eindruck von Eigenart und Bedeutung der Gattung als ganzer oder auch nur ihrer einzelnen Phasen; vielmehr sieht man sich bei solcher geistes- und literaturwissenschaftlichen Höhenwanderung zunächst einmal mit der Frage nach dem repräsentativen Charakter der in Erinnerung gebliebenen Exemplare der Gattung konfrontiert. Steht es wirklich so axiomatisch fest, daß, wie in Klaus W. Hempfers »Gattungstheorie« (1973) zu lesen ist, »das Typische einer ›Gattung‹ besonders bei den ›großen‹ Dichtern ausgeprägt« ist (S. 135)? Oder besteht die neuere Auffassung zu Recht, daß ihre Werke eher Ausnahmen darstellen (Mönch)?

Zweitens: die genannten Stücke markieren den Anfang und (der lange unbestrittenen Auffassung nach) das Ende sowie die dazwischenliegenden Höhepunkte der Geschichte der Gattung; aber wie sind schon diese vier – von der Vielzahl der übrigen, z. T. fast verschollenen, ganz zu schweigen – auf einen Nenner zu bringen? Man spricht von »dem bgl. Tr.« als dramatischer Gattung, die eine Geschichte und Entwicklung habe, übersieht jedoch leicht, daß von Entstehung, Entfaltung und Verfall eines sich im wesentlichen gleichbleibenden literarischen Typus nur in sehr lockerem Wortverstand die Rede sein kann. Im Gegenteil: die Bezeichnung »bgl. Tr.«, wie sie, keineswegs nur von Lessing, Schiller und Hebbel, in Untertiteln wie auch in der Literaturkritik und -theorie von der Mitte des 18. bis zur Mitte des 19. Jhs (und darüber hinaus bis in die Gegenwart) verwendet wird, charakterisiert Werke, deren Verschiedenheit unter stilistischem, geistesgeschichtlichem und soziologischem Gesichtspunkt so beträcht-

lich ist, daß man sich fragen muß, ob sie eine brauchbare Orientie-
rungsfunktion besitzt, ob also vom bgl. Tr. als einer monolithischen
Gattung oder kohärenten Tradition im literarischen Leben überhaupt
gesprochen werden kann. Wird nicht allzu Disparates künstlich unter
einer ebenso viel- wie nichtssagenden gattungstypologischen Kategorie zusammengehalten? Oder reicht als einheitliches Kennzeichen des
gesamten herkömmlich mit dem Etikett »bgl. Tr.« versehenen Komplexes schon der Gegensatz zu jenem » Heroischen« aus, das bis in die
Mitte des 18. Jhs das Weltbild der Tragödie beherrschte – ein Gegensatz, der sich vornehmlich äußert im »mittleren« Sprachstil, im Aus-
schalten einer metaphysischen Verursachung des Tragischen und in
der Betonung des Menschlich-Mitmenschlichen und Alltäglichen statt
des historisch Herausragenden, des Mitleids statt der Bewunderung,
des Rührenden statt des Erhabenen? Oder genügt als einheitstiftendes
Moment für die Gesamtheit dessen, was zwischen 1755 und 1844 an
»bgl. Tr.« erschien, etwa der in der Literaturwissenschaft oft behauptete, aber auch bestrittene Umstand, daß hier überall Gesinnung und
Lebensgefühl des Bürgertums zum Ausdruck komme – wenn doch
unverkennbar ist, daß dieser im Drama erscheinende Geist des Bürgertums sich über die Jahrzehnte hin entscheidend wandelt, ja: im
Laufe der »Entwicklung« sogar zum Gegenbild seiner selbst wird,
nämlich sowohl in positiver Selbstdarstellung wie auch als Gegenstand schärfster Kritik erscheinen kann?

Eine Antwort, oder doch die Voraussetzung für eine Antwort,
mag sich ergeben, wenn man nicht nur die einsamen Gipfel-Phäno-
mene betrachtet, sondern die ganze Breite und Dichte des historischen Materials sichtet. Das ist erstaunlicherweise nach dem Auftakt
in der Erstauflage dieses Buches (1972) erst in den neunziger Jahren
wieder geschehen. Schon 1986 war Gisbert Ter-Nedden in seinem
Buch »Lessings Trauerspiele« zu dem Ergebnis gekommen, »Miß Sara
Sampson«, »Emilia Galotti« und »Kabale und Liebe« hätten als originäre Erneuerungen antiker Tragik im Grunde mit dem, was sich in
ihrer Zeit als bgl. Tr. verstehe, nichts zu tun; sie seien vielmehr »in
wesentlicher Hinsicht das Gegenteil«; das »literarhistorische Kon-
strukt« bgl. Tr. hingegen sei seinerseits, sofern man sowohl »die bürgerlichen Rührstücke in der Nachfolge Lillos« wie Lessings Tragödien
und »Kabale und Liebe« dazu zähle, eine »Pseudo-Gattung« (S. 6).
1993 grenzte dann das umfassend-systematische Buch von Cornelia Mönch über das bgl. Tr., »Abschrecken oder Mitleiden«, die drei
genannten Gipfelleistungen (und überdies Goethes »Clavigo«) gat-
tungssystematisch, strukturell wie auch wirkungsästhetisch ab gegen
das Erscheinungsbild dessen, was im 18. Jh. landläufig als bgl. Tr. verstanden worden sei. Zugleich aber plädierte es für die Existenz eben

dieses Dramentypus als kohärente und in sich geschlossene Gattung statt als Pseudo-Gattung (S. 300, 330, 335–36, 345). Werden damit aber nicht mehr Probleme aufgeworfen als gelöst? Ist es nicht plausibel, daß von einer Variationsbreite von Gestaltverwirklichungen auszugehen ist, zu denen eben auch zeitüberdauernde Spitzenleistungen gehören? Christian Rochow schließlich kommt, weniger argumentierend als meinungsäußernd, in seiner mehr als 200 Seiten langen, in der Reihe »Literaturstudium« erschienenen Darstellung »Das bürgerliche Trauerspiel« zu dem Ergebnis: weder Lessing noch Schiller noch Hebbel sei die bgl. Tragödie »gelungen« (S. 213), um dann ebenso leichthin zu bezweifeln, daß das bgl. Tr. »überhaupt eine Gattung war« (S. 7, 213). Das stellt zunächst einmal die Frage, nach welchen Kriterien ein Korpus von Dramen aus einem bestimmten Zeitraum zu einer Gattung zusammenzuordnen sei. Und vorher noch: wie ist ein solches Text-Material überhaupt erst in seiner Gesamtheit zu ermitteln?

Auf der Suche *nur* nach der auf dem Titelblatt oder im Vorwort angegebenen Gattungsbezeichnung Ausschau zu halten ist sicher ein erster Schritt, aber nicht ganz problemlos: »Emilia Galotti« z. B. fiele von vornherein aus, dazu fast alle Stücke des Sturm und Drang, die gemeinhin als bgl. Tr. gelten. Schwierigkeiten machte selbst »Miß Sara Sampson«, da Lessing sein »bgl. Tr.« von 1755 in zweiter Auflage schlicht als »Trauerspiel« erscheinen ließ (1772). Und wenn ein Autor ein Stück als bgl. Tr. deklariert, wäre grundsätzlich nach seinen Motiven zu fragen: nutzt er vielleicht völlig unberechtigterweise eine Konjunktur aus? Nähme man andererseits statt des vom Autor selbst gewählten Gattungsetiketts die Qualität des Unheroischen als Kriterium des bgl. Tr., so wäre die Geschichte des bgl. Tr. mehr oder weniger identisch mit der Geschichte der Tragödie seit Lessing.

Zwischen diesen Extremen mehr lavierend als vermittelnd hat die literaturwissenschaftliche Konvention seit langem, z. T. schon seit dem 18. Jh., einen gewissen Kanon jener Stücke etabliert, die heute üblicherweise als bgl. Tr. verstanden werden. So reflektionsbedürftig dieser traditionelle Konsensus auch sein mag: eine als Einführung gedachte Darstellung hat keine Wahl, als sich ihm prinzipiell, wenn auch nicht unkritisch, anzuschließen. Aber auch die stoffreudigste Sichtung des gesamten Komplexes, die sich zunächst heuristisch an den Kanon hält und dann seinen engeren und weiteren Umkreis erschließt, vermag nicht zu einer Patentlösung der Frage zu gelangen, ob von einer echten Kontinuität der Gattung im Sinne der Entfaltung einer Art Entelechie oder gleichbleibenden Substanz über fast ein Jahrhundert hin, ob und inwiefern also überhaupt von einer Gattung oder Untergattung »bgl. Tr.« die Rede sein kann. Eher lockert sich der Zusammenhang noch mehr, als ohnehin zu vermuten war.

Ein Grund dürfte in dem außerliterarischen Kriterium »bürgerlich« zu suchen sein, das für die Gattung (wie man sie herkömmlich
auffaßt) konstitutiv ist. Die Geschichte des Bürgertums und des bürgerlichen Bewußtseins mag von der Mitte des 18. bis zur Mitte des
19. Jhs ihre eigentümliche Logik und Kohärenz besitzen: das heißt
aber nicht unbedingt, daß die Geschichte des bgl. Tr. als literarischer
Gattung ihrerseits eine Kontinuierlichkeit besäße, die sui generis wäre,
nämlich nicht nur sozialhistorisch, sondern auch literarhistorisch eine
»Reihe« bildete. Daß das bgl. Tr. in jedem Stadium bürgerliche Verhältnisse und bürgerliches Bewußtsein zur Anschauung bringt, etwa
»Aufstieg und Niedergang bürgerlicher Moral spiegelt« (Kafitz, S.
216), kann heutiger Gattungspoetologie kaum als Klassifikationsba-
sis genügen; nach einem solchen Kriterium zu urteilen ist, überspitzt
formuliert, ein Rückfall in die Denkweise der Barockpoetik, die die
Gattungen nach dem Inhalt, dem stofflichen Vorwurf, bestimmte.
Es fehlt trotz mancher Anläufe seit den 1990er Jahren noch an dem
wünschenswerten Quantum von zugleich extensiven, d. h. die weniger
prominenten bgl. Tr. einschließenden, und detaillierten gestaltungs-
geschichtlichen Untersuchungen, die eine literarische Kontinuität in
Sprachgebung, Motivbehandlung, Menschengestaltung und dramatischen Techniken plausibel machen würden. (Cornelia Mönchs auf
das 18. Jh. beschränkte Untersuchungen zur Wirkungsästhetik, die
Christian Rochow, wenn auch nicht kritiklos, übernimmt [S. 11, 68,
74], sind kaum ausreichend zur Etablierung des bgl. Tr. als Gattung
[s. u. S. 5, 54f., 61–64].)
    So hat man vorerst die Wahl zwischen zwei Möglichkeiten: Ent-
weder man behauptet die Einheit und Kontinuierlichkeit der Gattung »bgl. Tr.« von Lessing bis Hebbel auf Grund der Kontinuität in
der Geschichte »des« im bgl. Tr. reflektierten Bürgertums und seiner
angenommenen (vermeintlichen?) Mentalität, oder man verwirft die
kanonisierte Vorstellung von der Gattung und der Geschichte »des
deutschen bgl. Tr.« als literaturwissenschaftlich unbegründet, weil sie
zu viel Verschiedenes gewaltsam und nur scheinbar harmonisiere. Um
aus der Zwickmühle dieses Entweder-Oder herauszukommen, wären
Sinn und Geltung des Begriffs »bgl. Tr.« historisch zu spezifizieren:
zunächst begegnet der empfindsame Typus des Genres, der, von der
direkten Behandlung gesellschaftspolitischer Probleme bewußt abse-
hend, Themen des familiären Privatlebens im Medium einer »rührenden« Sprache und Motivik gestaltet. Mit ihm verglichen, stellten
dann die beiden anderen bis zur Mitte des 19. Jhs auftretenden Typen
des bgl. Tr. – nämlich der hauptsächlich durch »Emilia Galotti« und
»Kabale und Liebe« vertretene, den Ständekonflikt thematisch berück-
sichtigende, und der Hebbelsche, gegen die als restriktiv wahrgenom-

mene Mentalität des Mittelstands gerichtete – wesentlich andersartige Phänomene dar. Ähnliches gälte von der »Nachgeschichte« (Jacobs) im 20. Jh., von der in den letzten Jahren zunehmend die Rede ist als einer neuen Phase oder Typus-Variation der Gattung, wobei die Gattungsbezeichnung »bgl. Tr.« im Untertitel wieder auftauchen kann oder auch nicht (s. u. S. 140–142). Diesem im Lauf von 250 Jahren variierten Sachverhalt wäre dann Rechnung zu tragen durch historische und typologische Kategorisierung wie empfindsames bgl. Tr., ständekritisches bgl. Tr., antibürgerliches bgl. Tr. und vielleicht spät- oder nachbürgerliches bgl. Tr.

Die vorliegende kritische Sichtung sympathisiert bei aller in einer umfassenden Einführung gebotenen Unparteilichkeit mit dieser Möglichkeit des Verständnisses der Gattung. Zum »empfindsamen bgl. Tr.« ist da allerdings gleich hinzuzufügen: sicher ist das empfindsame Element in der Lessing-Zeit in bgl. Tr. verschieden stark ausgeprägt. Wenn jedoch neuerdings an der Ratsamkeit der Postulierung einer empfindsamen Signatur oder auch Phase des bgl. Tr. gezweifelt wird, weil die betreffenden Dramen eher auf Abschreckung statt auf Mitleidserregung eingestellt seien (Vogg, Mönch), so geschieht dies auf Grund eines Korpus von bgl. Tr., die der Gießener Literarhistoriker und Übersetzer Christian Heinrich Schmid 1798 für solche hielt, gleichgültig, ob sie sich selbst als bgl. Tr. bezeichneten oder nicht. Damit wird einem einzelnen (vereinzelten?) Literaten wenig bedeutenden Rangs zuviel sonst unbestätigte Autorität eingeräumt (s. u. S. 61–64). Wenn demgegenüber hier, in Offenheit gegenüber eventuellen späteren weitergreifenden Untersuchungsergebnissen, an der Vorstellung vom empfindsamen bgl. Tr. als einem historischen Typus der Gattung festgehalten wird, so nicht zuletzt im Hinblick auf den eigenen, durch den Forschungsstand indizierten Beitrag zur Ermittlung der Grundlagen der Gattung »bgl. Tr.«: den Versuch, erstmalig sämtliche deutsche Dramen zu erfassen, die sich auf der Titelseite oder im Vorwort als bgl. Tr. ausgeben (s. u. S. 77–79). Die Autoren werden sich ja etwas dabei gedacht haben, als sie diese Gattungsbezeichnung wählten. Ohne die gekennzeichneten Vorbehalte aus den Augen zu verlieren (die es also verbieten würden, »bgl. Tr.« rigoros auf das einzuschränken, was sich, aus welchen Gründen auch immer, so bezeichnet hat), darf als überraschendes Teilergebnis festgehalten werden, daß die große Masse dieser Stücke, dazu noch allerlei als bgl. Tr. bezeichnete Übersetzungen [s. u. S. 30–40]), in die Zeit von der Mitte der fünfziger bis zum Ende der neunziger Jahre des 18. Jhs fällt und daß diese Stücke überwiegend, mit nur sehr wenigen Ausnahmen, wesentlich dem Typus des empfindsamen bgl. Tr. angehören. (Die Ausnahmen, die ihrerseits nicht ohne emp-

findsame Einschläge sind, stellen keinen gemeinsamen Typus dar
[vgl. u. S. 76]).

Literatur

Dieter Kafitz: Grundzüge einer Geschichte des deutschen Dramas von Les-
    sing bis zum Naturalismus. 1982.
Jürgen Jacobs: Zur Nachgeschichte des bürgerlichen Trauerspiels im 20. Jh.,
    in: Drama und Theater im 20. Jh. Festschrift für Walter Hinck, hrsg. v.
    Dietrich Irmscher u. Werner Keller. 1983, S. 294–307.
Gisbert Ter-Nedden: Lessings Trauerspiele. Der Ursprung des modernen Dra-
    mas aus dem Geist der Kritik. 1986.
Georg-Michael Schulz: Tugend, Gewalt und Tod. Das Trauerspiel der Aufklä-
    rung und die Dramaturgie des Pathetischen und des Erhabenen. 1988.
Elena Vogg: Die bürgerliche Familie zwischen Tradition und Aufklärung.
    Perspektiven des »bürgerlichen Trauerspiels« von 1755 bis 1800, in: Bür-
    gerlichkeit im Umbruch. Studien zum deutschsprachigen Drama 1750–
    1800, hrsg. v. Helmut Koopmann. 1993, S. 53–92.
Cornelia Mönch: Abschrecken oder Mitleiden. Das deutsche bürgerliche
    Trauerspiel im 18. Jh. Versuch einer Typologie. 1993.
Christian Erich Rochow: Das Drama hohen Stils. Aufklärung und Tragödie
    in Deutschland. 1994.
Christian Rochow: Das bürgerliche Trauerspiel. 1999. (Im folgenden als
    »Rochow« zitiert).

II. Anfänge und Grundlagen

1. Wort und Begriff in der Entstehungszeit

Praktisch und theoretisch begründet sich das deutsche bgl. Tr. als eins der Produkte der literaturgeschichtlich fruchtbaren Umbruchszeit um die Mitte des 18. Jhs. 1755 erschien sowohl das erste deutsche Originaldrama, das sich im Untertitel als »bgl. Tr.« ausweist, Lessings »Miß Sara Sampson«, wie auch die erste systematische Abhandlung über die Theorie des neuen Genres, Johann Gottlob Benjamin Pfeils Aufsatz »Vom bürgerlichen Trauerspiele« (in den von Johann Daniel Tietz herausgegebenen »Neuen Erweiterungen der Erkenntnis und des Vergnügens«, Bd VI, 31. Stück, S. 1–25). Den Neuheitswert, das Erstaunliche und Revolutionäre dieser Erscheinung bezeugt zum Beispiel Lessings Selbstrezension in der »Berlinischen privilegirten Zeitung« vom 3. Mai 1755: »Ein bürgerliches Trauerspiel! Mein Gott! Findet man in Gottscheds critischer Dichtkunst ein Wort von so einem Dinge?« (Lachmann/Muncker, Bd VII, S. 26).

Was bedeutet in dieser Zeit »bürgerlich« als Attribut von »Trauerspiel«? Die soziologische Vorstellung, die sich mit Selbstverständlichkeit einstellt, kann, wie schon die Frühgeschichte des Begriffs »bgl. Tr.« zeigt, irreführend sein – was jedoch nicht bedeutet, daß sich damit die Ansicht einiger neuerer Forscher bestätigt, daß das bgl. Tr. im Grunde unbürgerlich sei (vgl. Kap. III.1).

Die Bezeichnung »bgl. Tr.« wird schon einige Jahre vor 1755 gebraucht. Zum erstenmal taucht sie 1750 auf, im zweiten Heft der von Lessing und Christlob Mylius herausgegebenen Zeitschrift »Beyträge zur Historie und Aufnahme des Theaters«.

Hier wird unter der Überschrift »Theatralische Neuigkeiten aus Paris« über Voltaires »comédie« »Nanine« (1749) berichtet: die »Materie«, nämlich »der tragische Inhalt« des Stücks, sei »mehr zu einem bürgerlichen Trauerspiele als zu einer guten Tragikomödie geschickt« (Petersen/Olshausen, Bd XII, S. 73). Allerdings handelt es sich bei dieser Äußerung nicht um ein Originalurteil, sondern um eine wörtliche Übersetzung einer Stelle aus der in Den Haag verlegten Zeitschrift »La Bigarure ou Meslange curieux, instructif et amusant ...«, wo es heißt: »Le sujet est plus propre à faire une espèce de Tragédie Bourgeoise, qu'à faire une Tragicomédie d'un bon ordre« (Bd I, 1749, S. 55). Als Übersetzer wird Lessing vermutet (Petersen/Olshausen,

Bd XII, S.17). Der französische Terminus war nicht neu. Voltaire selbst
gebrauchte ihn im Vorwort zu »Nanine«, allerdings ohne sein eigenes
Drama als »tragédie bourgeoise« zu deklarieren. Zuerst scheint er am
10. Nov. 1733 in einem Brief von Michel Linant an Pierre Robert
Le Cornier de Cideville vorzukommen, wo zugleich eine ungefähre
Vorstellung von der Gattung vermittelt wird. Über ein projektiertes
Drama schreibt Linant: »C'est une tragédie bourgeoise que j'ay fon-
dée sur un espèce de conte bleu que m'a fait mdme Duchatelet. Je
suis persuadé qu'on est las au théâtre françois de la dureté des tirans
et de la fierté des princesses, des vers guindez et des chapeaux de plu-
mes, qu'il ne s'y agit pas tant de faire paroître des rois que d'exprimer
des passions« (»Voltaire's Correspondence«, hrsg. v. Theodore Bester-
man, Bd III, Genf 1953, S. 177). Eine Definition wird jedoch weder
hier noch in der »Bigarure«-Stelle über Voltaires »Nanine« gegeben.
Da es sich aber bei Voltaires Stück um ein Exemplar der damals sehr
populären, typologisch zwar keineswegs uniformen mittleren Gattung handelt, nämlich um ein in freiherrlichem Hause spielendes,
mit Komik verbrämtes Rührstück über das Thema der zunächst ver-
hinderten, dann ermöglichten Liebesheirat von Baron und Gärtners-
tochter, liegt die Vermutung nahe, daß hier mit »bgl. Tr.« (»tragédie
bourgeoise«) so viel wie »comédie larmoyante« gemeint sei, genauer
jene Variante der Gattung, die Ernst und Scherz vereint – nicht aber
ein durch den Stand seiner Figuren definiertes Drama.

    Als bedeutungsidentisch mit rührendem Lustspiel ist der Ausdruck
»bgl. Tr.« im 18. Jh. vielfach belegt, im Französischen schon in den
dreißiger Jahren (Voltaire an Jeanne Françoise Quinault, 26. Nov. 1736;
Desfontaines am 20. April 1737 in seinen »Observations sur les écrits
modernes«, Bd VIII, S. 234; weitere Beispiele bei Nolte, S. 55–56),
im Deutschen erst nach der Jahrhundertmitte, zuerst, und zwar pro-
grammatisch als Vorschlag zur gattungstypologischen Verständigung,
1751 bei Johann Adolf Schlegel in der Abhandlung »Von der Eintei-
lung der Poesie« im Anhang zu seiner Übersetzung von Batteux' »Les
Beaux Arts réduits à un même principe« (»Einschränkung der schönen
Künste auf einen einzigen Grundsatz«, S. 316). Gelegentlich wird der
Terminus »bgl. Tr.« sogar noch im 20. Jh. als Äquivalent für rührendes Lustspiel beibehalten (Erich Auerbach: »Mimesis«, 1946, S. 383)
wie auch umgekehrt »weinerliches Lustspiel« für bgl. Tr. (Josef Clivio:
»Lessing und das Problem der Tragödie«, 1928, S. 108).

    Es trifft jedoch nicht zu, daß, wie häufig zu lesen ist, bgl. Tr. und
»comédie larmoyante« im 18. Jh. generell und definitionsgemäß als
identisch verstanden worden wären. Im Gegenteil ist besonders in den
fünfziger Jahren, als die Bezeichnung allmählich in Umlauf kommt,
der Bedeutungsinhalt der neuen Gattung noch vielfach unbestimmt,

schwankend, vieldeutig und verwirrend, für den Historiker nicht weniger als für die Zeitgenossen. In dieser Zeit gibt es einfach keinen allgemein oder auch nur weithin anerkannten Begriff des »bgl. Tr.«.

F. M. v. Grimm äußert in seiner »Correspondance littéraire« noch am 15. Mai 1768 seine Verwirrung über die Mißverständlichkeit, wenn er über B. J. Saurins Bearbeitung von Moores »Gamester«, die »tragédie bourgeoise« »Béverlei«, schreibt: »Si *Béverley* est une tragédie, pourquoi est-elle bourgeoise? S'agit-il ici des malheurs qui ne peuvent arriver qu'a des bourgeois? ou bien ce qui est tragique pour des bourgeois est-il comique pour des princes?« (hrsg. v. Maurice Tourneux, Bd VIII, 1879, S. 74). Ähnlich Hamann 1763 im vierten »Hirtenbrief« über das Schuldrama: »Es ist meines Wissens noch kein Jahrhundert, da ein bürgerliches Trauerspiel einer ähnlichen Ungereimtheit beschuldigt werden konnte, weil das Beywort den Bestandtheilen der Erklärung von einem Trauerspiele widersprach, und was dem Merkmale eines Dinges widerspricht, dem Dinge selbst widerspricht, nach einer Regel ›die keines Beweises fähig ist‹« (»Sämtliche Werke«, hrsg. v. J. Nadler, Bd II, 1950, S. 360).

Bezeichnend ist, daß Lessing 1754 in seinen Bemerkungen zu Chassirons und Gellerts Abhandlungen über das weinerliche Lustspiel, die er im ersten Stück seiner »Theatralischen Bibliothek« abdruckt, bgl. Tr. und ernstes Lustspiel durchaus als zwei benachbarte, aber keineswegs identische Gattungen auseinanderhält. Seine Ansichten über das ernste Lustspiel äußert er an dieser Stelle, während er über das bgl. Tr. eine eigene Abhandlung verspricht, die allerdings nicht über Vorarbeiten, »eine Menge unordentlicher Gedanken«, hinausgekommen ist (Lessing an Nicolai, 20. Juli 1756). Noch 1766, in Löwens Vorrede zum vierten Teil seiner »Schriften«, gilt die Unterscheidung als selbstverständlich. Gellert bemüht sich 1749 um die theoretische Begründung des ernsten Lustspiels, was ihm nicht gleichbedeutend ist mit der des bgl. Tr. Nicolai beschäftigt sich 1756 umgekehrt mit der genretypologischen Festlegung des bgl. Tr., was für ihn nicht dasselbe ist wie die Erörterung der weinerlichen Komödie (an Lessing, 31. August 1756). Aber genau was wäre dann jeweils ein bgl. Tr.?

Ein früher Beleg für einen anderen Aspekt der Unbestimmtheit des Begriffs »bgl. Tr.« in den fünfziger Jahren hängt mit dem erwähnten ersten Vorkommen des Worts zusammen. Dort wurde die neue Gattung ausdrücklich gegen die Tragikomödie abgegrenzt; doch in einer der nächsten Erwähnungen des Worts wird »bgl. Tr.« zwar auch als eine Bezeichnung unter anderen für die »comédie larmoyante« vorgeschlagen, zugleich aber mit dem Alternativ-Etikett »Tragikomödie« gleichgesetzt: 1751 schreibt Gottsched in der vierten Auflage der »Critischen Dichtkunst« (noch nicht in der dritten, die Lessing offensichtlich im Sinn hatte, als er in der zitierten Rezension von »Miß Sara Sampson« künstlich entrüstet behauptete, die »Critische Dichtkunst« kenne den Ausdruck nicht): »Noch andere wollen aus der beweglichen und traurigen Komödie, die von den Franzosen Comedie larmoyante genennet wird, eine eigene neue Art machen. Allein wenn es ja eine solche Art von Schauspielen geben kann und soll: so muß man sie nur nicht Komödien nennen. Sie könnten viel eher bürgerliche, oder adeliche Trauerspiele heißen; oder gar Tragikomödien, als ein Mittelding zwischen beyden, genennet werden« (S. 643–644). Das bedeutet allerdings keineswegs, daß Gottscheds Theaterreform »als erstem Schritt« ein Kapitel in der Geschichte des bgl. Tr. zugeschrieben werden könnte, wie es neuerdings geschehen ist (Rochow, Kap. III) – selbst wenn man akzeptierte, daß seine »hohen Tragödien« darin bürgerlich seien, daß sie antiheroisch seien (S. 30) und »Die Hausfranzösin« von Luise Adelgunde Gottsched bereits statt einer Komödie ein bgl. Tr. sei (S. 36).

Erstaunlich ist an Gottscheds Äußerung die Gleichung: »bürgerliche, oder adeliche Trauerspiele«. Denn hier dürfte das Adjektiv »bürgerlich« doch einen sozialständischen Sinn oder mindestens Nebensinn haben, den es bisher als Attribut von »Trauerspiel« nicht zur Schau getragen hatte und der in der westlichen Forschung der sechziger Jahre gelegentlich geleugnet wurde (vgl. Kap. III.1).

Doch nimmt Gottscheds, indem er sich auf den sozialen Stand der dramatis personae bezieht, das Standeskriterium nicht sofort durch den Zusatz »oder adeliche« wieder zurück? Hier klärt ein Blick auf die genaueren Bestimmungen der sogenannten Standesklausel, die sich seit dem Grammatiker Diomedes (4. Jh. n. Chr.) und dann vor allem im Humanismus und Barock als Vorschrift herausgebildet hatte – oft im Anschluß an die vorwiegend deskriptive Poetik des Aristoteles, die jedoch, wie auch die »Ars poetica« des Horaz, in diesem Punkt keineswegs eindeutig war (Kap. 5 und 9). Diese Klausel, die trotz mancher Anfeindungen (Corneille, Vorrede zu »Don Sanche«, 1650; Mitternacht, Epilog zu »Der unglückselige Soldat und vorwitzige Barbirer«, 1662) noch weit bis ins 18. Jh. Geltung besaß, besagte, daß eins der Kriterien, nach denen Komödie und Tragödie zu scheiden seien, der Stand der Dramenfiguren sei. Die Tragödie ist demzufolge, mit den Worten der »Critischen Dichtkunst«, »eine Nachahmung einer Handlung, dadurch sich eine vornehme Person harte und unvermuthete Unglücksfälle zuzieht«, wobei diese Personen gleich näher ausgewiesen werden als die »Großen dieser Welt« (4. Aufl., S. 606). Hingegen: »Die Personen, die zur Komödie gehören, sind ordentliche Bürger, oder doch Leute von mäßigem Stande, dergleichen auch wohl zur Noth Baronen, Marquis und Grafen sind«,

die nachdrücklich von den »Großen dieser Welt« unterschieden werden (S. 647). Ähnlich z.B. Scaligers Poetik (1561) und, wenn auch
etwas weniger spezifisch und flexibel, Opitz' »Buch von der deutschen Poeterey« (1624).

Gottscheds Freistellung: »bürgerliche, oder adeliche Trauerspiele«
ergibt sich also aus dem ihnen gemeinsamen Gegensatz – hinsicht-
lich des Standes der Figuren – zur heroischen Tragödie, die unter den
»Großen dieser Welt« spielt. Entsprechend treten in »bgl. Tr.« des
18. Jhs außer Bürgern häufig auch Adelige auf. Mit dem Bürgertum
zusammen bilden sie, was man zeitgenössisch unter »Mittelstand«
versteht (Wierlacher, S. 62), die soziale Schicht also, die nach bisher
geltender Auffassung in die Komödie gehörte. Daß aber »bürgerlich«
in der neuen Gattungsbezeichnung nicht immer notwendigerweise
diesen Mittelstand insgesamt meint, bezeugt Gottscheds »oder«, das
dem Attribut »bürgerlich« einen soziologisch genaueren Sinn gibt.
Ihn bestätigt ein anonymer Rezensent, der am 17. Juni 1755 in der
»Staats- und gelehrten Zeitung des Hamburgischen unpartheyischen
Correspondenten« über »Miß Sara Sampson« schreibt: »Der Personen
wegen sollte es ein *adeliches* [Trauerspiel] heißen« (Julius W. Braun,
»Lessing im Urtheile seiner Zeitgenossen«, Bd I, 1884, S. 60). Daraus ist abzulesen, daß »bürgerlich« in der Bezeichnung »bgl.Tr.« um
1750 durchaus einen ständischen Sinn, zumindest einen ständischen
Nebensinn besitzen kann. Bestätigt wird das ferner durch einen Artikel
im Jahrgang 1755 der »Neuen Erweiterungen«, der Lessings »Henzi«
im Hinblick auf den Stand der Personen ein bgl. Tr. nennt (Bd V, 26.
Stück, S. 155; vgl. Bd VI, 32. Stück, S.129–130).

Nun ist aber das Adjektiv »bürgerlich« selbst, nicht anders als
seine Grundform »Bürger«, im 18. Jh. (wie heute noch) mehrdeu-
tig, was wiederum die Unbestimmtheit des neuen gattungstypologischen Begriffs erhöht. Neben der soziologischen Bedeutung (auf den
dritten Stand bezüglich) hat es vornehmlich den Sinn von civilis (als
Derivativ von »Bürger« im Wortverstand von »verantwortliches Mit-
glied eines Gemeinwesens«); außerdem bedeutet es so viel wie rein
oder allgemein »menschlich« und privat, häuslich, familiär im Gegensatz zum Geschichtlich-Politischen, Öffentlichen und Heroischen.
Der Bürger ist der auf die Gemeinschaft bezogene Mensch, wie die
Moralischen Wochenschriften ihn befürworten: in Pflichten und Ver-
antwortung an andere gebunden, fern der »großen Welt« der Herrschenden und ihrer Politik. Im überwiegenden Maße ist dies in den
fünfziger und sechziger Jahren der primäre Sinn von »bürgerlich« in
der Bezeichnung »bgl. Tr.« Gerade in Deutschland, wird im 18. Jh.
gern behauptet, findet ein solcher »bürgerlicher« Lebensstil, eine solche »bürgerliche« Gesinnung fruchtbare Entstehungsbedingungen, da

es hier – von religionshistorischen Gründen abgesehen – an Nationalgeist fehle. Deshalb ist »der Staat ein zu allgemeiner Begriff«, das
»Staatsinteresse« des heroischen Trauerspiels »von sehr schwachem
Effekt«, wie C. H. Schmid, Lessing (s. u. S. 94) fast wörtlich wieder-
holend, 1768 formuliert (S. 211).

Wenn aber der Untertitel »bgl. Tr.« in der Aufklärung als Hinweis
auf die Darstellung des Privatlebens zu verstehen ist, bleibt er dann
nicht trotzdem standesbezogen, sofern nämlich das Ethos des verant-
wortungsbewußten, unhöfischen Privatmenschen als die Ideologie
des derzeitigen Bürgertums gilt? Hätte mithin die Eroberung der tragischen Bühne durch den Bürger auch einen sozialemanzipatorischen
Sinn? (vgl. Kap. III.1). Weitere Belege für den Gebrauch von »bgl.
Tr.« aus der Zeit von 1751 bis 1755 deuten jedenfalls auf einen ständischen Sinn oder Nebensinn des »Bürgerlichen« des bgl. Tr., wie er
sich in der erwähnten »Sara«-Rezension von 1755 nahelegte.

Während die Stelle in den »Beyträgen« von 1750 noch keinen
Schluß auf eine soziologische Vorstellung zuließ, die den Begriff konstitutiv bestimmte, ist eine solche Assoziation nicht von der Hand zu
weisen, wenn H. A. von Bassewitz seine Übersetzung von Lillos »London Merchant«, »Der Kaufmann von Londen oder Begebenheiten
Georg Barnwells« (1752), mit der Gattungsbezeichnung »Ein bürgerliches Trauerspiel« versieht. Denn obwohl er hierin nur seiner unmittelbaren Vorlage, der französischen Übertragung durch Pierre Clément
folgt, die das englische »tragedy« durch »tragédie bourgeoise« wieder-
gegeben hatte (1748), ist der Gedanke an einen sozialständischen Sinn
von »bürgerlich« erlaubt: Es handelt sich um ein Stück, das nicht nur
in einem prononciert bürgerlichen, nämlich kaufmännischen Milieu
spielt, sondern auch expressis verbis ein ökonomisch fundiertes bürgerliches Standesbewußtsein gegenüber der Aristokratie bekundet. Doch
ist hier der Erkenntniswert der Bezeichnung »bgl. Tr.« für die deutschen Verhältnisse begrenzt, da ihr soziologischer Sinn natürlich nur
auf die Situation in England bezogen werden kann, wo die gesellschaftliche und ökonomische Emanzipation des Bürgertums entschiedenere
Formen angenommen hatte als in den deutschsprachigen Territorien.
Eben diese ausländischen ökonomisch-sozialen Bedingungen hat auch
Lessing 1754 in seiner Vorbemerkung zum Abdruck der erwähnten
Abhandlungen über das weinerliche Lustspiel im Sinn, wenn er von
der den Engländern zugeschriebenen Begründung des bgl. Tr. behauptet, man habe es für »unbillig« gehalten, »daß nur Regenten und hohe
Standespersonen in uns Schrecken und Mitleiden erwecken sollten;
man suchte sich also aus dem Mittelstande Helden, und schnallte
ihnen den tragischen Stiefel an, in dem man sie sonst, nur ihn lächer-
lich zu machen, gesehen hatte« (Lachmann/Muncker, Bd VI, S. 6).

Allerdings bringt Lessing den soziologischen Sachverhalt anschließend mit dem »Naturell« des Engländers in Verbindung, der »alles
grosse zu sich hernieder ziehen« wolle und dem es »ärgerlich« gewesen
sei, »gekrönten Häuptern viel voraus zu lassen; er glaubte bey sich zu
fühlen, daß gewaltsame Leidenschaften und erhabne Gedanken nicht
mehr für sie, als für einen aus seinen Mitteln wären« (S. 7). Als Binde-
glied wäre vielleicht der im 18. Jh. naheliegende Gedanke anzusetzen,
daß die Engländer eben durch ihr Naturell zur bürgerlichen Nation
prädestiniert seien (vgl. die Polemik N. H. Smiths in »Erasmus« XIX,
1967, Sp. 422, gegen Pikulik, der S. 177 behauptet, Lessing gehe hier
»nicht von der Kategorie des Ständischen aus«, berufe sich vielmehr
auf »nationale Eigenarten«). »Bgl. Tr.« hat also auch hier, 1754, ständische Assoziationen, wenn auch auf England bezogene.

»Miß Sara Sampson« trägt den Untertitel »bürgerliches Trauerspiel« nicht aus denselben Gründen wie der »Kaufmann von Londen«.
Das bürgerlich-kaufmännische Standesbewußtsein fehlt. »Bürgerlich« deutet hier in erster Linie auf die Darstellung familiärer, häusli-
cher, mitmenschlicher Verhältnisse. Die ständische Zuordnung (das
Nicht-»Ritterliche«) der Personen (Landadel, gehobene Mittelklasse)
und ihres Ethos wird vermerkt, aber nur ganz am Rande (I, 3 u. 7),
was jedoch die Schlußfolgerung nicht verhindert hat, »bürgerlich« sei
hier »auch Standesbegriff« (Eibl, 1971, S. 141).

Markanter kommt diese Doppeldeutigkeit von »bürgerlich« in Pfeils
fast gleichzeitiger Abhandlung über das bgl. Tr. zum Vorschein (s. o.
S. 7). Der Verfasser nimmt sich vor, die Rechtmäßigkeit der Nachahmung auch einer solchen »Handlung« nachzuweisen, »wodurch
eine Person bürgerlichen Standes [statt »vornehme Person«] auf dem
Theater als unglücklich vorgestellet wird« (§ 1). Das setzt voraus, daß
die für das Trauerspiel erforderliche Würde und Größe im Unglück,
daß ferner die Fähigkeit, die tragischen Emotionen zu erregen, nicht
mehr als Privileg nur des höchsten Standes aufgefaßt werden (§ 2 und
15). Das solchem Denken entsprechende »bgl. Tr.« ist also zunächst in
dem – soziologischen – Sinn bürgerlich, daß es Angehörige des Bürgertums auf die Bühne bringt. Als Beispiele nennt Pfeil Lillos »London Merchant« und Moores »Gamester«. Er hat also als Personal des
bgl. Tr. eine bestimmte soziale Schicht im Auge. Der Stand der Dra-
mengestalten ist sogar das »vornehmste Unterscheidungszeichen« der
neuen Gattung (§ 5). Nach unten hin wird diese Schicht vom Pöbel
abgegrenzt, der hier nicht eine Gesinnungsgemeinschaft, sondern
eine soziale Gruppe bezeichnet, nach oben hin gegen die Fürsten
und Könige. Die in Frage kommende soziale Schicht wird als »Mittelstand« beschrieben, der als solcher ähnlich wie bei Gottsched das
gesamte dazwischen liegende gesellschaftliche Spektrum umfaßt: »Kein

Schneider, kein Schuster ist einer tragischen Denkungsart fähig. Es
giebt einen gewissen Mittelstand zwischen dem Pöbel und den Großen. Der Kaufmann, der Gelehrte, der Adel, kurz Jedweder, der Gelegenheit gehabt hat, sein Herz zu verbessern, oder seinen Verstand aufzuklären, gehöret zu denselben« (§ 12). Pfeil denkt also soziologisch;
doch schränkt er das Personal des bgl. Tr. nicht auf den Bürgerstand
ein. Denn auf den »gemeinen Adel« werden die gattungsspezifischen
»Schranken des bürgerlichen Standes« ausdrücklich »ausgedehnet« (§
5). Darüber hinaus weist aber die qualitative Definition des sozialen
Standes (der Mittelstand als Bereich des verbesserten Herzens und
des aufgeklärten Verstandes) wie auch der Nachsatz: »Diese Leute
sind jederzeit desjenigen Grades der Tugend und des Lasters fähig,
den die tragische Schaubühne erfordert«, darauf hin, daß Pfeil seine
»Bürger« keineswegs als Vertreter bürgerlichen Selbstbewußtseins
verstanden wissen will, wie Krueger (S. 184) behauptet, oder gar als
Klassenkämpfer, was auch Krueger (S. 187) ablehnt. Vielmehr sind
sie als Angehörige des »Mittelstandes« und als gebildete Menschen
in betonter Weise durchschnittliche Privatpersonen. »Angelegenhei-
ten einiger Privatpersonen« sind im Gegensatz zum öffentlich-staat-
lich-nationalen Interesse der Gegenstand des bgl. Tr. nach der Auffassung Pfeils (§ 3). Daraus folgt jedoch nicht, daß die soziale Schicht
der dramatis personae für Pfeil im Grunde irrelevant sei (Wierlacher,
S. 61, 63). Auch wenn »bürgerlicher Stand« nur »Gesinnungsbegriff«
und Gegenbegriff zum »Stand der Helden« wäre (Wierlacher, S. 63,
75), bleibt »Mittelstand« als Definition des Rangs der Figuren nach
obiger Beschreibung ein eindeutig ständischer, nicht nur ein gesin-
nungstypologischer Begriff.

Aus dem Mittelstand, wie Pfeil ihn versteht, der also den Adel
außer dem höchsten einschließt, ist denn auch das Personal der bgl.
Tr. der fünfziger und sechziger Jahre genommen. Zugleich wird
jedoch diese Standeszugehörigkeit belanglos, die Kategorie des Ständischen »ungültig« (Pikulik, S. 171; Wierlacher, Valdastri-Einleitung,
S. XIV), nämlich in dem Sinne, daß Fragen des Standes und stan-
desgemäßen Verhaltens nicht zur Debatte gestellt werden. In Theorie und Praxis spielt die Zugehörigkeit des Personals zum Mittelstand
eigentlich nur noch insofern eine Rolle, als sie als selbstverständlich
vorausgesetzt wird, wodurch sie aus dem Blickpunkt des Interesses
rückt. Das zweite Moment in der Begriffsbestimmung Pfeils verselbständigt sich in Theorie und Praxis; die anfängliche begriffliche Verwirrung klärt sich. Das bgl. Tr. der fünfziger und sechziger Jahre ist
ein Familien- oder »Privat-Trauerspiel«, wie Wieland es 1773 genannt
hat (Ak.-Ausg., 1. Abt., Bd XXI, S. 37). Es geht darin um Probleme
nicht des ständischen Daseins oder gar Klassenkampfes, sondern des

häuslichen Lebens und moralischen Verhaltens. Der »Bürger« ist der Privatmensch im Familienkreis, im Gegensatz nicht zum adeligen, sondern zum öffentlichen, politischen Menschen, zum König oder Helden, der das heroische Trauerspiel mit seinem »Staatsinteresse« beherrscht (Kruuse, Pinatel, Nolte, Pikulik, Wierlacher u.a.). Noch im Dez. 1798 schreibt in diesem Sinn abschließend Christian Heinrich Schmid im Vorwort zu seiner Bibliographie des bgl. Tr. in der »Deutschen Monatsschrift«: »Es wäre allerdings schicklicher, diese Gattung von Trauerspielen *häusliche Tragödien,* oder, *tragische Familienge-mählde,* als *bürgerliche Trauerspiele* zu nennen. [...] *Bürger* sind hier das Gegentheil von Personen der *heroischen* Tragödie (Regenten gro-ßer Staaten, Kriegshelden der Vorzeit, Rittern des Mittelalters u.s.w.) und begreifen vielerley Stände und Klassen von Menschen unter sich. [...] Bey dem *bürgerlichen* Trauerspiel muß allemal *Privat- oder Fami-lieninteresse* zum Grunde liegen« (S. 282–83). Bürgerlich meint also nicht primär den Stand, sondern die Lebensweise, die Gesinnung. Das schließt jedoch nicht aus, daß das bgl. Tr. schon in seiner ersten Phase vom Bürgertum und seinen Idealen getragen wird (s. Kap. III. 1), das heißt: daß die Gesinnung des bgl. Tr. die des Bürgertums der Zeit ist, die dramatische Gattung in diesem Sinne also soziologisch fixiert ist. Daß solche bürgerliche Gesinnung auch Eingang in andere gesellschaftliche Kreise findet, hat in diesem Zusammenhang keine ausschlaggebende Bedeutung.

Am Rande zu verzeichnen ist Klaus Weimars Versuch, die Bedeu-tung von »bgl.« als Bezeichnung für eine dramatische Gattung aus der Rechtssprache des 18. Jhs abzuleiten: »bgl.« heiße »so viel wie zivili-siert, gesellschaftlich, in Gesellschaft lebend«. »Gegenüber dem [...] Naturzustand [...] meint ›bgl.‹ einen Stand, in dem eine Obrigkeit durch positive Gesetze regiert«, der aber zugleich zur »Einhaltung des natürlichen Gesetzes« verpflichtet (S. 217–218). Die Schwierigkeit dieser These liegt darin, daß die Diskussion um das bgl. Tr. im 18. Jh. nicht im Hinblick auf juristische Begriffe und Sachverhalte von-statten geht, sondern als literaturtheoretische Debatte, die ihre eigene Bedeutung des vieldeutigen Wortes entwickelt.

Literatur

Wortbedeutung (»bürgerlich«):

Johann Christoph Adelung: Grammatisch-kritisches Wörterbuch. Bd I, 1774, Sp.1139f.
Jakob u. Wilhelm Grimm: Deutsches Wörterbuch. Bd II, 1860, Sp. 539f.

Heinz Birk: Bürgerliche und empfindsame Moral im Familiendrama des
   18. Jhs. Diss. Bonn 1967, S. 5f.
Alois Wierlacher: Zum Gebrauch der Begriffe »Bürger« und »bürgerlich« bei
   Lessing, in: Neophilologus LI, 1967, S.147–156.
Klaus Weimar: »Bürgerliches Trauerspiel«. Eine Begriffsklärung im Hinblick
   auf Lessing, in: DVjs LI, 1977, S. 208–221.

Definition (s. auch die Bibliographie zu Kap. III.2):

Christian Heinrich Scbmid: Über das bürgerliche Trauerspiel, in: Unterhaltungen V, 1768. Zitiert nach dem Abdruck in: Litterarische Chronik, hrsg.
   v. Johann Georg Heinzmann, Bd III, Bern 1788, S. 204–215.
Christian Heinrich Schmid: Litteratur des bürgerlichen Trauerspiels, in: Deutsche Monatsschrift, Dez. 1798, S. 282–314. Dazu ein Nachtrag: ebd., Sept.-
   Dez. 1799, S. 76–80, einschließl. »theoret. Abhandlungen«, S. 78–80.
Fred O. Nolte: The Early Middle Class Drama (1696–1774). Lancaster, PA,
   1935, Kap. II.
Joachim Krueger: Zur Frühgeschichte der Theorie des bürgerlichen Trauerspiels, in: Worte und Werte. Bruno Markwardt zum 60. Geburtstag, hrsg.
   v. Gustav Erdmann u. Alfons Schützeichel. 1961, S. 177–192 (über die
   Abhandlung von G. B. Pfeil, 1755). Zur Autorschaftsfrage s. Alberto Mar-
   tino: Geschichte der dramatischen Theorien in Deutschland im 18. Jh. Bd
   I: Die Dramaturgie der Aufklärung (1730–1780). 1972, S. 418–420. Wiederabgedruckt ist Pfeils Text in Karl Eibls Edition von Lessings »Miß Sara
   Sampson«. 1971, S. 173–189, u. in Die Entwicklung des bürgerlichen Dra-
   mas im 18. Jh., hrsg. v. Jürg Mathes. 1974, S. 48–57.
Wolfgang Schaer: Die Gesellschaft im deutschen bürgerlichen Drama des
   18. Jhs. 1963, S. 5–7.
Gunnar von Proschwitz: Drame. Esquisse de l'histoire du mot, in: Studia
   Neophilologica XXXVI, 1964, S. 9–50.
Lothar Pikulik: »Bürgerliches Trauerspiel« und Empfindsamkeit«. 1966. ²1981
   (unveränd.), bes. S. 6–8 u. 170–176.
Alois Wierlacher: Das Bürgerliche Drama. Seine theoretische Begründung
   im 18. Jh. 1968, S. 29–39.
Alois Wierlacher: Einleitung zu: Idelfonso Valdastri: Preisschrift über das bür-
   gerliche Trauerspiel. 1969.
Karl Eibl (Hrsg.): Gotthold Ephraim Lessing: »Miß Sara Sampson. Ein bür-
   gerliches Trauerspiel«. 1971, »Kommentar« und »Darstellung«, bes. S. 96–
   104, 138–142, 164f., 170f.
Alois Wierlacher: Das bürgerliche Drama, in: Europäische Aufklärung. 1.
   Teil, hrsg. v. Walter Hinck. (Neues Handbuch der Literaturwissenschaft.
   Bd XI). 1974, S. 137–160.
Peter Michelsen: Zur Entstehung des bürgerlichen Trauerspiels. Einige gei-
   stes- und literaturgeschichtliche Vorüberlegungen zu einer Interpretation
   der »Miß Sara Sampson«, in: Literaturwissenschaft und Geistesgeschichte.
   Festschrift für Richard Brinkmann, hrsg. v. Jürgen Brummack u.a. 1981,
   S. 83–98 (zu Gottsched).

Geschichte und Weltbild des bgl. Tr. in Deutschland:

Hermann Hettner: Das moderne Drama. Ästhetische Untersuchungen. 1852. Neudruck in: DLD d. 18. u. 19. Jhs. Nr 151. 1924. Reprint 1971, Kap. XI: »Das bürgerliche Drama«, Abschnitt 2: »Das bürgerliche Trauerspiel«.

Arthur Eloesser: Das bürgerliche Drama. Seine Geschichte im 18. u. 19. Jh. 1898. Reprint Genf 1970.

Oskar Walzel: Das bürgerliche Drama, in: Neue Jbb. für das klassische Altertum, Geschichte u. dt. Literatur u. für Pädagogik XXXV–XXXVl, 1915, S. 99–129 u. 172–200; auch in O. W.: Vom Geistesleben alter und neuer Zeit. 1922, S. 142–231.

Hanns Ulmann: Das deutsche Bürgertum in deutschen Tragödien des 18. u. 19. Jhs. 1923.

Fritz Brüggemann: Der Kampf um die bürgerliche Welt- und Lebensanschauung in der deutschen Literatur des 18.Jhs, in: DVjs III, 1925, S. 94–127.

Henrik Selver: Die Auffassung des Bürgers im deutschen bürgerlichen Drama des 18. Jhs. Diss. Leipzig 1931.

Jens Kruuse: Det følsomme drama [18. Jh.]. Kopenhagen 1934. (Rez. v. Horst Oppel in: Dt. Literaturztg LVII, 1936, Sp. 2216–2220; A. Jolivet in: Revue de Littérature Comparée XVII, 1937, S. 430–433.)

Joseph Pinatel: Le Drame bourgeois en Allemagne au XVIIIme siècle. Lyon 1938.

Elise Dosenheimer: Das deutsche soziale Drama von Lessing bis Sternheim. 1949. Reprint 1967.

Arnold Hauser: Sozialgeschichte der Kunst und Literatur. Bd II. 1953, Teil 6, Kap. III: »Die Entstehung des bürgerlichen Dramas«, S. 87–104. ²1958; einbändige Sonderausg. 1967.

Ursula Gauwerky: Bürgerliches Drama, in: RL, Bd I, 1958, S. 199–203.

Wolfgang Schaer: Die Gesellschaft im deutschen bürgerlichen Drama des 18. Jhs. 1963.

Walter Müller-Seidel: Nachwort zu: Klassische deutsche Dichtung. Bd XV: Bürgerliches Trauerspiel und soziales Drama. 1964.

Karl S. Guthke: Das deutsche bürgerliche Drama des 18. Jhs, in: Handbuch des deutschen Dramas, hrsg. v. Walter Hinck. 1980. Auch in K.S.G.: Das Abenteuer der Literatur. 1981, S. 187–209.

Klaus Peter: Bürgerliches Trauerspiel, in: K.P.: Stadien der Aufklärung. 1980.

Rolf Geißler: Bürgerliches Trauerspiel – eine literaturgeschichtliche Perspektive der Subjektivität, in: R.G.: Arbeit am literarischen Kanon. Perspektiven der Bürgerlichkeit. 1982, S. 63–92.

Arnold Seul: Absolutismus, Aufklärung und die Entstehung des bürgerlichen Schauspiels. Diss. FU Berlin 1983.

Manfred Durzak: Das bürgerliche Trauerspiel als Spiegel der bürgerlichen Gesellschaft, in: Propyläen Geschichte der Literatur, hrsg. v. Erika Wischer. Bd IV: Aufklärung und Romantik. 1983, S. 118–139, 559–560. Auch in: M.D.: Zu Gotthold Ephraim Lessing. Poesie im bürgerlichen Zeitalter. 1984, S. 130–159.

Hans Helmut Hiebel: Mißverstehen und Sprachlosigkeit im »bürgerlichen Trauerspiel«, in: Jb. d. Dt. Schillerges. XXVII, 1983, S. 124–153.

Karl Eibl: Bürgerliches Trauerspiel, in: Aufklärung. Ein literaturwissenschaftliches Studienbuch, hrsg. v. Hans-Friedrich Wessels. 1984, S. 66–87.
Bengt Algot Sørensen: Herrschaft und Zärtlichkeit. Der Patriarchalismus und das Drama im 18. Jh. 1984.
Jürgen Jacobs: Die Nöte des Hausvaters. Zum Bild der Familie im bürgerlichen Drama des 18. Jhs, in: Wirkendes Wort XXXIV, 1984, S. 343–357.
Helmut Koopmann: Mögliche und unmögliche Aufklärung. Zum Verhältnis von dramatischer Form und Bürgerlichkeit, in: Idealismus und Aufklärung. Kontinuität und Kritik der Aufklärung in Philosophie und Poesie um 1800, hrsg. v. Christoph Jamme und Gerhard Kurz. 1988, S. 219–237.
Elena Vogg: Die bürgerliche Familie zwischen Tradition und Aufklärung. Perspektiven des »bürgerlichen Trauerspiels« von 1755 bis 1800, in: Bürgerlichkeit im Umbruch. Studien zum deutschsprachigen Drama 1750–1800, hrsg. v. Helmut Koopmann. 1993, S. 53–92.
Cornelia Mönch: Abschrecken oder Mitleiden. Das deutsche bürgerliche Trauerspiel im 18. Jh. 1993.
Karl Eibl: Bürgerliches Trauerspiel, in: RL, Bd I, 1997, S. 285–287.
Christian Rochow: Das bürgerliche Trauerspiel. 1999, Kap. III: »Gottscheds Dramaturgie«.

2. Geistes- und literaturgeschichtliche Bedeutung des bürgerlichen Trauerspiels

Das Auftreten des bgl. Tr. um 1755 zeigt nicht etwa, wie naives Wortverständnis und z.T. auch die zeitgenössische Theorie meint, nur eine Verlagerung des Tragischen in die soziale Sphäre des »Bürgerlichen« an, einen bloßen Kostümwechsel. Vielmehr wandelt sich in der Optik des bgl. Tr. das Tragische selbst grundlegend in Ton, Gehalt, Thematik und Dimension. Die Welt der heroischen Tragödie war die der Geschichte, auch der Sage und des Mythos; der Raum der »Großen« war Wirkungsbereich dessen, was den Menschen, gleich welchen Standes, letztlich bestimmte. Könige und Helden repräsentierten den Menschen schlechthin sub specie aeterni: das Unglück, das sie befiel, war, wie Schopenhauer trotz seines irreführenden Nachgedankens an die »Fallhöhe« bemerkt hat, das durch Menschenkraft Unabwendbare, Absolute (»Die Welt als Wille und Vorstellung«, Bd II, Kap. 37). Thema war das Verhältnis des Menschen zum Übermenschlichen.

   Diese Welthaltigkeit, dieser religiöse Fundamentalaspekt geht dem bgl. Tr. im Verlauf seiner ganzen Geschichte ab. Das Menschlich-Mitmenschliche, Moralische, Private, der Mensch in seiner Bindung an die Gemeinschaft rückt ins Zentrum des Interesses. Seine Welt ist

ohne Schicksal, das ihn aus einem Jenseits determinierte. Sein Selbstverständnis ist wesentlich immanent. Dem Märtyrer hat die Stunde
geschlagen. Ein undurchschaubares grausames Verhängnis kann nicht
mehr Tragik begründen. So lehnt Lessing den sophokleischen »Ödi-
pus« und Senecas »Hercules Furens« ab als unwürdige Zumutung an
das Selbstgefühl des aufgeklärten Menschen (Lachmann/Muncker, Bd
VI, S. 196; vgl. »Hamburgische Dramaturgie«, 74. Stück). Die Verursachung des Tragischen wird in den Menschen und die Welt verlegt,
was bis zum Interesse am Pathologischen und Psychopathologischen
gehen kann. Entsprechend bezeugt das bgl. Tr. in allen seinen Phasen einen ausgesprochenen Sinn für die Verknüpfung von Unglück,
Schuld und Charakter, für lückenlose Motivation also, sowie eine
Vorliebe für die Intrige der »devil figures« (Macey) als säkularisiertes
Schicksal und später auch Interesse für das determinierende soziale
Milieu. »So überzeugt wir auch immer von den unmittelbaren Wirkungen der Gnade seyn mögen«, heißt es im 2. Stück der »Hamburgischen Dramaturgie«,

so wenig können sie uns doch auf dem Theater gefallen, wo alles, was zu dem
Charakter der Personen gehöret, aus den natürlichsten Ursachen entspringen
muß. Wunder dulden wir da nur in der physikalischen Welt; in der moralischen
muß alles seinen ordentlichen Lauf behalten, weil das Theater die Schule der
moralischen Welt seyn soll. Die Bewegungsgründe zu jedem Entschlusse, zu jeder
Aenderung der geringsten Gedanken und Meynungen, müssen, nach Maaß-
gebung des einmal angenommenen Charakters, genau gegen einander abge-
wogen seyn, und jene müssen nie mehr hervorbringen, als sie nach der strengsten Wahrheit hervor bringen können. (Lachmann/Muncker, Bd IX, S. 188f.)

Der beschriebene Unterschied schließt allerdings nicht aus, daß religiöser Horizont und theologische Orientierung im bgl. Tr. erscheinen.
Die Theodizee spielt noch eine gewisse Rolle. Aber ganz davon abgesehen, daß die Vorsehung zur Hypostase der Tugend umgedeutet wird:
ausgeschaltet bleibt das Metaphysische als Agens des Tragischen; das
Weltbild des bgl. Tr. ist wesentlich immanent. Gelegentliche abweichende Bekundungen des Selbstverständnisses einer dramatis persona
wie Sara Sampson in V, 10 – Sara vergibt der Hand, durch die Gott
sie strafe – können über diesen fundamentalen Sachverhalt nicht hinwegtäuschen (Ackermann [s.u. S. 79], S. 41; Klaus Ziegler in: »Dt.
Philol. im Aufriß«, Bd II, [2]1960, Sp. 2096 f.; vgl. u. S. 73). Damit
erweist sich das bgl. Tr. als Gattung der Säkularisation, die etwas grob,
aber zutreffend genug, seit der Mitte des 18. Jhs datiert wird. Ihr Träger ist das Bürgertum, das seine humanitäre »profane Ideologie« eben
im Widerspruch gegen die »transzendenten Deutungen« der institu-
tionalisierten Religion ausbildet (Groethuysen [s.u. S. 47]).

Literatur

Georg Lukács: Zur Soziologie des modernen Dramas, in: Archiv für Sozialwissenschaft u. Sozialpolitik XXXVIII, 1914, S. 303–345, 662–706. Teil-
   druck in: G. L.: Schriften zur Literatursoziologie. ⁶1974, S. 261–295.
Walter Benjamin: Ursprung des deutschen Trauerspiels. 1928 u.ö.
Josef Clivio: Lessing und das Problem der Tragödie. 1928.
Henrik Selver: Die Auffassung des Bürgers im deutschen bürgerlichen Drama
   des 18. Jhs. Diss. Leipzig 1931, S. 19–25.
Walther Rehm: Römisch-französischer Barockheroismus und seine Umge-
   staltung in Deutschland, in: W. R.: Götterstille und Göttertrauer. 1951,
   S. 11–61. (Zuerst in: GRM, 1934.)
George Steiner: The Death of Tragedy. New York 1961. Dt.: Der Tod der
   Tragödie. Ein kritischer Essay. 1962, bes. Kap. VI.
Wolfgang Schaer: Die Gesellschaft im deutschen bürgerlichen Drama des
   18. Jhs. 1963, S. 44–50.
Raymond Williams: Modern Tragedy. Stanford, CA, 1966, Teil 2, Kap. I.
Karl Schmidt: Die Kritik am barocken Trauerspiel in der ersten Hälfte des
   18. Jhs. Diss. Köln 1967.
Samuel L. Macey: Nonheroic Tragedy. A Pedigree for American Tragic Drama,
   in: Comparative Literature Studies VI, 1969, S. 1–19.

Den Gegenpol zu derartigen auf die geistige und geistesgeschichtliche Dimension gerichteten Erörterungen des bgl. Tr. markiert der
formalistische Versuch Richard Daunichts, die Entstehung der Gattung im Zusammenhang der allmählichen Entwertung der kanonischen Geltung der »Regeln« zu verstehen, die die klassizistische Dramatik bestimmten. Das »Bürgerliche« des bgl. Tr. der fünfziger und
sechziger Jahre wird dabei schließlich mit dem »Unregelmäßigen«
oder auch »Englischen« identifiziert (S. 296). Durchgesetzt hat sich
diese These nicht, selbst in der »bürgerlichen« Literaturwissenschaft
nicht. Einerseits ist die generelle Auflockerung der Regelgeltung keineswegs auch nur ein Schritt in Richtung auf das bgl. Tr.: zahlreiche
bgl. Tr. der fünfziger und sechziger Jahre sind ja durchaus regelmäßig; und in der Theorie des bgl. Tr. wird solche Regelmäßigkeit gelegentlich auch expressis verbis verlangt (Pfeil, § 4; Schmid, »Über das
bürgerliche Trauerspiel«, S. 205; Valdastri, S. 96–99). Andererseits ist
die spezielle Übertretung der Personal-»Regel«, nämlich der Ständeklausel, die Daunicht für das »Hauptmerkmal« der Gattung hält, wie
bereits angedeutet, nicht das entscheidende Charakteristikum des bgl.
Tr. des 18. Jhs. Theoretisch zu rechtfertigen war sogar ein tragisches
»Familiengemälde aus einem königlichen Hause« (Schiller in einer
Anmerkung zum »Thalia«-Fragment des »Don Karlos«; vgl. auch J. A.
Engelbrechts ähnliche Ansicht unten S. 57), und Buri schreibt 1793

ein ausdrücklich als solches bezeichnetes »bgl. Tr.«, dessen Hauptperson König Louis XVI. von Frankreich ist. Das Vorwort nennt den Grund: »Ludwig war mit allen Eigenschaften bekleidet, welche ihn zum liebenswürdigen Privatmann machen konnten. Er war ein treuer Gatte, ein guter Vater, ein redlicher Freund«, sein Schicksal »rührt uns«. Das entscheidend Neue der Gattung ist ihr Lebensgefühl, das Menschenbild der moralisch-empfindsamen Privatheit.

Aus der literarischen – statt geistesgeschichtlichen oder gesellschaftlichen – Situation erklärt auch Emil Staiger, mehr en passant, die Entstehung des bgl. Tr. in Deutschland, ohne damit allerdings einen (nicht näher erläuterten) Zusammenhang zwischen der Entwicklung der Gattung und dem Aufstieg des Bürgertums in Abrede zu stellen. Für ihn ist der entscheidende Vorgang die allmähliche Radikalisierung des Prinzips der Naturnachahmung in Richtung auf immer größere Lebenswahrheit; sie habe aus eigener Konsequenz um die Jahrhundertmitte zum bgl. Tr. geführt. In neuester Zeit ist Rosmarie Zeller auf die innerliterarischen Bedingungen der Entstehung des bgl. Tr. zurückgekommen; in scharfer Frontstellung gegen alle Ableitung der neuen Gattung aus (oder Zuordnung zu) gesellschaftsgeschichtlichen Veränderungen sieht sie das bgl. Tr. als »innerliterarische Innovation«: Streben nach »Natur« im Sinn des je Individuellen als Ausdruck des weitgreifenden Angriffs auf überlieferte literarische Normen von der literarischen Produktion selbst her (S. 164–171).

Daß sich geistesgeschichtlich-soziologische und immanent literaturgeschichtliche Erklärung des bgl. Tr. nicht ausschließen, sondern ergänzen, betont Roger Bauer in seinem Versuch, den Aufstieg des bgl. Dramas im 18. Jh. als »rein literarischen Prozeß« zu verstehen: nämlich als »eine mehr oder weniger bewußte Repristination der dritten, mittleren oder gemischten Gattung« zwischen Komödie und Tragödie, der die mittlere der drei Stilebenen der traditionellen Rhetorik entspräche (das »genus mediocre« zwischen dem »genus humile« und dem »genus grave dicendi«). Ein Bewußtsein dieser literaturgeschichtlichen Zusammenhänge dürfte z.B. bei Gottsched lebendig gewesen sein, als er die Wahl ließ zwischen den Bezeichnungen »bgl. Tr.«, »comédie larmoyante« und »Tragikomödie« (vgl. o. S. 10).

An alle diese innerliterarischen Ableitungsversuche ist die Frage zu richten, ob sie es nicht eher mit Sekundärphänomenen zu tun haben, in denen sich gesellschafts- und geistesgeschichtliche Vorgänge formal aussprechen. Die Frage dürfte kaum negativ zu beantworten sein. Es ist sicher kein Zufall, daß in einer der wichtigsten Arbeiten zum bgl. Tr. aus den 1990er Jahren die literarischen Texte mit Selbstverständlichkeit, wenn auch höchst differenziert, mit gesamtgesellschaftlichem Wandel und speziell bürgerlichem Selbstbewußtsein und bürgerlichen Idealen in Verbindung gebracht werden (Elena Vogg, S. 54–55). Schließlich wird der Wandel der Form ja ins Werk gesetzt nicht von freischwebenden ästhetisch sensiblen Intelligenzen, sondern von Mitgliedern einer Gesellschaftsschicht in einer politisch-sozial so oder so verfaßten Region zu einem bestimmbaren geschicht-lichen Zeitpunkt.

Literatur

Vgl. o. S. 15–18.

Richard Daunicht: Die Entstehung des bürgerlichen Trauerspiels in Deutsch-land. 1963. ²1965; im Textteil seitengleich. (Rez. von Lothar Pikulik in: Euphorion LVIII, 1964, S. 106–111; Hans Friederici in: Weimarer Beiträge, 1964, S. 629–634; Robert R. Heitner in: JEGP LXIII, 1964, S. 288–301; Étienne Mazingue in: Études Germaniques XIX, 1964, S. 313f.; Eberhard Reichmann in: Monatshefte LVII, 1965, S. 211–213.)

Emil Staiger: Rasende Weiber in der deutschen Tragödie des 18. Jhs, in : E. St: Stilwandel. Studien zur Vorgeschichte der Goethezeit. 1963, S. 38–39. (Zuerst in: Zs. f. dt. Philologie, 1961.)

Roger Bauer: Die wiedergefundene dritte Gattung, oder: Wie bürgerlich war das bürgerliche Drama?, in: Révue d'Allemagne V, 1973, S. 475–496.

Rosmarie Zeller: Struktur und Wirkung. Zu Konstanz und Wandel literari-scher Normen im Drama zwischen 1750 und 1810. 1988.

Elena Vogg: Die bürgerliche Familie zwischen Tradition und Aufklärung, in: Bürgerlichkeit im Umbruch, hrsg. Helmut Koopmann. 1993, S. 53–92.

Christian Rochow (s. o. S. 6).

3.   Vorgeschichte in Deutschland

Für das literarhistorische Bewußtsein des 18. Jhs beginnt die Geschichte des deutschen bgl. Tr. mit Lessings »Miß Sara Sampson« (1755). Das bezeugen übereinstimmend so verschiedene Quellenwerke wie Johann Friedrich Löwens »Geschichte des deutschen Theaters« von 1766 (»Schriften«, Bd IV, 1766, S. 45) und Christian Heinrich Schmids »Chronologie des deutschen Theaters« von 1775 (Neudruck von Paul Legband, 1902, S. 115). Vor dem Forum der heutigen Literaturge-schichtsschreibung besteht diese Ansicht zu Recht. Der Boden war jedoch seit langem für die neue Gattung bereitet, und zwar weniger in der Theorie, deren gelegentliche Lockerung der Ständeklausel wie z.B. in Michael Conrad Curtius' Kommentar zu seiner Aristoteles-Übersetzung (1753) nicht viel bedeutet, als in der Geschichte des deutschen Dramas selbst.

Die Gemeinsamkeiten des bgl. Tr. mit dem *rührenden Lustspiel,* das in Deutschland schon in den vierziger Jahren floriert, liegen auf der Hand (s.u. S. 120), wobei freilich im Auge zu behalten ist, daß die von beiden Gattungen erstrebte »Rührung« nicht notwendigerweise identisch ist; Gellerts Unterscheidung von Rührung in der Tragödie und in der Komödie (»Pro comoedia commovente«) gilt z.t. auch im Hinblick auf das bgl. Tr., von dem er nicht ausdrücklich spricht. In der Entwicklung der deutschen klassizistischen (heroischen) *Tragödie* »verbürgerlicht« sich das Bild des Helden in den vierziger und frühen fünfziger Jahren in dem Sinne, daß er als relativ »menschlicher« (statt nur unempfindlich standhaft und lediglich mit Staatsproblemen befaßt) dargestellt wird (Pikulik, Kap. II). Gelegentlich sind auch schon Anflüge der sozialen oder speziell der familiären Tugendmoral des bürgerlichen Dramas der Folgezeit zu beobachten (Selver, S. 8–11; vgl. auch Eibl, S. 110–111, über Gottscheds »bürgerliche« Auffassung seines »Sterbenden Cato«; allerdings trifft Gottscheds Deutung in diesem Punkt nicht ganz den wahren Sachverhalt). Schließlich mag auch drittens, besonders wieder in den vierziger Jahren, eine gewisse Tradition antifranzösischer, *prodeutscher Stücke,* die an den Deutschen eben die »bürgerlichen« Tugenden verherrlichen, den Schritt zum bgl. Tr. erleichtert haben (Aikin-Sneath).

Überdies werden aber in der Literatur häufig ein paar deutsche Dramen als Vorläufer, Vorstufen oder Vorwegnahmen des bgl. Tr. der zweiten Hälfte des 18. Jhs beansprucht. Von genuinen Vorwegnahmen kann jedoch nicht die Rede sein, allenfalls von Annäherungen (und selbst davon nicht im Fall von Dramen aus der Reformationszeit wie Georg Wickrams »Der jungen Knaben Spiegell«, die Rochow [S. 15–17] der Vor- oder Frühgeschichte des bürgerlichen Dramas zuschlägt).

Als erstes bgl. Tr. in Deutschland bezeichnet man oft Andreas Gryphius' 1648/49 entstandenes »Trauer-Spiel« »Cardenio und Celinde« (1657). Gryphius betont in der Vorrede selbst, die Personen seien »fast zu niedrig vor ein Traur-Spiel«. »Die Art zu reden ist gleichfalls nicht vil über die gemeine.« Doch haben die ständische Zuordnung der Personen (die zwar keineswegs genauer fixiert und besonders akzentuiert wird) und der Gryphius zufolge kaum gehobene Stil (immerhin Alexandriner, barocke Bildlichkeit, mythologische Anspielungen, gelehrte Hinweise) nicht viel zu besagen angesichts der ausgesprochen barokken Geistigkeit, die das Stück bestimmt. Von »bürgerlicher Ideologie« irgendwelcher Art ist keine Spur. Das Thema des Stücks ist Cardenios und Celindes Überwindung ihrer »rasenden«, nämlich unvernünftigen, sündigen sinnlichen Leidenschaft. Schockartig, durch Gespensterscheinungen wird beiden in einer nächtlichen Gruselszene die

Eitelkeit alles Menschlich-Irdischen bewußt; und es ist eine höhere
Macht, Gott, die sie durch diesen Schrecken auf den rechten Weg
führt. Indem die Liebenden entsagen, bekennen sie sich im Zeichen
des »memento mori« zur barockchristlichen, nur noch jenseitsgerich-
teten Glaubenshaltung. Von daher gehört »Cardenio und Celinde«,
so sehr es sich vom heroischen Märtyrerdrama unterscheidet, unmiß-
verständlich nicht in den aufklärerischen Raum, in dem das bgl. Tr.
ideologisch zu Hause ist. Eine neuere Studie bestätigt die Zuordnung
zur »traditionell augustinisch-lutherischen Auffassung«, für die auch
die »gesellschaftlichen Schranken als Teil des göttlichen Ordo« gelten, gegen die moderne Versuchung, mit der »Selbstverwirklichung«
der Liebenden zu sympathisieren (Hillenbrand, S. 284). Ein solches
Verständnis verbietet es, in »Cardenio und Celinde« ein frühes bgl.
Tr. zu sehen (Steinhagen), bekräftigt vielmehr die weltanschauliche
Nähe des Stücks zu den Märtyrertragödien, mit denen es die grundsätzliche, schon mittelalterliche gradualistische statt strikt dualistische
Einstellung teilt (Kaminski).

Christian Weise, der nächste in Vorschlag gebrachte Vorgänger
des Verfassers der »Miß Sara Sampson«, ist nicht mehr im Barock
beheimatet, sondern in der diesseitig und lebenspraktisch orientierten Frühaufklärung der Jahrhundertwende. »Ein bürgerliches, ja fast
schon proletarisches Trauerspiel« hat man daher sein »Trauerspiel von
dem Neapolitanischen Haupt-Rebellen Masaniello« (1683) genannt
und dessen Vorläuferschaft zu Lillos »London Merchant«, zu »Miß
Sara Sampson« und sogar zu Büchners »Woyzeck« behauptet (Burger,
S. 83). Unverkennbar ist ein Moment späterer bürgerlich-aufgeklär-
ter politischer Kritik: der historische Aufstand des Fischers Tommaso
Aniello (1647) richtet sich bei Weise weniger gegen die Privilegien
der höheren Stände als gegen den Mißbrauch der vom Monarchen
delegierten Machtbefugnisse. Allerdings nimmt sich Weises Masaniello, wie die DDR-Forschung konsequent übersah, gegenüber Weises Quellen »erheblich negativer« aus (Krämer, S. 251), und das Volk
von Neapel ist Pöbel (Fischer), auch scheitert die Rebellion. Doch
damit ist über die Warnung vor der Revolution als politischem Mittel hinaus auch die Aufforderung an die Regierenden ausgesprochen,
durch Reformen gerechtere Verhältnisse zu schaffen (V, 24), was beides wieder den Geist des aufgeklärten Absolutismus bezeugt. Entsprechend ist hier auch vom Heldenideal der heroischen Barocktragödie
nichts mehr übrig geblieben, allenfalls bleibt die barocke Constantia
in der Masaniello entgegengestellten Figur des Erzbischofs Philoma-
rini (Thiel). Aber so sehr also »in dem Stoff latent die Möglichkeit
zum bürgerlichen Trauerspiel« lag, ist Weises Stück dennoch »von
dem […], was im fortschreitenden 18. Jh. als bgl. Tr. aufgefaßt und

geschrieben wurde, weit entfernt« (Martini, S. 37). Was Weise davon trennt, ist nicht zuletzt sein – im sozialen Sinn zwar durchaus als bürgerlich zu deutendes – Bildungsprogramm, das er mit allen seinen Schulstücken verfolgt: Erziehung zur Ausübung von Funktionen im öffentlichen, gesellschaftlichen Leben. Das macht den Weiseschen Dramentypus sui generis. Seinem damit gegebenen Ideal der Weltgewandtheit und Weltkenntnis widerspricht das deutsche bgl. Tr. im 18. Jh. nicht weniger als dem Anspruch des »Masaniello«, eine politische Lehre oder doch zumindest einen Hinweis auf die Problematik des politisch-öffentlichen, geschichtlichen Handelns zu vermitteln: der »Diskurs« ist sozio-politisch; es geht um die kritische Rechtfertigung der Obrigkeit, sofern diese ihre Staatspolitik an ethischen, sozial verantwortlichen Prinzipien orientiert (Battafarano, S. 71–73). Weises Revolutionsstück steht demgemäß der Haupt- und Staatsaktion (deren Technik der parodistischen Kontrafaktur des Politischen durch den Hanswurst es übrigens auch übernimmt) näher als dem bgl. Tr. An dessen Denk- und Empfindungsformen (Mitleid, Rührung) nähert sich vielmehr, wie neuerdings entdeckt wurde, Barthold Feinds Libretto dieses Stoffes, »Masagniello furioso« (1706), jedenfalls an, wobei es sogar zu Andeutungen von Klassenkampf komme (Thiel).

Für Johann Elias Schlegels klassizistisches Alexandriner-»Trauerspiel« »Canut« (1746), das zwar noch einen heroischen Stoff aus der mittelalterlichen nordischen Geschichte auf die Bühne bringt, gilt die Nähe zur Haupt- und Staatsaktion schon nicht mehr. Hier befinden wir uns trotz der unter »Großen« spielenden Historie bereits in nächster Nähe zum bgl. Tr. Wenn Schlegel auch ein solches Drama noch nicht schreibt, so bahnt er ihm doch polemisch den Weg. Denn in der Gegenüberstellung des rücksichtslos egozentrischen heldischen Feldherrn Ulfo, dem alle Mittel recht sind, seinem gesteigerten Bedürfnis nach Größe, Ehre, Ruhm und Bewunderung Befriedigung zu verschaffen, und des humanen, aufgeklärten Königs Canut ist offenkundig eine Verurteilung des heroischen Ideals im Namen der »Menschlichkeit« ausgesprochen. König Canuts im Sinne der fünfziger und sechziger Jahre »bürgerliche«, d.h. menschlich-mitmenschliche Einstellung (»Bürgertreu«, »Tugend«, »Mitleid«, »Menschenliebe«, Güte, Herz, Zärtlichkeit, Betonung der seelischen Beziehungen) macht das Trauerspiel zum »Dokument der deutsch-bürgerlichen Aufklärung auf der mittleren Stufe einer maßvollen Empfindsamkeit« (May, S. 15).

Vergleichbar ist Canut dem am Schluß ganz zum Vater werdenden König Aridäus in Lessings »Trauerspiel« »Philotas« (1759), das gleichfalls als kritische, polemische Wendung gegen das Heldenideal der klassizistischen Tragödie vom Standpunkt empfindsam-bürgerlicher Gesinnung aufgefaßt werden kann. Eine potentiell tragische

Gestalt ist Canut jedoch, anders als der kurzerhand abdankende Aridäus, insofern, als seine Stellung und Situation es ihm im Konflikt mit seiner persönlichen Neigung verwehren, dem Rebellen Ulfo gegenüber Mitleid statt Staatsräson walten zu lassen. Gerade dieser Zug aber unterstreicht, wie sehr Schlegel mit den Denkformen des bürgerlichen Dramas sympathisiert.

Lessings »Trauerspiel«-Fragment »Samuel Henzi«, 1749 entstanden, 1753 im 22. und 23. seiner kritischen »Briefe« erschienen, läßt diese Nähe zum bgl. Tr. noch nicht erkennen – trotz der im ständischen Sinne prononciert bürgerlichen dramatis personae. Substanz und Atmosphäre dieser in jeder Hinsicht klassizistisch-heroischen Alexandrinertragödie sind »erhaben« (22. »Brief«), nicht familiär-privat. Es geht, wie schon 1755 gegen die Einordnung als bgl. Tr. eingewendet worden ist, um »den Nutzen eines ganzen Landes« (Pfeil, § 3), um eben jenes Staatsinteresse also, das Lessing später bewußt ausschaltete, als er sich anschickte, aus dem Virginia-Stoff ein bgl. Tr. zu gestalten (an Nicolai, 21. Jan. 1758). Ähnlich wie in Gottscheds »Sterbendem Cato«, wo Cato an der Leiche seines Sohns nicht um den persönlichen Verlust, sondern um Rom Tränen vergießt (IV, 5), ist es auch hier das politische Interesse, das die Hauptfiguren bestimmt, nämlich die Sorge um die Wahrung der Berner Staats-Verfassung, deren grundlegende Kontraktidee durch den Mißbrauch der vom Volk delegierten Regierungsmacht gefährdet wird. Als Theoretiker des bgl. Tr. sagt Lessing jedoch: »Ein Staat ist ein viel zu abstrakter Begriff für unsere Empfindungen« (»Hamburgische Dramaturgie«, 14. Stück). Das hat allerdings nicht verhindert, daß man »Henzi« als erste Etappe auf dem Weg zum bürgerlichen Aufbegehren gegen feudalistische Tyrannei gesehen hat, das dann in »Emilia Galotti« voll ausgestaltet werde (Kurpanik-Malinowska).

Die Ehre, das erste deutsche bgl. Tr. zu sein, hat Richard Daunicht »Miß Sara Sampson« streitig gemacht mit dem Hinweis auf Christian Leberecht Martinis »Rhynsolt und Sapphira«. Dieses Stück erschien zwar auch 1755 (ob vor oder nach Lessings bgl. Tr., läßt sich nicht ausmachen). Daunicht weist aber nach, daß es in einer handschriftlichen Vorfassung bereits im Jahre 1753 vorhanden gewesen ist. Damit ist zweifellos der bis ins 18. Jh. zurückgehenden Behauptung, »Rhynsolt und Sapphira« sei eine Nachahmung der »Miß Sara Sampson«, der Wind aus den Segeln genommen. Ob es folglich auch als erstes Exemplar der neuen Gattung anzusehen ist, ist jedoch eine andere Frage. Im Gegensatz zu Lessing gibt der Verfasser mit seinem Untertitel (»Ein prosaisches Trauerspiel«) selbst nicht zu erkennen, daß er als Begründer des in Rede stehenden neuen Genres auftreten wolle.

Empfindsamer Geist und Ton, die »Miß Sara Sampson« und die davon angeregten Dramen in erster Linie zu bgl. Tr. machen, herrschen in »Rhynsolt und Sapphira« so gut wie gar nicht, kaum daß Herzog Karl einmal dieser Stimmung Ausdruck gibt (II, 6); auch die »zärtlich-empfindsame Liebe« des zentralen Ehepaars (Komfort-Hein, S. 92) bleibt mehr am Rande. Vom Mittelstandsmilieu der üblichen bgl. Tr. kann ebenfalls nicht gesprochen werden, ganz zu schweigen von dem von Daunicht behaupteten, angeblich an Lillo erinnernden Kaufmannsmilieu. Die Handlung spielt in einem herzoglichen Schloß; die Atmosphäre ist höfisch. Danfeld, der »vornehme Kaufmann«, hat nur einen einzigen kurzen Auftritt, und von ständischem Ethos kann bei ihm nicht die Rede sein.

Gewiß ist Sapphira, Danfelds Gemahlin, die der »Hofmann« Rhynsolt, »des Herzogs General und Gouverneur«, zur ehelichen Untreue zu verleiten sucht, nicht fürstlichen Standes und höfischen Charakters; und sie bewahrt ihre Tugend. Doch verbinden sich mit dieser Gestalt weder bürgerliches Standesbewußtsein noch empfindsam-moralische Akzente, vielmehr die barocken der Standhaftigkeit (I, 7). Kritik am höfischen Dasein (Rhynsolt drangsaliert Sapphira, ermordet Danfeld, hintergeht den Herzog) wird zwar angedeutet, aber das reicht nicht aus zur Bezeichnung »bürgerlich«; schließlich übt der Herzog ja auch – zu spät – ausgleichende Gerechtigkeit (so daß in der DDR ein Beurteiler von Daunichts These, Hans Friederici, den »bürgerlichen« Charakter des Stücks bestreitend, sogar von »feudal-apologetischer Tendenz« gesprochen hat; vgl. noch Komfort-Hein, S. 92). Atmosphäre (Absehen vom Seelischen, Zumutung von erstaunlichen Gefühlskruditäten) und Motive (Theaterbösewicht, blutrünstiger Mord, Palast-Intrige) weisen »Rhynsolt und Sapphira« eher als eine (zwar nach klassizistischen Regeln überformte) Haupt- und Staatsaktion aus. Der aus Schlegels »Canut« bekannte Zwiespalt in der Herrscherpersönlichkeit zwischen Menschlichkeit im tugendhaft-empfindsamen Sinn des bgl. Tr. einerseits und Herrscherpflicht und -rolle andererseits klingt allerdings auch hier an (Pikulik, S. 144, 149), ist aber weit davon entfernt, das Drama zum bgl. Tr. zu machen.

Literatur

Zur Vorgeschichte der Gattung findet man Bemerkungen in den meisten Darstellungen ihrer Geschichte: s. die Literaturangaben oben S. 17f., ferner:

Betsy Aikin-Sneath: An Early example of the »Bürgerliches Trauerspiel«, in: MLR XXIX, 1934, S. 330–332.

Karl Eibl (s.o. S. 16), S. 104–117.

Gryphius:
»Cardenio und Celinde«, edited with Introduction and Commentary by Hugh
Powell. Leicester 1961. – Horst Turk: »Cardenio und Celinde«, in: Die
Dramen des Andreas Gryphius. Eine Sammlung von Einzelinterpretationen, hrsg. v. Gerhard Kaiser. 1968, S. 73–116. – Rolf Tarot: Nachwort zur
Reclam-Ausgabe. 1968. – Bernd Peschken: Andreas Gryphius aus neustoi-
zistischer, sozialgeschichtlicher Sicht, in: Daphnis VI, 1977, bes. S. 349–
354. – Harald Steinhagen: Wirklichkeit und Handeln im barocken Drama.
1977, S. 145–206. – Blake Lee Spahr: »Cardenio und Celinde«, in: B.L.S.:
Problems and Perspectives. 1981, S. 131–150. – Rolf Geißler: Arbeit am
literarischen Kanon (s. o. S. 17), S. 69–73. – Ferdinand van Ingen: Wahn
und Vernunft, Verwirrung und Gottesordnung in »Cardenio und Celinde«
des Andreas Gryphius, in: Theatrum Europaeum. Festschrift für Elida Maria
Szarota, hrsg. v. Richard Brinkmann. 1982, S. 253–289. – Judith P. Aikin:
Genre Definition and Genre Confusion in Gryphius' Double Bill »Cardenio und Celinde« and »Herr Peter Squentz«, in: Colloquia Germanica XVI,
1983, S. 1–12. – Eberhard Mannack: Andreas Gryphius. (Slg Metzler 76).
²1986, S. 64–68. – Thomas W. Best: Gryphius's »Cardenio und Celinde« in
Its European Context. A New Perspective, in: Literary Culture in the Holy
Roman Empire, 1555–1720, hrsg. v. James A. Parente. Chapel Hill, NC,
1991, S. 60–77. – Nicola Kaminski: Der Liebe Eisen=harte Noth. »Carde-
nio und Celinde« im Kontext von Gryphius' Märtyrerdramen. 1992. – Rai-
ner Hillenbrand: Cardenios Wahn und Schuld. Moralischer und religiöser
Konservativismus bei Gryphius, in: GRM, N.F. XLV, 1995, S. 279–287.
Weise:
Neudruck des »Masaniello« in: Neudrucke dt. Literaturwerke des XVI. u.
XVII. Jhs. Nr 216–218, hrsg. v. Robert Petsch. 1907, Einführung. – Heinz
Otto Burger: »Dasein heißt eine Rolle spielen«. Das Barock im Spiegel von
Jakob Bidermanns »Philemon Martyr« und Christian Weises »Masaniello«,
in: H.O.B.: »Dasein heißt eine Rolle spielen«. Studien zur dt. Literaturge-
schichte. 1963, S. 75–93. (Zuerst in: GRM, 1961.) – Hildegarde Wichert
Fife: Weise's »Masaniello« and the Revolt Plays, in: GLL XX, 1967, S. 289–
298. – Fritz Martini: Christian Weise: »Masaniello«. Lehrstück und Trauerspiel der Geschichte, in: F.M.: Geschichte im Drama – Drama in der
Geschichte. 1979, S. 15–38. (Zuerst in: Orbis Litterarum, 1970.) – Thomas W. Best: On Tragedy in Weise's »Masaniello«, in: DVjs LIX, 1985,
S. 195–205. – Roger Thiel: Constantia oder Klassenkampf? Christian Weises »Masaniello« (1682) und Barthold Feinds »Masagniello furioso« (1706),
in: Daphnis XVII, 1988, S. 247–266. – Italo Michele Battafarano: Ethik
und Politik. Christian Weises Revolutionsdrama »Masaniello«, in: I. M.
B.: Glanz des Barock. 1994, S. 47–73. – Jörg Krämer: »Dabey die Poli-
tiqve mit jhren alten Regeln nicht zulangen wil«. Normenkonflikte in Christian Weises »Masaniello«-Trauerspiel, in: Weißenfels als Ort literarischer
und künstlerischer Kultur im Barockzeitalter, hrsg. v. Roswitha Jacobsen.
1994, S. 241–260. – Bernhard Fischer: Ein politisches Experiment über
den Bürgerkrieg. Christian Weises »Masaniello«, in: Zeitschr. f. Germanistik V, 1995, S. 495–507. – Matthias Luserke: Christian Weise, »Masa-

niello«, in: Dramen vom Barock bis zur Aufklärung. Interpretationen. 2000, S. 154–176.

Schlegel:
Neudruck des »Canut« in: Deutsche Literatur in Entwicklungsreihen, Reihe Aufklärung. Bd VI, hrsg. v. Fritz Brüggemann. 1933. Reprint 1964, Einführung. – Kurt May: Johann Elias Schlegels »Canut« im Wettstreit der geistesgeschichtlichen und formgeschichtlichen Forschung, in: K. M.: Form und Bedeutung. Interpretationen deutscher Dichtung des 18. u. 19. Jhs. 1957, S. 13–41. (Zuerst in: Trivium, 1949.) – Peter Wolf: Die Dramen Johann Elias Schlegels. 1964, Kap. IV. – Luigi Quattrocchi: Il teatro de Johann Elias Schlegel. Rom 1965, Kap. III (vgl. Jürgen Brummack, in: Germanistik VII, 1966, S. 589). – G. L. Jones: Johann Elias Schlegel: »Canut«. The Tragedy of Human Evil, in: Lessing Yearbook VI, 1974, S. 150–161. – Dieter Borchmeyer: Staatsräson und Empfindsamkeit. J. E. Schlegels »Canut« und die Krise des heroischen Trauerspiels, in: Jb. d. Dt. Schillerges. XXVII, 1983, S. 154–171. – Steven D. Martinson: »Canut«. J. E. Schlegels klassisches Geschichtsdrama, in: Studia Neophilologica LXI, 1989, S. 45–59. – Peter-André Alt: Tragödie der Aufklärung. 1994, S. 124–137. – Thomas Wirtz: Gerichtsverfahren. Ein dramaturgisches Modell in Trauerspielen der Frühaufklärung. 1994, Kap. V. – Albert Meier: »Canut, ein Trauerspiel«, in: Dramen vom Barock bis zur Aufklärung. Interpretationen. 2000, S. 251–274.

Lessing:
K. Roald Bergethon: Republicanism (?) and Revolution in G. E. Lessing's »Samuel Henzi«, in: Symposium I, 1946, S. 60–74. – Robert R. Heitner: German Tragedy in the Age of Enlightenment. A Study in the Development of Original Tragedies, 1724–1768. Berkeley u. Los Angeles 1963, S. 122–126. – Ernst Loeb: Lessings »Samuel Henzi«. Eine aktuelle Thematik, in: Monatshefte (Wisc.) LXV, 1973, S. 351–360. – Herbert Kraft: Gleichheit oder Heldentum. Lessings Entwurf eines bürgerlichen Dramas im Fragment »Samuel Henzi«, in: Genio huius loci. Dank an Leiva Petersen, hrsg. v. Bernhard Zeller. 1982, S. 17–31. – Ursula Wertheim: Lessings Trauerspiel »Emilia Galotti« und das »Henzi«-Fragment. Zum Problem des bürgerlichen Helden, in: Lessing und Probleme der deutschen und der polnischen Aufklärung, hrsg. v. Olga Dobijanka-Witczakowa. Wroclaw 1983, S. 11–34. – Gizela Kurpanik-Malinowska: Der gescheiterte Aufstand Samuel Henzis und die Entwicklung des bürgerlichen Trauerspiels, in: Streitkultur. Strategien des Überzeugens im Werk Lessings, hrsg. v. Wolfram Mauser u. Günter Saße. 1993, S. 305–311.

Martini:
Neudruck von »Rhynsolt und Sapphira« in: Deutsche Literatur in Entwicklungsreihen, Reihe Aufklärung. Bd VIII, hrsg. v. Fritz Brüggemann. 1934. Reprint 1964, Einführung. – Richard Daunicht: Die Entstehung des bürgerlichen Trauerspiels in Deutschland. 1963. ²1965, S. 237–238, 248–275, 300–310. Dazu die oben S. 22 genannten Rezensionen. – Robert R. Heitner (s.o.), S. 173–176. – Pikulik (s. o. S. 16), S. 143–149. – Greis (s. u. S. 80), S. 66–68. – Mönch (s. o. S. 18), S. 271–274. – Susanne

Komfort-Hein: »Sie sei wer sie sei«. Das bürgerliche Trauerspiel um Individualität. 1995, Kap. VI.

4. Ausländische Anregungen

»Die Britten allein«, sagt C. H. Schmid 1768 in seinem Essay »Über das bürgerliche Trauerspiel« (s.o. S. 16), »sind [...] unsere Vorgänger im bürgerlichen Trauerspiel« (S. 208); und schon 1754 wertete Lessing das bgl. Tr. als englische Gattung (s.o. S. 13). Unbestreitbar ist, daß die zu Beginn der fünfziger Jahre einsetzende Bekanntschaft mit *englischen* bgl. Tr. einen bedeutenden Anstoß zur Ausbildung der Gattung in Deutschland gegeben hat. Es handelt sich dabei um nur zwei Dramen: George Lillos »The London Merchant, or The History of George Barnwell« (1731) und Edward Moores »The Gamester, a Tragedy« (1753).

Lillo sprach in seiner »Dedication«, die man zusammen mit dem Prolog als beachtenswerten Beitrag zur Theorie des bgl. Tr. gewertet hat (Pöppelmann), selbst von »the novelty of this attempt«, nämlich ein Drama »founded on moral tales of private life« zu schreiben; und seine Zeitgenossen wußten den Neuheitscharakter entsprechend zu würdigen. Theophilus Cibber sah im »London Merchant« »almost a new species of tragedy«, 1753 in »The Lives of the Poets of Great Britain and Ireland«, Bd V, S. 339). Die Einschränkung »almost« dürfte ein Hinweis auf die mittlerweile gut erforschte englische Vorgeschichte von Annäherungen sein, die, je nach dem Gewicht, das man den empfindsam-moralisierenden Zügen des Dramas zubilligt, ins erste Jahrzehnt des 18. Jhs oder bis in die elisabethanische Zeit zurückgeführt wird und die sowohl Lillo wie Moore z.T. bekannt war; zu denken wäre an »Arden of Feversham«, »A Woman Killed with Kindness«, »A Yorkshire Tragedy« (Andrew Clark). Für die Entstehung des deutschen bgl. Tr. ist diese englische Vorgeschichte, die Lillo manchen Historikern zufolge seiner vermeintlichen Originalität beraubt (Bernbaum, S. 151–58; Wallace, S. 130–131), allerdings belanglos, da sie in der fraglichen Zeit in Deutschland nicht als solche zur Kenntnis genommen wurde.*

---

* Berücksichtigt wurde sie etwas später, besonders in den Arbeiten von C. H. Schmid, der übrigens auch eins der früheren Stücke, Thomas Otways »The Orphan« (1680), als »bürgerliches Trauerspiel« ins Deutsche übertrug: »Die Wayse« in: Schmid, »Englisches Theater«, Bd IV, Danzig u. Leipzig 1772, S. 329–438; nach Reinhart Meyers »Bibliographia dramatica et dramaticorum«, 2. Abt., Bd XXIV, S. 395, auch Leipzig: Schwickert, 1771.

Der Erfolg des »London Merchant« in England war sensationell; »The Gamester« wurde ebenfalls sehr populär. Dem entspricht die große Beliebtheit dieser Stücke beim deutschen (und französischen) Lese- und Theaterpublikum. Noch 1776 brachte die »Allgemeine Bibliothek für Schauspieler und Schauspielliebhaber« eine ausgiebige Empfehlung (I: 3, S. 178–187). Die erste Verdeutschung des »London Merchant«, »Der Kaufmann von Londen« von H. A. von Bassewitz, der zwar die (zweite, treuere) französische Übersetzung von Pierre Clément (1748, »drame bourgeois«) als Vorlage benutzte, erschien 1752 mit dem Untertitel »ein bürgerliches Trauerspiel«, die erste des »Gamester«, »Der Spieler« von J. J. C. Bode, 1754 als »Schauspiel«, doch 1766 als »bürgerliches Trauerspiel«; die zweite, »Beverley, oder Der Spieler«, in Versen, 1755 von J. H. Steffens, wies sich als »bürgerliches Trauerspiel« aus und wies durch seine gebundene Rede also ostentativ auf ein Formelement der konventionellen, heroischen Tragödie zurück. 1754 wurden beide Dramen zum erstenmal in Deutschland aufgeführt, Lillos in Hamburg, Moores in Breslau, später im selben Jahr ebenfalls in Hamburg. In verschiedenen, z.T. verstümmelnden Übersetzungen und auf das Rührselige zugeschnittenen Bearbeitungen (Fietz), auch Übersetzungen von französischen Bearbeitungen, breiteten sich dann beide in den fünfziger bis neunziger Jahren rasch über das Theater des gesamten deutschsprachigen Raums aus. Sie gehören in der zweiten Jahrhunderthälfte zu den meistgespielten Stücken auf deutschen Bühnen. Besonders hervorzuheben ist unter ihnen Friedrich Ludwig Schröders Lillo-Bearbeitung »Die Gefahren der Verführung« (1778), die jedoch, genauer gesagt, auf Merciers Version des »London Merchant«, »Jenneval«, beruhte; sie erschien in Schröders »Hamburgischem Theater« mit dem Untertitel »Schauspiel«.

Die Bedeutung der englischen Stücke für das deutsche bgl. Tr. besteht weniger in dem konkreten Einfluß auf einzelne Exemplare dieser Gattung als darin, daß sie den deutschen Dramatikern Mut machten, tragische Stoffe aus dem gegenwärtigen, alltäglichen Familienleben des Mittelstandes zu rührenden und die bürgerlich-häuslichen Tugenden empfehlenden Dramen zu verarbeiten. Das kaufmännische Milieu des »London Merchant«, das man irrtümlich als paradigmatisch bezeichnend für das bgl. Bewußtsein im 18. Jh. überhaupt ausgegeben hat (Walach), findet sich jedoch nur in Duschs »Der Bankerot« (1763) wieder, und auch dort kennzeichnenderweise ohne das unumwunden und leistungsstolz artikulierte bürgerliche und auch nationale Selbstbewußtsein des englischen Kaufmanns, das sich im »London Merchant« pointiert verbindet mit dem privaten Moralpathos und insofern aus der Gesamtökonomie des Tragischen nicht wegzudenken ist (Wallace). Von dieser Einschränkung abgesehen, haben beide Dra-

men in Deutschland (und Frankreich) als Katalysatoren entschieden
mehr Schule gemacht als in England.

Das Problem der *direkten* Wirkung des englischen bgl. Tr. auf das
deutsche läuft auf die Frage nach dem Einfluß des »London Merchant« auf »Miß Sara Sampson« hinaus. Dort hätte er insofern ein
enormes Vererbungspotenzial gehabt, als Lessings Stück auf den größten Teil der bgl. Tr. der fünfziger, sechziger und siebziger Jahre in
Motiven, Ton und Charakteren mehr oder weniger deutlich eingewirkt hat. Seit der Zeit des Positivismus wurde Lillos Einfluß als selbstverständlich angenommen, obwohl Ähnlichkeiten bestenfalls sehr
entfernt sind und Lessing Lillo und sein Stück erst nach der Veröffentlichung seines eigenen bgl. Tr. erwähnt (1756 in der Vorrede zu
Thomsons »Trauerspielen« und am 18. Dez. 1756 in einem Brief an
Moses Mendelssohn) und eine frühere Kenntnis des Werks, sei es
durch eine Aufführung oder durch Lektüre, nicht feststellbar ist. Doch
wies P. P. Kies bereits 1926 unwiderleglich nach, daß die Hauptquel-
len der »Miß Sara Sampson« andere englische Dramen sind: Thomas
Shadwells Komödie »The Squire of Alsatia« (1688), Charles Johnsons
Trauerspiel »Caelia« (1733) und Susannah Centlivres Trauerspiel »The
Perjur'd Husband« (1700). Später hat sich besonders L.M. Price immer
wieder gegen die noch lange nach Kies' Abhandlung virulente These
von der Abhängigkeit des ersten deutschen bgl. Tr. von Lillo gewandt.
»If ›The London Merchant‹ was in no sense the progenitor of ›Miss
Sara Sampson‹, it follows that its importance in the history of the
development of the German middle-class drama has in the past been
greatly exaggerated« (»Comparative Literature«, 1950, S. 152). Wer
sich von solcher positivistischen Sachlichkeit, sofern sie überhaupt
zur Kenntnis genommen wurde, nicht anfechten läßt, sieht hingegen
den »London Merchant« als »main model for ›Miß Sara Sampson‹«
in dem Sinne, daß Lillos Stück via Millwood/Marwood das Thema
der Angst des Mannes vor der Frau als bedrohlichem Störfaktor in
der paternalistisch und homosozial organisierten bürgerlichen Welt
vermittelt habe, das dann für das bgl. Tr. konstitutiv werde (Hart).
Rochow rezipiert mit Recht die ältere Einsicht: »Lillos ›The London
Merchant‹ (1731) gehört nicht in die Vorgeschichte der Lessing'schen
Dramatik« (S. 68). – Der von Daunicht behauptete Einfluß Lillos
auf »Rhynsolt und Sapphira« betrifft nur unwesentliche Kleinigkei-
ten (vgl. Heitners Kritik, JEGP, 1964, S. 299). Das Gleiche gilt für
die Bedeutung von Lillos Stück für »Kabale und Liebe« (Bremner).
– Der direkte Einfluß von Moores »Gamester« hat in Deutschland in
der zweiten Jahrhunderthälfte eine ganze Reihe von Spieler-Dramen
auf den Plan gerufen (Fritz, Caskey); für die Geschichte des deutschen bgl. Tr. ist in diesem Zusammenhang allenfalls Brawes »Frei-

geist« (1759; kein Spieler-Drama) zu erwähnen, der sich jedoch nicht als »bgl. Tr.« ausgab.

Stark haben die häuslich-empfindsamen Mittelstandsromane Richardsons auf das deutsche bgl. Tr. eingewirkt, schon auf »Miß Sara Sampson« (was Lessing zwar später abstritt: Lachmann/Muncker, Bd XV, S. 38–39) und noch auf »Emilia Galotti«. In beiden, für die Geschichte des bgl. Tr. in Deutschland beispielgebenden Dramen hat man besonders Spuren der »Clarissa« gesehen. J. H. Steffens hat diesen Roman nicht zufällig zu einem »bgl. Tr.« gleichen Titels umgestaltet (1765), während Wielands »Trauerspiel« »Clementina von Porretta«, von Lessing (123. Literaturbrief) und Löwen ([s.o. S. 22], S. 47) bgl. Tr. genannt, einen Stoff aus Richardsons »Grandison« dramatisiert. Die Heldin von Dyks »bgl. Tr.« »Leichtsinn und Verführung« (1784; s. u. S. 78) vergleicht sich und ihre Situation ausführlich mit der Clarissas (III, 1).

Die Bedeutung des *französischen* Dramas für die Ausbildung des deutschen bgl. Tr. ist vergleichsweise gering. (Für die des bürgerlichen Schauspiels und Lustspiels ist sie größer. »Die Britten allein sind also unsere Vorgänger im bürgerlichen Trauerspiel« [S. 208], steht in Chr. H. Schmids Aufsatz »Über das bürgerliche Trauerspiel« zu lesen [1768; s. o. S. 16].) Das erste französische bgl. Tr. – abgesehen von Vorstufen im 16. Jh. (Petit de Julleville), auf die man in Deutschland nicht aufmerksam wurde – ist die dem Juristen Paul Landois zugeschriebene, 1741 aufgeführte, 1742 anonym veröffentlichte »Silvie«, ein Einakter in Prosa.

Der Untertitel weist das Stück als »tragédie« aus, während der literaturtheoretische dramatische »Prologue«, in dem der Verfasser sich selbst als sprechende Person auftreten läßt, es als »Tragédie Bourgeoise« bezeichnet und verteidigt. Diderot ist ihm im 2. »Entretien sur le Fils naturel« darin gefolgt (»tragédie domestique et bourgeoise«). Tatsächlich entspricht »Silvie« dem Typus des bgl. Tr., wie man es in den fünfziger und sechziger Jahren versteht: Rührung, bürgerliche Gestalten, realistische Gegenwartsatmosphäre, Familienkonflikt (vermeintliche Untreue der Frau), Sprache ohne »cet Héroique guindé«. Doch hat »Silvie« weder in Frankreich noch in Deutschland einen nennenswerten Erfolg gehabt. Das Stück wurde zwar, mit leicht verändertem Schluß – von Gottlieb Konrad Pfeffel – übersetzt: »Serena, ein bürgerliches Trauerspiel in Prose«, einschließlich des »Vorspiels über die Bürgerliche Tragödie«, 1764, wiederabgedruckt 1765 in der ersten Sammlung von Pfeffels »Theatralischen Belustigungen. Nach französischen Mustern« und 1776 im ersten Band der »Neuen Schauspiele, aufgeführt [...] zu München«. Für eine beispielgebende und anregende Wirkung auf die Geschichte des empfindsamen deutschen bgl. Tr. war es aber längst zu spät.

Ungleich erfolgreicher war Diderot (bis um 1780) in Deutschland, erfolgreicher sogar als in Frankreich, und zwar als Theoretiker wie auch als Dramatiker. Das bgl. Tr. (»tragédie domestique« oder auch »tragédie domestique et bourgeoise«), »qui aurait pour objet nos malheurs domestiques« statt »les catastrophes publiques et les malheurs des grands« (»Œuvres complètes«, hrsg. v. Assézat u. Tourneux, Bd VII, S. 309), ist für ihn, der übrigens Lillos »London Merchant« zu schätzen wußte (Chouillet), eine Untergattung des »genre sérieux«, des zwischen Typenkomödie und hoher Tragödie liegenden Dramas, für das er sich in den theoretischen Texten, die »Le Fils naturel« (1757) und »Le Père de famille« (1758) beigefügt sind, nachdrücklich, aber ohne letzte terminologische Konsequenz einsetzt. Auf das Allgemein-Menschliche, Rührende, Wirklichkeitsnahe, Gegenwärtige, Familiäre will auch er ganz wie die deutschen Verfasser bgl. Tr. in den fünfziger und sechziger Jahren hinaus; über alles aber geht ihm die moralische Wirkung des Theaters (Albert); und wenn er auch auf die der alltäglichen Wirklichkeit nahe Darstellung der »condition«, der beruflichen Stellung, Wert legt, so nicht auf die aggressive oder auch nur gesellschaftlich selbstbewußte Betonung des bürgerlichen Klassencharakters, was ihn den deutschen Dramatikern besonders naherückt. So ist es verständlich, daß »sich zwischen 1767 und 1774 kein einziges bedeutendes Theaterstück in Deutschland [außer dem »Götz«] seinem Einfluß zu entziehen« vermochte (Mortier, S. 71 im Anschluß an Pinatel). Doch so groß Diderots Bedeutung für das deutsche bürgerliche Drama im allgemeinen ist, für das bgl. Tr. im besonderen ist sie gering.

Nicht nur beschränken sich direkte Einflüsse der Diderotschen Stücke (die ja keine bgl. Tr. waren, sondern moralisierende, rührende »comédies«: »Schauspiele« in Lessings Übersetzung) auf das deutsche bgl. Tr. auf Anregungen zu Einzelheiten, namentlich bei Dusch (»condition« des Kaufmanns) und Sturz (der Capitain in der »Julie« stammt aus dem »Père de famille«). Nicht nur »beeinflußten« Diderots Anschauungen den führenden Theoretiker des deutschen bgl. Tr., Lessing, »nur so weit, wie sie ihn in seinen eigenen Überzeugungen zu bestärken vermochten« (Mortier, S. 49). Noch wichtiger ist, daß Diderots Stücke und seine Theorie erst nach »Miß Sara Sampson« und den Anfängen der deutschen Theorie des bgl. Tr. veröffentlicht wurden. Die frühen deutschen Reaktionen wie Hallers Rezensionen in den »Götting. gel. Anz.« (1759, S. 176 und 774f.) betonen dementsprechend auch ganz mit Recht den Mangel an Originalität, im Hinblick auf die Gattung des »in Deutschland mehr als zu bekannten« bgl. Tr. besonders deutlich die »Allgemeine Bibliothek der schönen Wissenschaften und der freyen Künste« (1759, Bd V, 2. Stück, S. 270). Neuere Forschung hat einen Unterschied allenfalls darin gesehen, daß bei Diderot bei aller Abstinenz von gesellschaftlichem Engagement der Zug zur Flucht aus der Gesellschaft weniger ausgeprägt ist als in deutschen bgl. Tr., vor allem in denen Lessings (Steinmetz); im übrigen konstruiert sie Gegensätze, wo keine sind (Glaser). In deutscher Übersetzung wurde der Dramatiker und Dramentheoretiker Diderot auch erst bekannt, als sich das deutsche bgl. Tr. bereits seit einem halben Jahrzehnt etabliert hatte (Lessings »Theater des Herrn Diderot«, 1760).

So konnte Diderot, ähnlich wie Marmontel in der Theorie und Beaumarchais in Theorie und Praxis, nur Bestätigung und Bestärkung, nicht Anregung zu Neuem bieten. Zwar hat Lessing in der Vorrede zur 2. Aufl. seiner Diderot-Übersetzung behauptet, »ohne Diderots Muster und Lehren« würde er, d.h. sein Werk, »eine ganz andere Richtung [...] bekommen haben«; doch daraus zu schließen, seine drei dramatischen Hauptwerke, »Minna«, »Emilia« und »Nathan«, fielen »in den Bereich der ›neuen Gattung‹, des genre sérieux« (Hartung), bleibt ebenso nichtssagend wie differenzierungsbedürftig.

Der einzige andere französische Dramatiker*, dessen großer Erfolg in Deutschland zur Geschichte des deutschen bgl. Tr. in Beziehung

---

* Belanglos für die deutsche Entwicklung blieb Randon de Boisset mit seiner »tragédie bourgeoise« »Zamir« (1761). Sein »triste drame« »L'Humanité, ou le tableau de l'indigence« (1761) erschien in einer seiner Übersetzungen ins Deutsche als »bürgerliches Trauerspiel«: »Die Menschlichkeit, oder das Bild der Armuth. Aus dem Französischen übersetzt von J. A. E. v. G.« (Jakob Anton Edler von Ghelen) in: Fortsetzung gesammelter Schriften zum Vergnügen und Unterricht, Bd I, 2. Stück, 1769, S. 99–174. Dazu Mönch (s. o. S. 18), S. 198–201. – Fenouillot de Falbaire bezeichnet sein »drame« »L'Honnête Criminel« (1767) in der Vorrede als »une vraie Tragédie bourgeoise dont le dénouement est heureuse« in der Nachfolge von Moore und Diderot (S. 14). Eine deutsche Übersetzung, »Der christliche Verbrecher oder die Belohnung kindlicher Liebe«, erschien 1768 ohne Angabe des Orts oder Verlegers. Das »Theatralische Quodlibet für Schauspieler und Schauspielliebhaber« eröffnete 1782 mit einem Wiederabdruck, der die Übersetzung »Hofrath Wieland in Weimar« (richtig wohl J. A. von Wielandt) zuschreibt (1. Slg, Warschau: Dusour); S. 10: »ein wahres bürgerliches Trauerspiel, welches einen glücklichen Ausgang hat«; der Untertitel ist allerdings »Schauspiel« (S. 3). – »Les Amans désespérés, ou La Comtesse d'Olinval. Tragédie bourgeoise«. Amsterdam u. Paris: Delelain, 1768, anon., von Jean François Dieudonné Maucomblé, wurde zwar in den »Götting. gelehrten Anzeigen« besprochen – »Die zwey Brüder sind wohl abgeschildert: der stürmende und bey den wildesten Affecten doch noch viele Empfindung beybehaltende Chevalier, und der abscheuliche ganz der Bosheit ergebene Baron, sind gute tragische Character« (1770, Zugabe, S. LXXXVII) –, machte aber sonst keinen Eindruck in der deutschen Geschichte der Gattung.

zu setzen wäre, ist Diderots Schüler Louis-Sébastien Mercier. Auch
er befürwortet und schreibt das moralisierende »drame«: humanitär,
familiär und gefühlvoll. Das Neue ist hier jedoch der sozialkritisch-
propagandistische Akzent: seine Theorie und Praxis zielen nicht nur
auf die realistische Darstellung gesellschaftlicher Verhältnisse, sondern auch auf die Anprangerung sozialer Mißstände wie besonders
der Standesschranken vom Standpunkt des emanzipationsbewuß-
ten Nicht-Aristokraten. Damit findet Mercier seit den siebziger Jahren in Deutschland viel Anklang. Aber ein entscheidender Einfluß
auf die Entwicklung des deutschen bgl. Tr. der Zeit kann auch ihm
nicht zugebilligt werden.

Die erste Übersetzung eines Mercier-Dramas, nämlich der Lillo-
Bearbeitung »Jenneval ou le Barnevelt français« (»drame«, 1769),
erschien 1770, H. L. Wagners Übertragung von »Du Théâtre ou nou-
vel essai sur l'art dramatique« (1773) erst 1776. Merciers möglicher
Einfluß beträfe also nur die zweite Phase des deutschen bgl. Tr. Soweit
er dort mehr oder weniger greifbar wirkte, besonders auf Wagner und
Lenz (Dramatik und Dramaturgie), kann es sich aber im wesentlichen
nur um Bestätigung eigener Ansätze zum bürgerlichen Tendenzdrama
gehandelt haben, wenn auch bei Wagner wohl mit einiger Anregung zu
rechnen ist (Rochow nennt Wagner den »eigentlichen deutschen Mer-
cier-Epigonen« [S. 102]). Außerdem ist das Feld dieses also vornehmlich bestätigenden Einflusses – soweit er sich überhaupt klar isolieren
läßt von den vielen ähnlichen und identischen Ideen, die damals überall in der Luft lagen – nicht so sehr das bgl. Tr. wie das bürgerliche
Schauspiel und Lustspiel. Charakteristischerweise hatte ja schon Merciers Bearbeitung des »London Merchant« ein Happy End, und sein
einziges (bürgerliches) Trauerspiel, der in Deutschland viel übersetzte
und nachgeahmte »Déserteur« (»drame«, 1770), wurde vom Verfasser selbst zu einem Schauspiel mit versöhnlichem Schluß umgearbeitet (1782 gedruckt).

Das *italienische* Drama spielt für die Ausbildung des deutschen
bgl. Tr. keine Rolle.*

Aufs ganze gesehen, ist das deutsche bgl. Tr. weder eine »deutsche«
Gattung noch Import, vielmehr entwickelt es sich im europäischen
oder doch englisch-französisch-deutschen Kontext der experimentel-
len Besinnung auf neue Möglichkeiten des Dramas und der Tragö-

---

* Christian Joseph Jagemanns »Magazin der Italienischen Litteratur und
  Künste«, Bd IV, Weimar: Hoffmann, 1782, enthält laut Meyer: Bibliogra-
  phia dramatica et dramaticorum, 1. Abt., Bd I, S. 386, die Übersetzung
  »Sidney und Volsan, ein bürgerliches Trauerspiel des Herrn Abts Andreas
  Willi, von Verona«.

die. Ausländische »Einflüsse« tragen in Deutschland das ihre bei zur Ausbildung, Ausgestaltung und Weiterführung der Gattung in den fünfziger und sechziger, allenfalls noch siebziger Jahren. Als alleinige Ursache des Aufstiegs des bgl. Tr. in Deutschland können sie aber keineswegs verstanden werden. Und auch dort, wo man den Eindruck haben könnte, daß Literatur aus Literatur entsteht, wie z.b. bei den Richardson-Bearbeitungen, ist die Voraussetzung, daß geistes- und sozialgeschichtliche Faktoren den Boden entsprechend bereitet haben – bei allen bleibenden Verschiedenheiten, die zwischen der Situation des Bürgertums (des Trägers der Gattung) in Deutschland und in den Nachbarländern bestanden.

Literatur

Ausländische Anregungen, Parallelerscheinungen und Vorstufen werden in den meisten Darstellungen der Geschichte des deutschen bgl. Tr. mindestens erwähnt; s. die Literaturangaben o. S. 17f.

Christian Heinrich Schmid: Literatur des bürgerlichen Trauerspiels, in: Deutsche Monatsschrift, Dez. 1798, S. 284–296: Bibliographie italienischer, englischer und französischer bgl. Tr. (ob im Untertitel so genannt oder nicht).
J. Prinsen: Het drama in de 18ᵉ eeuw in West-Europa. Zutphen 1931, Kap. V u. VI.
Jens Kruuse: Det følsomme drama. Kopenhagen 1934, bes. Kap. I–IV.
Fred O. Nolte: The Early Middle Class Drama (1696–1774). Lancaster, PA 1935, Kap. IV: »Relation to Various Earlier Forms of the Drama«.
Joseph Pinatel: Le Drame bourgeois en Allemagne au XVIIIᵐᵉ siècle. Lyon 1938, Teil 2, Kap. IV: »Les Influences«.

England:
Hans Wolfgang Singer: Das bürgerliche Trauerspiel in England (bis zum Jahre 1800). Diss. Leipzig 1891.
Ernest Bernbaum: The Drama of Sensibility. A Sketch of the History of English Sentimental Comedy and Domestic Tragedy, 1696–1780. Boston u. London 1915. ²1925. Reprint Gloucester, MA, 1958.
Paul P. Kies: The Sources and Basic Model of Lessing's »Miss Sara Sampson«, in: Modern Philology XXIV, 1926, S. 65–90.
Paul P. *Kies:* Lessing and English Domestic Tragedy, in: Research Studies of the State College of Washington II, 1930, S. 130–147.
Henry Hitch Adams: English Domestic Tragedy or, Homiletic Tragedy, 1575–1642. New York 1943.
Lawrence Marsden Price: Die Aufnahme englischer Literatur in Deutschland, 1500–1960. 1961, Kap. XII: »Das moralisierende Drama.«
Andrew Clark: Domestic Drama. A Survey of the Origins, Antecedents and Nature of the Domestic Play in England, 1500–1640. 1975.
Ada Lou Carson u. Herbert L. Carson: Domestic Tragedy in English. 1982.

Doris Feldmann: Gattungsprobleme des »Domestic Drama« im literarhistorischen Kontext des achtzehnten Jhs. 1983.

Lillo:
Kritische Ausgaben: Le Marchand de Londres. Édition critique, traduction,
préface et notes de J. Hamard. (Annales littéraires de l'Université de Besançon.
Bd LI). Paris 1962. – The London Merchant, edited by William H. McBurney. (Regents Restoration Drama Series). Lincoln, NE, 1965.

Zur Orientierung: Vorworte zu den Ausgaben von Hamard und McBurney.
– George Bush Rodman: Sentimentalism in Lillo's »The London Merchant«,
in: Journal of English Literary History XII, 1945, S. 45–61. – Raymond D.
Havens: The Sentimentalism of »The London Merchant«, in: Journal of English Literary History XII, 1945, S. 183–187. – Peter Szondi: Die Theorie des
bürgerlichen Trauerspiels im 18. Jh. 1973 u.ö., Kap. I. – Dagmar Walach:
Der aufrechte Bürger, seine Welt und sein Theater. Zum bürgerlichen Trau-
erspiel im 18. Jh. (Literatur in der Gesellschaft, N.F., Bd II). 1980. – Hans-
Ulrich Mohr: Lillos »The London Merchant« – ein bürgerliches Trauer-
spiel?, in: GRM, N.F. XXXVI, 1986, S. 267–288. – Hartmut Pöppelmann:
»To Enlarge the Province of the Graver Kind of Poetry«: Dramentheoretische
Überlegungen zu George Lillos »The London Merchant«, in: »Die im alten
Haus der Sprache wohnen«. Helmut Arntzen zum 60. Geburtstag, hrsg. v.
Eckehard Czucka. 1991, S. 109–122. – Nadia Metwally: Glück und Elend
im Kaufmannsleben. Gattungstheoretische Überlegungen zu einem Thema
des »bürgerlichen« Dramas, Lillos »Kaufmann« und Sternheims »Snob«, in:
Kairoer germanistische Studien V 1990 [1991], S. 79–102. – Wolfgang Seth:
George Lillos Dramen: Der Versuch der »Verbürgerlichung« des englischen
Dramas im 18. Jh. 1991. – David Wallace, Bourgeois Tragedy or Sentimen-
tal Melodrama? The Significance of George Lillo's »The London Merchant«,
in: Eighteenth Century Studies XXV, 1991–92, S. 123–143.

Einfluß in Frankreich: T. Vincent Benn: Notes sur la fortune du »George
Barnwell« de Lillo en France, in: Revue de Littérature Comparée VI, 1926,
S.682–687. – Jean Hamard: Le Drame bourgeois. L'influence de Lillo, in:
Revue de Littérature Comparée XXXIX, 1965, S. 589–604 (Vergleich des
»London Merchant« mit zwei Bearbeitungen: Merciers »Jenneval, ou le Bar-
nevelt français« und Giovanni De Gamerras »La madre colpevole«). – J.
Chouillet: Images continentales du »Marchand de Londres«, in: Studies on
Voltaire and the Eighteenth Century CCXVII, 1983, S. 3–10. – S. auch die
im übernächsten Absatz genannten Artikel von v. Weilen, 1902, und Law-
rence M. Price, 1950.

Erste Übersetzung: Der Kaufmann Londen oder Begebenheiten Georg Barnwells. Ein bürgerliches Trauerspiel. Aus dem Englischen des Herrn Tillo [sic]
übersetzet durch H. A. B. [Henning Adam von Bassewitz]. Hamburg 1752.
Neudrucke: Deutsche Literatur in Entwicklungsreihen, Reihe Aufklärung. Bd
VIII, hrsg. v. Fritz Brüggemann. 1934. Reprint 1964 [Die Übersetzung wird
dort fälschlich 1757 datiert]; krit. Ausg. mit Materialien u. einer Einführung,
hrsg. v. Klaus-Detlef Müller. 1981. Mönch (s.o. S. 18), S. 72–81.

Einfluß in Deutschland: Alexander von Weilen: Der »Kaufmann von London« auf deutschen und französischen Bühnen, in: Beiträge zur neueren Philologie. Jakob Schipper zum 19. Juli 1902 dargebracht. 1902, S. 220–234. – Lawrence Marsden Price: George Barnwell on the German Stage, in: Monatshefte (Wisc.) XXXV, 1943, S. 205–214. – Lawrence M. Price: The Bassewitz Translation of »The London Merchant«, 1752, in: JEGP XLIII, 1944, S. 354–357. – Lawrence Marsden Price: George Barnwell Abroad, in: Comparative Literature II, 1950, S. 126–156. – Richard Daunicht: The First German Translator of George Lillo's »Merchant of London« and the First Performances of the Play in Germany, in: Symposium IX, 1955, S. 324–330. – Richard Daunicht: Die ersten Aufführungen des »Kaufmanns von London« in Deutschland, in: Zs. f. Anglistik u. Amerikanistik IV, 1956, S. 243–247. – G. Bremner: Millwood, Lady Milford and Maria Stuart, in: German Life and Letters XI, 1957, S. 41–48. – Richard Vospernik: George Lillo und die Anfänge des bürgerlichen Trauerspiels in Deutschland. Diss. (Masch.) Innsbruck 1962. – Daunicht: Die Entstehung... (s.o. S. 22), S. 209–231 (Übersetzung von 1752), S. 260–264 (»Rhynsolt und Sapphira«). – Otto G. Schindler: Die Wiener Bearbeitung von Lillos »Kaufmann von London« (1754). Ein Beitrag zur Rezeptionsgeschichte des bürgerlichen Trauerspiels. Mit vollst. Abdruck des Textes und der Gesangseinlagen. Teil 1, in: Maske und Kothurn XX, 1974, S. 238–285. – Lothar Fietz: Zur Genese des englischen Melodramas aus der Tradition der bürgerlichen Tragödie und des Rührstücks: Lillo – Schröder – Kotzebue – Sheridan – Thompson – Jerrold, in: DVjs LXV, 1991, S. 99–116. – Seth (s.o. S. 38), S. 259–265. – Gail K. Hart: Tragedy in Paradise. Family and Gender Politics in German Bourgeois Tragedy, 1750–1850. Columbia, SC, 1996, Kap. II. – Rochow (s.o. S. 6), S. 68–73.

Moore:
The Gamester. A Tragedy. Reprint der Ausgabe von 1756 (in den »Poems, Fables, and Plays«), with an Introduction by Charles H. Peake and a Bibliographical Note by Philip R. Wikelund. (The Augustan Reprint Society, Series Five: Drama, Nr. 1). Ann Arbor, MI, 1948. – »The Foundling« [...] and »The Gamester« [...], hrsg. v. Anthony Amberg. Newark, DE, u. London 1996.

Zur Orientierung: John Homer Caskey: The Life and Works of Edward Moore. New Haven, CT, 1927.

Erste Übersetzung: Der Spieler. Ein Trauerspiel von Edward Moore. Hamburg 1754. (Neueste Proben der englischen Schaubühne, im Deutschen dargestellet, S. 129–264). Von Johann Joachim Christoph Bode. Vgl. u. S. 78 zu einer deutschen Fassung von B. J. Saurins Bearbeitung »Béverlei« (1768).

Einfluß in Deutschland: Gottlieb Fritz: Der Spieler im deutschen Drama des 18. Jhs. Diss. Berlin 1896, S. 12–21. – Eloesser (s. o. S. 17), S. 35–43. – Caskey, S. 119–123, 175–176. – L. M. Price: Die Aufnahme englischer Literatur (s. o. S. 37), S. 157–158 u. 166–167. – Josef Wihan: Zu Schillers »Räubern«. Beziehungen zum bürgerlichen Drama, in: Untersuchungen und Quellen zur germanischen und romanischen Philologie, Johann von Kelle dargebracht. Zweiter Teil. Prag 1908, S. 91–103. – Mönch (s. o. S. 18), S. 87–94.

Richardson:
Gustav Kettner: Lessings Emilia Galotti und Richardsons Clarissa, in: Zs.
f. dt. Unterricht XI, 1897, S. 442–461. – Herbert Meinicke: Das bürgerliche Drama in Deutschland und Samuel Richardsons Familienromane. Diss.
(Masch.) Heidelberg 1922. – Edna Purdie: Some Adventures of »Pamela« on
the Continental Stage, in: German Studies Presented to Professor H.G. Fied-
ler. Oxford 1938, S. 352–384. – Josef Ettlinger: Wielands »Clementina von
Porretta« und ihr Vorbild, in: Zs. f. vgl. Litteraturgeschichte IV, 1891, S. 434–
439. – Peter Weber: Das Menschenbild des bürgerlichen Trauerspiels. 1970,
²1976, S. 178–197. – S. auch Hartmut Reinhardt u. S. 83.

Frankreich:
Wilhelm Wetz: Die Anfänge der ernsten bürgerlichen Dichtung des 18. Jhs.
   Das rührende Drama der Franzosen. 1885.
L. Petit de Julleville: La Comédie et les mœurs en France au moyen âge. Paris
   1886. Reprint Genf 1968, Kap. III.
Félix Gaiffe: Le Drame en France au XVIIIᵉ siècle. Paris 1910. Reprint Paris
   1971.
Pierre Trahard: Les Maîtres de la sensibilité française au XVIIIᵉ siècle (1715–
   1789). 4 Bde. Paris 1931–1933.
Henry Carrington Lancaster: French Tragedy in the Time of Louis XV and
   Voltaire, 1715–1774. 2 Bde. Baltimore, MD, 1950.
Scott S. Bryson: The Chastised Stage. Bourgeois Power and the Exercise of
   Power. Saratoga, CA, 1991.

Landois:
Kritische Ausgabe: The First French tragédie bourgeoise, »Silvie«, attributed to
Paul Landois, edited by Henry Carrington Lancaster. Baltimore, MD, 1954.
– P. Hartmann: Adaptation, trahison. La »Silvie« de Landois et la génèse du
drame bourgeois, in: Studi francesi XLVIII, 2004, S. 95–101.

Zur Orientierung: Lancasters Vorwort zu seiner Ausgabe.

Erste Übersetzung: Serena, ein Bürgerliches Trauerspiel in Prose. Frankfurt
und Leipzig 1764, von Gottlieb Konrad Pfeffel; auch in seinen »Theatralischen Belustigungen. Nach französischen Mustern. Erste Sammlung«. Frankfurt u. Leipzig 1765, S. 1–64.

Einfluß in Deutschland: Karl Worzel: Gottlieb Konrad Pfeffels »Theatralische Belustigungen«. Ein Beitrag zur Geschichte des französischen Dramas
in Deutschland. Diss. Heidelberg 1911, S. 7–14.

Diderot:
Zur Orientierung: Hubert Gillot: Denis Diderot. L'homme. Ses idées philo-
sophiques, esthétiques et littéraires. Paris 1937. – Marie-Luise Roy: Die Poetik Diderots. 1966. – Peter Szondi: Die Theorie des bürgerlichen Trauerspiels
im 18. Jh. 1973 u. ö., Kap. II. – Claudia Albert: Der melancholische Bürger. Ausbildung bürgerlicher Deutungsmuster im Trauerspiel Diderots und
Lessings. 1983, Kap. II.

Erste Übersetzung: Das Theater des Herrn Diderot. Berlin 1760. [2]1781, von G. E. Lessing; auch in: Lessings Werke, hrsg. v. Julius Petersen und Waldemar von Olshausen. Bd IX (Teil 11; enth. Lessings Vorreden 1760 u. 1781, »Der natürliche Sohn«, »Dorval und ich«, »Der Hausvater«, »Von der dramatischen Dichtkunst«). – Das Theater des Herrn Diderot, hrsg. v. Wolfgang Stellmacher. 1981.

Einfluß in Deutschland: Roland Mortier: Diderot in Deutschland, 1750–1850. 1967, Kap. II. (In der Bibliographie fehlen: Th. C. van Stockum: Lessing und Diderot, in: Neophilologus XXXIX, 1955, S.191–202; Robert R. Heitner: Lessing, Diderot and the Bourgeois Drama. Diss. [Masch.] Harvard 1949; Heronimus Tichovskis: Ein Beitrag zu Lessings Verhältnis zu Diderot. Diss. [Masch.] Bonn 1949.) – Horst Steinmetz: Impliziter und expliziter sozialer Appell im bürgerlichen Trauerspiel in Frankreich und Deutschland (Diderot und Lessing), in: Théâtre, nation et société en Allemagne au XVIIIᵉ siècle, hrsg. v. Roland Krebs u. Jean-Marie Valentin. Nancy 1990, S. 59–72. – Horst Albert Glaser: Von der comédie larmoyante zum bürgerlichen Trauerspiel oder Diderot versus Lessing, in: »Die im alten Haus der Sprache wohnen«. Helmut Arntzen zum 60. Geburtstag, hrsg. v. Eckehard Czucka. 1991, S. 99–108. – Mönch (s. o. S. 18), S. 183–188. – Anne Saada: Diderot und der Sturm und Drang, in: Sturm und Drang. Geistiger Aufbruch 1770–1790 im Spiegel der Literatur, hrsg. v. Bodo Plachta u. Winfried Woesler. 1997, S. 23–39. – Günter Hartung: Diderots Einfluß auf Lessing, in: G. H.: Literatur und Welt. 2002, S. 51–57. – Rainer Zaiser: »Dieses Theater des Herrn Diderot«. Empfindsamer Kulturtransfer im bürgerlichen Drama der Aufklärung – Diderot, Lessing, Goldoni, in: Europäischer Kulturtransfer im 18. Jh., hrsg. v. Barbara Schmidt-Haberkamp. 2003, S. 79–100.

Mercier:

Zur Orientierung: Léon Béclard: Sébastien Mercier. Sa vie, son œuvre, son temps d'après des documents inédits. Paris 1903, Kap. III: Mercier dramaturge. Sa poétique; Kap. IV: Mercier dramaturge. Son théâtre. – Peter Szondi: Die Theorie des bürgerlichen Trauerspiels im 18. Jh. 1973, Kap. III. – Edward McInnes: »Ein ungeheures Theater«. The Drama of the Sturm und Drang. 1987, Kap. IV. – Rochow (s. o. S. 6), S. 90–98.

Erste Übersetzung: Neuer Versuch über die Schauspielkunst. Aus dem Französischen. Mit einem Anhang aus Goethes Brieftasche. Leipzig 1776, von Heinrich Leopold Wagner. Reprint 1967 mit einem Nachwort von Peter Pfaff.

Einfluß in Deutschland: Jon San-Giorgiu: Sébastien Merciers dramaturgische Ideen im »Sturm und Drang«. Diss. Basel 1921. – W. W. Pusey: Louis-Sébastian Mercier in Germany. His Vogue and Influence in the Eighteenth Century. New York 1939. – Fawzi Boubia: Theater der Politik – Politik des Theaters. L.-S. Mercier und die Dramaturgie des Sturm und Drang. 1978. – Dieter Mayer: H. L. Wagners Trauerspiel »Die Kindermörderin« und die Dramentheorie des L. S. Mercier, in: Literatur für Leser, 1981, S. 79–92. – Edward McInnes: Louis Sébastien Mercier and the Drama of the Sturm und Drang, in: Publ. of the Engl. Goethe Society LIV, 1983–84, S. 76–100.

III. »Miß Sara Sampson« und die Folgen

1. Empfindsamkeit und Bürgerlichkeit

Statt des standesbewußten Bürgers, den Lillos bgl. Tr. auf die Bühne brachte, erscheint im deutschen bgl. Tr. der ersten Phase der Privatmensch. Er wird vorgeführt in seinen mitmenschlichen, häuslich-nachbarlichen Beziehungen, verantwortungsvoll gebunden an seine Gemeinschaft; er ist der um Tugend bemühte, gefühlvolle, ja: gefühlsfreudige Mensch. Seine Gesinnung, die als grundsätzlich allen Ständen zugänglich dargestellt wird, ist das Ethos der »Empfindsamkeit«.

Die Bezeichnung »bürgerliches Trauerspiel« wäre daher irreführend, »empfindsames Trauerspiel« angemessener. So urteilte Kruuse schon 1934, und in der Nachkriegszeit ist die Antithese von Empfindsamkeit und Bürgerlichkeit noch verschärft worden (Altenhein, Birk, Pikulik, Wierlacher). Diese Forschung macht damit polemisch Front gegen die gesamte primär oder beiläufig soziologisch orientierte Deutung. Die verstand und versteht auch heute noch das Auftreten des Bürgers in der Tragödie (statt, wie bisher, als Gegenstand des Gelächters in der Komödie) als Äußerung der selbstbewußten Mentalität des im 18. Jh. wirtschaftlich und gesellschaftlich erstarkenden Bürgertums (z.B. Eloesser, Lukács, Walzel, Selver, Dosenheimer, Hauser, marxistische Kritiker, aber auch Brüggemann, mit dessen »seelengeschichtlicher« Betrachtungsweise die auf eine unbürgerliche Empfindsamkeit eingestellten Forscher sonst sympathisieren). Die Gegenthese lautet: daß die seit »Miß Sara Sampson« sich im bgl. Tr. kundgebenden empfindsamen Gesinnungen und Lebensformen die des Bürgertums der Zeit seien, sei nie empirisch bewiesen worden (Pikulik 1966, S. 2, 152). Im Gegenteil widersprächen sie denen des Bürgertums jener Jahre, das mehr von einer autoritär disziplinierten, rationalistischen Grundeinstellung bestimmt gewesen sei (Pikulik, S. 101–102, 174). Sozialgeschichtlich belegte Begründungen für die Behauptung einer solchen Antithese von Empfindsamkeit und Bürgerlichkeit fehlen jedoch in der Regel. Wo sie versucht werden, wie in Birks Trennung von empfindsamer und bürgerlicher Moral im Familiendrama des 18. Jhs (s. o. S. 16), widerlegen sie sich durch ihr eigenes Beweismaterial. Pikuliks Wiederholung seiner These auf breiterer Grundlage (1984) – Empfindsamkeit verdanke sich »in Wahrheit weniger der Emanzipation *des* Bürgers als der Emanzipation *vom* Bürger« (S. 15) – gesteht allenfalls eine späte »Verbürgerlichung der Empfindsamkeit« zu, doch auf zu schmaler Materialbasis, die zudem wenig beweiskräftig wirkt, wenn sie die Marginalisierung des Empfindsamen im Bürgerlichen einleuchtend machen will. Ähnliches gilt für das Echo dieser Konzession 1993 bei Elena Vogg (S. 76, 80).

So hat die Antithese von Empfindsamkeit und Bürgerlichkeit sofort Widerspruch erfahren: Das bürgerliche Drama brauche nicht unbedingt nur die geschichtliche gesellschaftliche Wirklichkeit (»bürgerliche« Moral) widerzuspiegeln, es könne auch eine Selbststilisierung (empfindsame Moral) des Bürgertums darstellen, das in der Realität diesem Ideal vielleicht noch nicht entspräche (Eibl, S. 171). Pikuliks »enger« Begriff von Bürgerlichkeit verkenne, »daß es gerade diese rigorosen Strukturen des Familienlebens sind, die mit dazu beigetragen haben können, die empfindsamen Ideale zu erzeugen« oder auch die bürgerliche Familie empfindsam zu verklären (Fick, S. 125).Ferner: legt man nicht bei der Bestimmung der angeblich praktizierten »bürgerlichen« Moral einen viel zu schematisierten, durch seine exklusive Eindeutigkeit schon wieder unzutreffenden Begriff von bürgerlicher Moral zugrunde? (N. H. Smith, Sp. 422). Spätestens seit Max Wieser (1924) ist bekannt, daß das deutsche Bürgertum im 18. Jh. zum Hauptträger der Empfindsamkeit wird; und die auf breitester Grundlage vorgenommene Untersuchung der Empfindsamkeit (Sauder) bekräftigt die Verbindung von Bürgertum und Empfindsamkeit noch einmal nachdrücklich nicht nur gegen die Behauptung, die Empfindsamkeit sei antibürgerlich, sondern auch gegen die, sie könne überhaupt keiner besonderen Schicht der Gesellschaft des 18. Jhs zugeordnet werden (Hohendahl). An der grundsätzlichen Richtigkeit dieser Auffassung kann kein Zweifel sein. In den vierziger und fünfziger Jahren gibt sich die Empfindsamkeit nicht zufällig in den Moralischen Wochenschriften zu erkennen (Gaus, S. 8, 55, 69; Martens, S. 216, 297, 449; vgl. Sauder, S. 31–33), die im soziologischen Sinne ausgesprochen bürgerlich und in Menschenauffassung und Ethos in mancher Hinsicht mit dem bgl. Tr. verwandt sind.* Die Verquickung von bürgerlicher und empfindsamer Geistigkeit hat Arnold Hirsch überdies 1934 für den bürgerlichen Roman schon des späten 17. Jhs festgestellt (S. 65–66). Im bürgerlichen Drama hatten weder Pina-

---

* Entfernter und lockerer dürften die Beziehungen zur sogenannten Hausväterliteratur sein, die bis in die 2. Hälfte des 18. Jhs geschrieben wird; hier geht es zwar auch um die Ordnung des Lebens der Familie und des »Hauses«, aber doch in überwiegendem Maße vom Standpunkt des Wirtschaftlichen oder Geistlichen. Vgl. Julius Hoffmann, Die »Hausväterliteratur« und die »Predigten über den christlichen Hausstand«, 1959.

tel noch Brüggemann einen Widerspruch zwischen bürgerlicher und empfindsamer Gesinnung gesehen. Darin folgte ihnen 1960 Klaus Ziegler (in »Dt. Philol. im Aufriß«, Bd ²II, Sp. 2101). Wenn dagegen behauptet wird, die bürgerliche Gesinnung sei mehr rationalistisch, aufklärerisch bestimmt, so ist daran zu erinnern, daß Aufklärung und Empfindsamkeit spätestens seit den vierziger Jahren nicht gegensätzlich zueinander stehen, sondern einander durchdringen und bedingen (G. Müller, Wieser, Sauder, Boeschenstein, S. 7; G. Jäger, S. 21, 45–53). Beispielhaft ist das bei Gellert, in der Theorie auch in Michael Ringeltaubes Schrift »Von der Zärtlichkeit« (1765) der Fall. Der gemeinsame Nenner ist die Autonomie des Ich. Das Gefühl der Empfindsamen ist ja nicht Leidenschaft, sondern eine maßvolle, humanitär-moralische Rührung, deren Bereich durch die Vernunft abgesteckt ist. Ferner ist die Reflexion ein konstitutives Element der Empfindsamkeit, sofern mit dieser eben nicht nur die Freude an der Rührung bezeichnet ist, sondern das bewußte, rational ergriffene und durchleuchtete sowie sprachlich bewältigte Fühlen. Endlich sind die Gegenstände dieses bewußten Fühlens wiederum größtenteils die Ideen der rationalistischen Aufklärung.

Es ist von solchen Überlegungen aus völlig plausibel, daß das deutsche Bürgertum im 18. Jh. – seine regionale und gruppenspezifische Unterschiedlichkeit ist bekanntlich weitreichend – nicht nur das selbstlose Arbeits- und Tugendethos der Aufklärung im engeren Sinne mit seiner betont diesseitigen Orientierung (H. M. Wolff, Groethuysen, Hirsch u.a.) vertritt, sondern auch die der Aufklärung zugeordnete Empfindsamkeit mit ihrem Pathos der »sich fühlenden Menschlichkeit« (Lessing, Vorrede zu Thomsons »Trauerspielen«, 1756).

Die Gründe dafür hat man in der deutschen Sozial- und Geistesgeschichte gesehen: Gerade weil das deutsche Bürgertum des 18. Jhs in der politisch zerklüfteten, dezentralisierten Situation, die Nationalgeist nicht aufkommen und von Nationalaufgaben keine Rede sein ließ, in viel stärkerer Weise als das englische und französische politisch funktionslos war, mußte es sein Selbstbewußtsein und seine Selbstbestätigung statt auf politisch-öffentlichem kompensatorisch auf moralisch-privatem Gebiet suchen. Der Bürger – soweit man angesichts der beträchtlichen regionalen politischen Verschiedenheiten im gesellschaftlichen Gefüge der Kleinstaaten »Deutschlands« und der vertikalen Schichtung innerhalb des Standes überhaupt von »dem« Bürger sprechen kann – verstand sich infolgedessen als Menschen par excellence und den Menschen als (standesloses) sittliches Gefühlswesen. So wird er im mittleren und späteren 18. Jh. zum Träger der Vernunftpostulate der Aufklärung wie auch des privat- und allgemeinmenschlichen Ethos der Empfindsamkeit, das, nicht anders als die Verpflichtung auf die Vernunft, im Prinzip standesübergreifend ist (Pinatel, S. 7; Fügen, S. 146–150; Koselleck).

Aber nicht nur Selbstbestätigung findet das Bürgertum in der moralischen Gewißheit, wie sie im Drama zum Ausdruck kommt oder propagiert wird, sondern auch, so wird behauptet, eine Überlegenheit, die von manchen Historikern (seit Franz Mehring schon) quasi klassenkämpferisch ausgemünzt wird: Das »bürgerliche« Drama, das den Menschen als standeslos, allgemeinmenschlich, als Menschen an sich vorführt, wäre insofern ein »Kampfmittel« (Balet) der Emanzipation des Bürgertums als Stand. Kosellecks und Habermas' Deutungsmodell habe sich durchgesetzt, resümiert im Jahr 2000 das »Lessing-Handbuch« von Monika Fick: »Entscheidend sei der Siegeszug bürgerlicher Moralvorstellungen. Politisch sei das Bürgertum machtlos gewesen. Der Konflikt mit dem Feudaladel habe sich auf das Gebiet der Moral verschoben. Die neuen Ansprüche des Bürgertums hätten sich darin artikuliert, daß es die eigenen moralischen Normen als allgemein gültig verstanden und den Adel kritisch an ihnen gemessen habe« (S. 137).

Wenn das bürgerliche Drama Standesunterschiede als – im Vergleich mit moralischen Werten – belanglos darstellt oder auch seine Personen, vor allem seine Protagonisten, sehr oft aus dem Adel statt dem Bürgertum wählt (dazu, wenn auch im einzelnen widersprüchlich, Vogg, S. 56, 76, 88), eroberte also die Geistigkeit des Bürgertums trotz seiner Passivität in der politischen Öffentlichkeit im Grunde die anderen Stände; das Bürgertum suchte gesellschaftliche und politische Gleichheit, indem es seine Moral als überlegenes Ethos, als den höheren Adel, darstellt und alle Stände als der moralischen Allgemeinmenschlichkeit fähig zeigt – etwa im Sinne der »Zauberflöte«: »Er ist Prinz! Noch mehr – Er ist Mensch!« (Lukács, S. 328–29; Balet, S. 240, 276; Hirsch, S. 115–17; Selver, S. 16–17; Koselleck u.a.). So würden z. B. in Lessings »Philotas« »das Menschenbild des bürgerlichen Trauerspiels und damit zusammenhängende ethische Grundsätze auf die Herrscherebene […] übertragen« (Albrecht, S. 25). Aber würde das Stück als solche Fanfare für das neue, unheroische, ja antiheroische Gattung nicht zugleich seine behauptete literarisch reizvolle »Uneindeutigkeit« verlieren? (Brenner, S. 209–213).

Die bürgerliche Emanzipation nähme in solcher Sicht in Deutschland, auch und besonders im bgl. Tr., subtilere, indirektere Formen an als in England, wo ein bgl. Tr. wie »The London Merchant« das ökonomische und gesellschaftliche Standespathos, den Erwerbs- und Handelsgeist des Mittelstands direkt verkünden konnte und sich insofern in greifbarer Weise als bürgerliche Gattung erwies als »Miß Sara Sampson«. In Deutschland schliche sich die aggressiv sozialständi-

sche Festlegung der Gattung sozusagen durch die Hintertür der Pro-
pagierung bürgerlicher Gesinnung und Gesittung ein, und mit diesem Unterschied bliebe das bgl. Tr. in Deutschland nicht anders als in
seinem Ursprungsland England Standesdrama, nämlich Produkt der
»bürgerlichen Revolution« (Eibl, S. 165) oder doch Evolution – und
zugleich ihr Stimulans. Entscheidend ist dabei, in Rechnung zu stellen, daß diese gesellschaftlich-literarischen Zusammenhänge vermittelter und indirekter sind, als es besonders für Lukács den Anschein
hatte, für den das bgl. Tr. schon in seiner empfindsamen Phase »aus
bewußtem Klassengegensatz erwachsen« war: als offener Ausdruck der
»Denkweise einer um Freiheit und Macht kämpfenden Klasse«. Aber
auch die Behauptung eines mittelbareren Verhältnisses ist konkret und
detailliert bisher nicht bündig demonstriert worden, und ihre Logik
ist nicht unanfechtbar. Angefochten wurde sie, wenn auch auf allzu
schmaler Materialbasis, besonders von B. Spies 1984, der jeden oppo-
sitionell politischen Charakter des bgl. Tr. abstreitet: praktisch-poli-
tisches Interesse und »selbstzufriedener Humanismus« koexistierten
sozusagen in je eigenen Welten. Es muß, was oft vergessen wird, vorerst bei einer empirisch nicht verifizierten, wenn auch grundsätzlich
plausiblen Hypothese bleiben; es fehlt an wirklich schlüssigen zeitgenössischen Dokumenten und an den entsprechenden umfassenden
Untersuchungen zur Sozialgeschichte und zur Geschichte des sozialen
Bewußtseins, ja selbst zum Begriff des »Bürgers« in Deutschland (vgl.
auch Sauder, Bd I, S. 50). Und zwar sind diese um so dringlicher, als
manche Studien, besonders die von Szondi und von W. Lepenies,
im empfindsam-privaten Kult »des Menschen« eher eine resignierte Flucht-
reaktion des politisch machtlosen Bürgertums diagnostizieren.
    Zur Klärung der kontroversen Fragen trug Klaus P. Hansen in
einem Überblick über neuere Forschung zur Empfindsamkeit bei:
»mentalitätsimmanent betrachtet, gehört Empfindsamkeit in die
Domäne des Bürgers«; doch sei die Empfindsamkeit nicht als »einheitliches Programm« zu sehen: mit mindestens zwei Empfindsamkeiten sei zu rechnen, einer »bürgerlich angepaßten« und einer »antibürgerlich kritischen«; von daher gesehen, widersprechen sich auch
nicht die Auffassungen der Empfindsamkeit als »politisch eingesetzte
Waffe« bzw. als »Ausdruck der Resignation«, sie gelten vielmehr für
jeweils verschiedene Texte, Autoren und Zeitspannen (S. 517–519).
Das allerdings sähe man gern in umfassender und detaillierter Über-
schau entwickelt.
    Daß sich im deutschen bürgerlichen Drama und Trauerspiel
nicht nur die bürgerliche Selbstdarstellung, sondern auch die negative Abbildung der nicht-bürgerlichen (höfischen, galanten, »politischen«) Lebensweise und Gesinnung findet, vermag hier kaum

weiterzuführen. Denn bei der Deutung dieses Sachverhalts ist im Auge zu behalten, daß die Gegen-Typen nicht notwendigerweise und ausschließlich als Standesvertreter figurieren, sondern als Repräsentanten einer von der bürgerlichen abweichenden Lebensauffassung und Lebensführung. Diese braucht ihrerseits ebensowenig ständisch gebunden zu sein wie das bürgerliche Ethos, an dem »vielerley Stände und Klassen« teilhaben können (Schmid, s. o. S. 15). »Man hätte […] die Texte der Dramen ungenau gelesen, wenn man die These aufstellen wollte, die Vertreter des Bürgertums seien grundsätzlich positiv, die Träger eines Adelsprädikats dagegen negativ dargestellt; es gibt […] korrupte bürgerliche Beamte […] und Adlige […], die vorbildlich und gemäß der bürgerlichen Moral leben und handeln« (Schaer, S. 155; vgl. Nolte, S. 37; Pikulik, 1966, S. 171–72). Thema und Problem wird der Standesgegensatz als solcher erst nach den sechziger Jahren; die immer wieder herangezogenen Paradigmata sind »Emilia Galotti« (1772), Großmanns »Familiengemälde« »Nicht mehr als sechs Schüsseln« (1780) und »Kabale und Liebe« (1784).

Literatur

Vgl. auch die Literaturangaben o. S. 17f.

Georg Lukács: Zur Soziologie des modernen Dramas, in: Archiv für Sozialwissenschaft und Sozialpolitik XXXVIII, 1914, S. 303–345, 662–706. Teildruck in: G. L.: Schriften zur Literatursoziologie. [6]1974, S. 261–295.

Werner Sombart: Der Bourgeois. Zur Geistesgeschichte des modernen Wirtschaftsmenschen. 1920.

Max Wieser: Der sentimentale Mensch, gesehen aus der Welt holländischer und deutscher Mystiker im 18. Jh. 1924.

Fritz Brüggemann: Der Kampf um die bürgerliche Welt- und Lebensanschauung in der deutschen Literatur des 18. Jhs, in: DVjs III, 1925, S. 94–127.

Elsbeth Glarner: Wandlungen im Geiste des Bürgertums um die Wende des 18. Jhs im Spiegel der deutschen Dichtung der Zeit. Diss. Bonn 1927.

Bernhard Groethuysen: Die Entstehung der bürgerlichen Welt- und Lebensanschauung in Frankreich. Bd I: Das Bürgertum und die katholische Weltanschauung. 1927. Bd II: Die Soziallehren der katholischen Kirche und das Bürgertum. 1930.

Günther Müller: Aufklärungszeitalter, in: Lit.wiss. Jb. der Görres-Ges. VI, 1931, S. 82–94.

Arnold Hirsch: Bürgertum und Barock im deutschen Roman. Ein Beitrag zur Entstehungsgeschichte des bürgerlichen Weltbildes. 1934. [2]1957 (hrsg. v. Herbert Singer).

Franz Borkenau: Der Übergang vom feudalen zum bürgerlichen Weltbild. Paris 1934. Reprint 1973.

W. H. Bruford: Germany in the Eighteenth Century. The Social Back-

ground of the Literary Revival. Cambridge (Engl.) 1935. Mehrfach wie-
dergedruckt. Übersetzung: Die gesellschaftlichen Grundlagen der Goethezeit. 1936. ²1975.
Leo Balet: Die Verbürgerlichung der deutschen Kunst, Literatur und Musik
im 18. Jh. 1936. ²1973.
Marianne Gaus: Das Idealbild der Familie in den Moralischen Wochen-
schriften und seine Auswirkungen in der deutschen Literatur des 18. Jhs.
Diss. Rostock 1937.
Hans M. Wolff: Die Weltanschauung der deutschen Aufklärung in geschicht-
licher Entwicklung. Bern 1949. ²1963 (hrsg. v. Karl S. Guthke).
Erich Trunz: Seelische Kultur. Eine Betrachtung über Freundschaft, Liebe
und Familiengefühl im Schrifttum der Goethezeit, in: DVjs XXIV, 1950,
S. 214–242.
Hans Richard Altenhein: Geld und Geldeswert im bürgerlichen Schauspiel
des 18. Jhs. Diss. (Masch.) Köln 1952.
Hermann Boeschenstein: Deutsche Gefühlskultur. Studien zu ihrer dichteri-
schen Gestaltung. Bd I. 1954.
Reinhart Koselleck: Kritik und Krise. Ein Beitrag zur Pathogenese der bür-
gerlichen Welt. 1959. ³1973.
Eugene Leo Norwood: Lessing and Sentimentalism. Diss. (Masch.) Univ. of
Wisconsin 1958.
Hans Norbert Fügen: Die Hauptrichtungen der Literatursoziologie und ihre
Methoden. Ein Beitrag zur literatursoziologischen Theorie. 1964. ⁶1974.
Ortwin Müller: Elemente der bürgerlichen Klassenideologie in der Dichtung
des deutschen Frühbürgertums von 1215 bis 1470 und ihre Rezeption in
der deutschen Aufklärung, in: Wissenschaftl. Zs. d. Universität Greifswald
XV, 1966, S. 591–596.
Lothar Pikulik: »Bürgerliches Trauerspiel« und Empfindsamkeit. 1966. ²1981
(unveränd.). (Rez. v. N. Horton Smith in: Erasmus XIX, 1967, Sp. 420–
425; Peter Weber in: Weimarer Beiträge, 1967, S. 501–509; W. F. Michael
in: Lessing Yearbook I, 1969, S. 289–290; vgl. Eibl [s.o. S. 16], S. 170f.)
Wolfgang Martens: Die Botschaft der Tugend. Die Aufklärung im Spiegel
der deutschen Moralischen Wochenschriften. 1968.
Wolf Lepenies: Melancholie und Gesellschaft. 1969. ⁴1998. Reprint 2001.
Horst Albert Glaser: Das bürgerliche Rührstück. 1969.
Georg Jäger: Empfindsamkeit und Roman. Wortgeschichte, Theorie und Kri-
tik im 18. und frühen 19. Jh. 1969.
Helmut Möller: Die kleinbürgerliche Familie im 18. Jh. Verhalten und
Gruppenkultur. 1969. (Rez. v. Richard Alewyn in: Germanistik XI, 1970,
S. 316–317.)
Hans-Wolf Jäger: Politische Kategorien in Poetik und Rhetorik der zweiten
Hälfte des 18. Jhs. 1970.
Karl Eibl: (s.o. S. 16), S. 96–104, 140–141.
Peter Uwe Hohendahl: Empfindsamkeit und gesellschaftliches Bewußtsein.
Zur Soziologie des empfindsamen Romans am Beispiel von »La Vie de
Marianne«, »Clarissa«, »Fräulein von Sternheim« und »Werther«, in: Jb.
d. Dt. Schillerges. XVI, 1972, S. 176–207.

Peter Szondi (s. o. S. 40).

Gerhard Sauder: Empfindsamkeit. Bd I: Voraussetzungen und Elemente. 1974. Bd III: Quellen und Dokumente 1980.

Gerhart von Graevenitz: Innerlichkeit und Öffentlichkeit. Aspekte deutscher »bürgerlicher« Literatur im frühen 18. Jh., in: DVjs XLIX, 1975, Sonderheft, S. 1–82.

Bernd Peschken: Aufgaben der Vermittlung von Literatur und Sozialgeschichte am Beispiel Lessings, in: Literaturwissenschaft und Geschichtsphilosophie. Festschrift für Wilhelm Emrich. 1975, S. 264–282.

Franklin Kopitzsch (Hrsg.): Aufklärung, Absolutismus und Bürgertum in Deutschland. Zwölf Aufsätze. 1976.

Rudolf Vierhaus (Hrsg.): Bürger und Bürgerlichkeit im Zeitalter der Aufklärung. (Wolfenbütteler Studien zur Aufklärung, VII). 1981. Darin bes.: Hermann Lübbe: Aspekte der politischen Philosophie des Bürgers, S. 35–41; Peter Michelsen: Der unruhige Bürger. Der Bürger und die Literatur im 18. Jh., S. 101–130; Horst Günther: Darstellung der sozialen Wirklichkeit im frühen bürgerlichen Trauerspiel, S. 131–147 (auch zu Lillo u. Diderot); Gerhard Sauder: »Bürgerliche« Empfindsamkeit?, S. 149–164.

Wolfgang Ruppert: Bürgerlicher Wandel. Studien zur Herausbildung einer nationalen deutschen Kultur im 18. Jh. 1981.

Lothar Pikulik: Leistungsethik contra Gefühlskult. Über das Verhältnis von Bürgerlichkeit und Empfindsamkeit in Deutschland. 1984.

Bernhard Spies: Der »empfindsame« Lessing – kein bürgerlicher Revolutionär. Denkanstöße zu einer Neuinterpretation von Lessings »Miß Sara Sampson«, in: DVjs LVIII, 1984, S. 369–390.

Richard van Dülmen: Die Gesellschaft der Aufklärer. Zur bürgerlichen Emanzipation und aufklärerischen Kultur in Deutschland. 1986.

Elena Vogg (s. o. S. 6).

Empfindsamkeiten, hrsg. v. Klaus P. Hansen. 1990.

Klaus P. Hansen: Neue Literatur zur Empfindsamkeit, in: DVjs LXIV, 1990, S. 514–528.

Wolfgang Albrecht: Streitbarkeit und Menschlichkeit. Studien zur literarischen Aufklärung Lessings. 1993, Kap. II.

Michael Maurer: Bürger/Bürgertum, in: Lexikon der Aufklärung, hrsg. v. Werner Schneiders. 1995, S. 70–72.

Michael Maurer: Die Biographie des Bürgers. Lebensformen und Denkweisen in der normativen Phase des deutschen Bürgertums. 1996.

Monika Fick: Lessing-Handbuch. Leben – Werk – Wirkung. 2000, S. 124–127.

Peter J. Brenner: G. E. Lessing. 2000, Kap. VIII.

Gerhard Sauder: Empfindsamkeit. Tendenzen der Forschung aus der Perspektive eines Betroffenen, in: Aufklärung XIII, 2001, S. 307–338.

2.   Die Theorie des »Privat-Trauerspiels«

Die Entfaltung des bgl. Tr. der fünfziger und sechziger Jahre wird begleitet von intensiven Bemühungen um die theoretische Rechtfertigung der neuen Gattung. Diese Theorie ist eine empfindsame Dramaturgie. Sie ist keine ständische Dramaturgie in dem Sinne, daß Probleme der mittelständischen Klassenlage als Thema und bürgerliches politisches Klassenbewußtsein als ideelle Substanz gefordert würden. Sie geht statt dessen von dem einfachen Gedanken aus, daß »auch Personen bürgerlichen Standes auf dem Theater als unglüklich vorgestellt« und »Handlungen […], die sich im gemeinen Leben zutragen,« »tragisch« sein können. So eine Abhandlung in der »Hamburgisch- und Altonaischen Theater- und Litteratur-Zeitung« (1799, Bd II, S. 308f.).

Eine selbstbewußte Identifikation mit dem Mittelstand als sozialer Schicht hat man allenfalls bei Pfeil (1755) erkennen wollen (Wierlacher, 1967, S. 379 f.). Das bgl. Tr., heißt es bei ihm, biete eine echte Möglichkeit, Tragik zu gestalten, »so lange es noch Personen giebt, die ohne zu Kron und Scepter gebohren zu seyn, erhabener denken als mancher Prinz« (§ 15). Ein 1756 in den »Neuen Erweiterungen« gedrucktes Lobgedicht auf Pfeil schlägt ähnliche Töne an: der »Bürger […] schwingt […] sich […] zum Purpur hin«; »macht wohl der Ahnen Reih, macht wohl der Name edel? / Nein; nur ein Herz«; »Zeig, wie des Bürgers Herz die Tugend adeln kann: / Zeig, daß des Fürsten Herz zum Pöbel hingehöret, / Der keine Pflichten kennt, als die der Ehrgeiz lehret« (43. Stück, S. 42–44). Aber Pfeil und sein Lobredner verlangen weder speziell mittelständische Themen noch bürgerliche Tendenzdramatik. In den erwähnten Zeugnissen zur Wortbedeutung aus der Frühzeit des noch unsicheren Beschäftigung mit dem bgl. Tr. vor 1755 blickt eine gewisse Bindung des bgl. Tr. an den bürgerlichen Stand und seine Interessen durch, ohne daß dieses Moment jedoch zu einer entsprechenden Theorie ausgebaut würde (s. o. S. 13f.). *Nach* Pfeils Abhandlung gibt sich die deutsche Theorie des bgl. Tr. im 18. Jh. jedoch nur noch als Dramaturgie des »Privat-Trauerspiels« (Wieland, s. o. S. 14); für dieses ist die ständische Zugehörigkeit des Personals unwichtig.

Die Theorie ist naturgemäß polemisch – zu polemisch im Fall von Lessings diesbezüglicher Kritik an Gottsched, der der neuen Gattung im Grunde doch nicht ganz unaufgeschlossen gegenüberstand (Michelsen, 1981; Rochow, Kap. III). Aber die Überlegenheit des bgl. Tr. über die heroische Tragödie wird mit sehr verschiedenem Nachdruck betont. Am aggressivsten äußert sich Lessing 1956/57 im Briefwechsel mit Mendelssohn und Nicolai über das Trauerspiel. Der

erwähnte Aufsatz in der »Hamburgisch- und Altonaischen Theater-
und Litteratur-Zeitung« beantwortet die Frage »Welches Trauerspiel
hat mehr Nutzen, das heroische oder das bürgerliche?« nüchtern-lebens-
praktisch zugunsten des bgl. Tr.: dessen »Unglüksfälle […] haben wir
entweder selbst gefühlt oder wir sind doch solche zu fühlen fähig«
(1799, Bd II, S. 309f.). Ein anderer Aufsatz (»Hauptgrundsätze der
Dramaturgie«) hatte schon ein Jahr zuvor im selben Blatt à propos
des bgl. Tr. erklärt: »Unglücksfälle, die uns umherliegen, uns umge-
ben und uns selbst angehen, die haben ia wohl ein näheres Recht an
unsern Thränen, als die Widerwärtigkeiten eines Monarchen, in dessen Situation sich unsere Einbildungskraft nicht so gemächlich hinein versetzen kann« (1798, Bd II, S. 252).

Pfeil (1755), Schmid (1768) und Ramler (1774) sehen hingegen
substantielle Gemeinsamkeiten, so daß sich die Unterschiede bereits
verwischen. Diese Kritiker gehören zu denen, die bei unverkennba-
rer Bevorzugung der neuen Gattung die alte durchaus gelten lassen,
die Differenz zum Gradunterschied umdeuten. Der anonyme Verfasser der »Briefe an einen Freund über die neueröfnete Schaubühne zu
Koblenz« (1788) spannt dabei selbst die Theoretiker der hohen Tragödie vor den Wagen des bgl. Tr.: Aristoteles, Corneille und Dacier leg-
ten Wert darauf, daß Lebensumstände »den unsrigen« und der Charakter des Helden »uns ähnlich« seien; »nicht der König, der Mensch
wird uns vorgestellt; folglich ist die Gleichheit da«, zitiert er Dacier
(14. Brief, S. 13–14), sicherlich auch in Erinnerung an das 14. Stück
der »Hamburgischen Dramaturgie«. Daneben gibt es aber auch vor-
behaltvolle Unentschiedenheit, die dem bgl. Tr. mit der einen Hand
nimmt, was sie ihm mit der anderen gibt, z. B. bei Nicolai in der
»Abhandlung vom Trauerspiele« (1757, bes. S. 13 in Robert Petschs
Ausgabe von »Lessings Briefwechsel mit Mendelssohn und Nicolai
über das Trauerspiel«) und noch 1774 bei Sulzer (»Allgemeine Theorie der Schönen Künste«, Bd II, S. 1167 f., 1175). Eine Rolle spielt
bei den Bedenklichen der Verdacht, daß das Privatleben statt Tragik im Grunde doch nur »traurige Empfindungen« und »unthätiges
Mitleiden« (Sulzer, Bd II, S. 1168) zulasse; Pfeil hatte das energisch
bestritten (§ 15; noch 1792 folgt ihm darin Valdastri, S. 39). Aber
im Hinblick auf die ausgedehnte, Pfeil noch nicht vorliegende Praxis
der fünfziger bis siebziger Jahre, die zur Moralisierung und Abschwä-
chung des Tragischen neigt, muß man urteilen, daß Sulzer einen wun-
den Punkt gesehen hat. In der Theorie entspricht dem die Tatsache,
daß die Dramaturgie des bgl. Tr. oft verschmilzt mit der des bürgerlichen Dramas, obwohl manche Theoretiker als Unterscheidungszeichen den tragischen Ausgang für das bgl. Tr. fordern (Schmid, 1768,
S. 208; J. A. Eberhard, »Theorie der schönen Künste und Wissen-

schaften«, 1783, ³1790, § 173.3; vgl. Ramler, »Einleitung«, ⁴1774,
S. 280, 281, Anm.).

Andererseits ist auch die Theorie des empfindsamen bgl. Tr. oft
nicht zu trennen von der Theorie des Trauerspiels überhaupt, besonders nicht die Lehre von der Rührung als Zweck der tragischen Dichtung. Der Lessing der »Hamburgischen Dramaturgie« und schon des
Briefwechsels über das Trauerspiel ist ein Beispiel dafür.

Umstritten ist die Frage, ob die Theorie des bgl. Tr. der Praxis vorausgeht, wie namentlich Daunicht behauptet hat (vgl. die Kritik Heitners in: JEGP LXIII, 1964, bes. S. 292, und Pikuliks in: Euphorion
LVIII, 1964, bes. S. 110). Ihre Beantwortung hängt davon ab, wieviel
Bedeutung man dem »Unregelmäßigen« einschließlich der Verletzung
der Standesklausel als angeblichem Charakteristikum des bgl. Tr. bei-
legen zu müssen glaubt. Wie bereits bemerkt, ist in dieser Richtung
nicht das Wesentliche des bgl. Tr. zu suchen (s. o. S. 20). Daß etwa,
nicht beim frühen Gottsched (wie Daunicht S.106 f. und noch Martino S. 418 meinen, Heitner S. 292 jedoch mit Recht bestreitet), aber
doch bei M. C. Curtius (im Aristoteles-Kommentar, 1753) und J. E.
Schlegel (in den 1747 entstandenen, aber erst 1766 veröffentlichten
»Gedanken zur Aufnahme des dänischen Theaters«) andere als die
»vornehmsten Standespersonen« als Personal der Tragödie zugelassen
werden (wenn Schlegels Genre-Systematik dafür auch noch an dem
Etikett »Komödie« festhält) wie schon bei Corneille (s.o. S. 10), fällt
nicht ins Gewicht gegenüber der Tatsache, daß diese theoretischen
Lockerungen keineswegs eine empfindsame Dramaturgie darstellen. So bleibt die ältere Ansicht zu Recht bestehen, daß die deutsche
Theorie der deutschen Praxis nachhinkt, allerdings nur um ein paar
Monate: »Miß Sara Sampson« erschien Ostern, Pfeils Abhandlung im
Juli 1755 (ohne auf Lessings bgl. Tr. Bezug zu nehmen). Abgesehen
wird bei dieser Fixierung der Priorität nicht nur von gelegentlichen
früheren aperçuartigen theoretischen Bemerkungen wie der Lessings
von 1754 (s. o. S. 12f.), sondern auch von gedanklich mit der Theorie des empfindsamen bgl. Tr. völlig parallel laufenden Empfehlungen
der empfindsamen Familienromane Richardsons wie in Hallers »Clarissa«-Besprechung von 1749 (»Kleine Schriften«, ²1772, Bd I, S. 308).
Wierlacher hat 1967 darauf aufmerksam gemacht, daß sich Grundzüge
des Persönlichkeitsideals des bgl. Tr. (Vorstellungen von Zufriedenheit,
Tugend und Größe) auch in der deutschen Lehrdichtung schon der
vierziger Jahre, namentlich bei Haller, Hagedorn und Uz finden, und
zwar ebenfalls in mehr oder weniger ausgesprochener Polemik gegen
das barocke Heldenideal der tränenlosen stoischen Standhaftigkeit.

Die deutschen Abhandlungen zur Theorie des empfindsamen bgl.
Tr. sind häufig logisch unbeholfen und unklar. Auch weichen sie in der

Akzentsetzung z.T. voneinander ab. Folgendes gedankliche Skelett läßt sich jedoch als allen Gemeinsames und Wesentliches herauspräparieren. (Eine Fülle von Material bietet das Buch von Wierlacher, 1968.)

Ein Vorzug des bgl. Tr. vor dem heroischen ist, so heißt es stereotyp, daß es »einen grössern Nutzen stiftet« (Schmid, 1768, S. 205). Unter Nutzen ist sittliche Besserung zu verstehen, »nützliche Moral« (Valdastri, S. 38). Erzielt wird diese jedoch nicht durch die Einsicht des rational überlegenen Zuschauers wie in der Typenkomödie, auch nicht, wie in der Heldentragödie, durch die intellektuelle Bewunderung unempfindlich standhafter Übermenschen: Lessing wertet als Theoretiker des bgl. Tr. die Bewunderung als »kalten Affekt« ab, und »der einzige unverzeihliche Fehler eines tragischen Dichters ist dieser, daß er uns kalt läßt« (»Hamburgische Dramaturgie«, 16. Stück). Vielmehr erreicht das bgl. Tr. seinen Zweck durch die Wirkung auf das Gemüt, die Gefühle, nämlich durch die »Rührung«. Ihr wird ein nachhaltigerer Einfluß auf die Charakterbildung zugeschrieben als dem Appell an den Intellekt. Nach dem Kriterium dieser Wirkung definiert Nicolai das bgl. Tr. geradezu als »rührendes Trauerspiel« (»Briefwechsel«, hrsg. v. Petsch, S. 19). Die Bühne – das bgl. Tr. als Gattung der Säkularisation – macht derart der Kirche Konkurrenz (Ritter). »Das Theater kann«, heißt es in dem erwähnten Lobgedicht auf Pfeil, »der Tugend Schule seyn: dieß bessert unsre Sitten, / Die oft die Kanzel nicht mit trotzigem Gebiethen, / Zu bessern fähig ist« (S. 41).

Angesprochen, aktiviert wird in der Rührung jedoch nicht das Gefühl im allgemeinen, sondern eine bestimmte Möglichkeit des Empfindens: die Fähigkeit, Mitleid zu fühlen. Der redliche Bürger, der so erzogen wird, ist der, der »seines Bruders Noth nie ohne Mitleid sieht«, erläutert das Gedicht auf Pfeil (S. 42). Das Mitleid – der zeitgenössische Ausdruck »Mitleiden« zur Kennzeichnung dieses empfindsamen »vermischten« Gefühls par excellence bestimmt das empathische Element treffender – bekundet sich im angenehmen, z. T. auch genußvoll kultivierten Weinen. »So wollte ich auch unendlich lieber«, schreibt Lessing 1756 im Vorwort zu einer Übersetzung von Thomsons Trauerspielen,

der Urheber des *Kaufmanns von London*, als des *sterbenden Cato* seyn, gesetzt auch, daß dieser alle die mechanischen Richtigkeiten hat, derentwegen man ihn zum Muster für die Deutschen hat machen wollen. Denn warum? Bey einer einzigen Vorstellung des erstern sind, auch von den Unempfindlichsten, mehr Thränen vergossen worden, als bey allen möglichen Vorstellungen des andern, auch von den Empfindlichsten, nicht können vergossen werden. Und nur diese Thränen des Mitleids, und der sich fühlenden Menschlichkeit, sind die Absicht des Trauerspiels, oder es kann gar keine haben. (Lachmann/Muncker, Bd VII, S. 68; vgl. Ramler, »Einleitung«, [4]1774, S. 276)

So wird das bgl. Tr. für Lessing seit dem Briefwechsel über das Trauerspiel mit Mendelssohn und Nicolai (1756–57) die »einzige katharsisfähige Gattung«, sofern es die Leidenschaften in »sozialdienliche und sozialgefällige Fertigkeiten« verwandelt (Luserke, S. 27).

Die bessernde Wirkung, die dem bgl. Tr. zugeschrieben wird, besteht in der Erziehung zu optimaler Mitleidsfähigkeit, »Fühlbarkeit«, philantropischer Sympathie. »Der mitleidigste Mensch ist der beste Mensch […]. Wer uns also mitleidig macht, macht uns besser und tugendhafter« (Lessing an Nicolai, [13.] Nov. 1756). Daher die häufige Koppelung von Rührung des »Herzens« und moralischer Besserung, wenn von den absoluten oder relativen Vorzügen des bgl. Tr. gegenüber der heroischen Tragödie die Rede ist.

Über Abschreckung statt Mitleid(en), genauer: über die poetische Gerechtigkeit als das »dominante wirkungsästhetische, strukturbildende Konzept des bürgerlichen Trauerspiels«, das mit der »Abschrekkungsdidaktik« arbeite (Mönch, S. 350), d. h. mit der Darstellung der Tugend als sympathisch und des Lasters als verächtlich (s. u. S. 61–64), äußert sich die Theorie des bgl. Tr. nicht oder eher negativ. »Und wenn ich weinen soll, so will ich nur / im bürgerlichen Trauerspiele weinen; / das liegt dem Herzen näher, das kann mich rühren, jenes [das »heroische«] nicht, das ist Staatsaktion, das ist Schreckspiel!« (»Theater-Journal für Deutschland«, Gotha: Ettinger, 1777, 2. Stück, S. 99; Verf.: »G.«). Die einzige Ausnahme dürfte der von Mönch denn auch groß herausgespielte J. G. B. Pfeil sein. Der spricht jedoch wiederholt ganz aristotelisch von der Erregung von »Schrekken und Mitleiden«. Diese »Hauptabsicht« des Trauerspiels wird zwar bei Pfeil einmal als die Darstellung der Tugend als »liebenswürdig« und des Lasters als »verabscheuungswürdig« (= abschreckend?) erklärt (§ 2); doch ist in Pfeils Abhandlung viel zu viel von den Tränen der Herzrührung und des Mitleidens die Rede, als daß man mit Mönch (S. 13–18) von einer wirkungsästhetischen Konzeption sprechen könnte, die sich als Abschreckung gegen die Mitleidserregung ausspielen ließe. Über Abschreckung via poetische Gerechtigkeit ist bei Pfeil nichts zu hören.

Daß der Zuschauer für seine »eigenen Laster« »zittere«, wenn er das Laster »gestraft« sehe, wie es ganz am Rand einmal heißt (§ 9), ist noch mit der Lessingschen Identifikationstheorie und ihrem Begriff von »Furcht« als dem »auf uns selbst bezogenen Mitleid« vereinbar. Die »gerechte Strafe eines elenden Weibsbildes«, meint Pfeil, werde den Zuschauer nicht etwa abschrecken, sondern den »unglücklichen Ehemann […] betauren« lassen (§ 9). Und sofern man unbedingt und nicht ohne dem Wortlaut Gewalt anzutun (Erregung von »Abscheu« ist schließlich etwas anderes als Abschreckung; vgl. auch Rochow,

S. 74, Anm. 7) von Abschreckung sprechen will, selbst wenn nicht als dominanter Kategorie, dann ist im Auge zu behalten: es gehen sogar bei Lessing, der bei Mönch mit seiner Mitleidstheorie zum Antipoden Pfeils stilisiert wird, Abschreckung und Mitleiderregung Hand in Hand, wobei die Abschreckung jedoch effektiv unter das Mitleid subsumiert wird: wir versetzen uns in die dramatis personae »voll des innigsten Mitleids gegen die, welche ein so fataler Strom dahin reißt, und voll Schrecken über das Bewußtseyn [...], auch uns könne ein ähnlicher Strom dahin reissen, Dinge zu begehen, die wir bey kaltem Geblüte noch so weit von uns entfernt zu seyn glauben« (»Hamburgische Dramaturgie«, 32. Stück). Im übrigen ist daran zu erinnern, daß Lessing in Lillos »London Merchant« – Mönchs und Rochows Paradebeispiel für die Wirkungsästhetik der Abschreckung – gerade den exemplarischen Fall der Mitleiderregung sieht (s. o. S. 53; vgl. Lessings Brief an Mendelssohn vom 8. Dez. 1756). Umgekehrt ist die Marwood in »Miß Sara Sampson« schließlich nicht ganz ohne Abschreckungseffekt als die moderne Medea, als die sie sich selbst bezeichnet. Mönchs Gewährsmann Chr. H. Schmid stellt übrigens 1768 in seinem Aufsatz »Über das bürgerliche Trauerspiel« lapidar fest: »Der Dichter will [im tragischen Drama] Mitleid erregen«, nicht etwa Abschreckung bewirken (S. 205).

Im Gegenteil besteht die Gefahr, daß sich in der Theorie des bgl. Tr. die Freude an der Rührung zu einem autistischen Gefühlsschwelgen verselbständigt, in dem die Aufgelegtheit »zu allen gesellschaftlichen Tugenden« (Lessing an Nicolai, [13.] Nov. 1756), der »Nutzen in der Societät« (Haller, »Götting. gel. Anz.«, 1768, S. 552), die »Liebe für [...] die bürgerlichen Pflichten« (Valdastri, S. 38) sich verflüchtigen (Weiteres bei Wierlacher, S. 147–165). Solche überbordende Gefühlsschwelgerei ist keineswegs eine Sache moderner kritischer Sicht; rückhaltlos gutgeheißen wird sie etwa 1805 in der Zeitschrift »Aurora«: ein Gedicht »Bürgerliches Trauerspiel« fragt dort, was an die Stelle des »gigantischen Ringens der Menschen / Mit des Schicksals Gewalt« getreten sei; Antwort: »Liebe, die Seele der Welt«, »die himmlische Gluth«, »der Abdruck des Großen und Schönen«, übrigens à propos von »Kabale und Liebe« (S. 497f.). Der Gefahr solcher Schwärmerei (auf die J. G. Sulzer mit seiner Kritik an »unthätigem Mitleiden« zielt [s. u. S. 65]) beugt Lessing im 78. Stück der »Hamburgischen Dramaturgie« vor durch die Befürwortung einer Regulierung des Mitleids, die auf das richtige Maß der Empathie abzielt.

Am sichersten sind Rührung und Besserung zu erreichen, wenn der Zuschauer die vollständige Illusion der Wirklichkeit hat. Wirklichkeit ist nun aber nicht mehr die mythisch-geschichtliche, von Gott geschaffene Welt wie in der heroischen Tragödie (s. o. S. 18), sondern die des gegenwärtigen »Alltagslebens«, wie sie das Publikum aus der täglichen Erfahrung kennt. Praktisch artikuliert sich die Frage nach der Wirklichkeit daher als die nach der Wahrscheinlichkeit oder Lebenswahrheit: »Tugenden, Laster, Begebenheiten, alles ist uns wahrscheinlicher, weil sie aus der Sphäre unserer eignen Erfahrung genommen sind« (Schmid, 1768, S. 212) und entsprechend »realistisch« – schon sprachlich – dargestellt sind (vgl. »Hamburgische Dramaturgie«, 32. Stück). Den engen Zusammenhang von Rührung und Wahrscheinlichkeit der vorgestellten Welt und Personen beleuchtet eine Äußerung von Hippel aus dem Jahre 1767 über eine Aufführung von »Miß Sara Sampson«: »Bürgerliche Trauerspiele haben überhaupt den Vorzug, daß sie näher ans Herz gehen. Wir sind so zu sagen unter uns, und nehmen an dem, was vorgeht, um so mehr Anteil, als das, was wir sehen, unseren Anverwandten, unsern Freunden – uns selbst begegnen kann« (F. J. Schneider, »Th. G. v. Hippel…«, Prag 1911, Anhang, S. 16). »Wir« finden »unsere« Wirklichkeit auf der Bühne wieder und vermögen die Illusion zur Identifikation unserer selbst mit den Menschen auf der Bühne zu steigern: »Dann kehre ich mein Aug von der Bühne auf mich« (Sonnenfels, Neudruck, S. 144); »wir bedauern in den unglücklichen Personen […] uns selbst« (Pfeil, § 9). »Das bist du!«, erkennt der Sohn, die Tochter, der Vater, die Mutter (»Briefe an einen Freund«, 1788, 15. Brief, S. 21).

Die Identifikation ist wiederum nur möglich, wenn die auf der Bühne dargestellten Personen »uns« auch wirklich gleich sind. Aber wer sind »wir«? Die frühste Fassung der dann oft wiederholten Antwort steht bei Pfeil: »Man erblickt in [dem bgl. Tr.] keine Sieger, keine Tyrannen, keine ihrer Kronen und ihres Lebens beraubte Prinzen; sondern Bösewichte und redliche Männer, wie wir sie täglich im gemeinen Leben wahrnehmen« (§ 5), mit einem Wort: »Privatpersonen« (§ 3). Der wesentliche, für das bgl. Tr. der Empfindsamkeit konstitutive, wenn auch nicht notwendigerweise im Drama selbst thematisierte Gegensatz ist nicht der von Ständen, sondern von Öffentlichkeit (Hof, Staat, Politik, Heroik) und Privatleben, an dem jeder Stand, »das ganze menschliche Geschlecht« (Sonnenfels, Neudruck, S. 145), teilhaben kann. Im Trauerspiel, sinngemäß: im bgl. Tr., sollen wir, heißt es im 80. Stück der »Hamburgischen Dramaturgie«, »nichts als den Menschen hören«.

Diese Nur-Menschlichkeit der »Privatpersonen«, die zugleich »unsere« ist, hat drei Aspekte: einen moralischen, einen seelischen und in sehr bedingter Weise einen ständischen. Der moralische ist nicht verschieden von der aristotelischen Lehre vom mittleren Charakter (»Hamburgische Dramaturgie«, 75. Stück): die Bühnenfigur soll einen moralischen Durchschnitt repräsentieren, keine Extreme

irgendwelcher Art; und wenn sie als »gut« dargestellt wird (der Begriff
der Größe also in der Polemik gegen die barocke Auffassung rein sitt-
lich gedeutet wird), dann nicht so, daß sie kalte, intellektuelle Bewunderung erregt (Pfeil, § 9). »Denn die aufgeblasenen Heldentugenden
des Trauerspiels, die Verachtung des Todes und die römische Groß-
muth werden alzuselten uns zu Pflichten« (Haller, »Götting. gel. Anz.«,
1773, S. 51). – Der seelische Aspekt ist der wichtigste: in Lebensstil
und Gesinnung erscheint der Mensch in seinen Gefühlsbeziehungen
zum Mitmenschen, als Glied einer Gemeinschaft, die primär auf see-
lischer Bindung beruht. So entfaltet er sein Wesen vornehmlich in
häuslich-familiärem Dasein. Er ist empfindsam, im Gegensatz zu den
stoisch unempfindlichen »schönen Ungeheuern« (Lessing an Mendelssohn, 28. Nov. 1756) gebrechlich und schwach, nur da ganz Mensch,
wo er fühlt. Gleich welchen Standes, tritt er in Erscheinung als Vater,
Sohn, Mutter, Tochter, Nachbar, Freund usw. In dieser Funktion vermögen selbst die »Großen«, wenn sie entsprechend dargestellt sind,
»unsern« Anteil zu erwecken, den wir ihnen als politischen Figuren
versagen (so Lessing auf den Spuren des »Journal Étranger« im 14.
Stück der »Hamburgischen Dramaturgie« u.v.a.). Schmid relativiert
mit diesem Argument folgerichtig die Differenz zwischen bürgerlichem und heroischem Trauerspiel (1768, S. 210), während Engel-
brecht aus solchen Erwägungen heraus auch den »hohen Adel« im
bgl. Tr. zuläßt und Buri ein »Bürgerliches Trauerspiel« über die letzten Tage Louis' XVI. schreibt. Andererseits begegnet auch noch, wie
gesagt, die schroffe Entgegensetzung von bürgerlicher Tragödie und
der der »Monarchen« (s. o. S. 51).
    Der ständische Aspekt kann nach dem Gesagten eigentlich kei-
ne Rolle spielen. Gelegentlich wird er zwar erwähnt, allerdings
nur, um gleich relativiert zu werden. So ist Pfeils Bemerkung,
der »tugendhafte Bürger« rühre uns »vielleicht [!] eher, weil sein
Stand eine größere Gleichheit mit uns hat« (§ 4), nicht ganz eindeutig im Sinne einer sozialen Klassifikation statt als Gegenbegriff zur Welt des Heroischen zu begreifen, nämlich als Verweis
auf den Bereich des verbesserten Herzens und des aufgeklärten
Verstandes (§ 12), wenn auch Pfeil, wie gesagt (s.o. S. 13f.), die
soziale Schicht der dramatis personae des bgl. Tr. (»Mittelstand«)
genau fixiert und beschreibt. Ähnlich Sonnenfels: »Ohne Zweifel ist der *Antheil* an dem Unglücke eines *Vaters,* einer *Mutter* aus
meiner Klasse, unendlich stärker, als der Antheil, den ich an den
Begebenheiten eines *Helden,* einer *Königinn* nehme« (Neudruck,
S. 144, vgl. S. 151). Zum Verständnis ist jedoch zu beachten, daß
gleich auf der nächsten Seite betont wird: im Gegensatz zur »hohen Tragödie«, die mit dem »Antheil eines *Standes,* der dazu nicht

sehr zahlreich ist«, rechne, könne das bgl. Tr. auf den »Antheil *des ganzen menschlichen* Geschlechts« zählen statt lediglich auf den der dargestellten »Klasse«; dementsprechend habe Lillos »London Merchant« auch nicht »nur für einen gewissen Stand eine Anziehung«, sondern sei ein »warnendes Gemälde« für die »ganze Menschheit«. Aus »irgend einem Stande mußte ja der verführte Jüngling gewählet werden« (S. 119). Nur zögernd (»so scheint es, als ob«…) formuliert auch Ramler 1774 den sozialständischen Aspekt der Identifikation von Publikum und dramatis personae: Tragik sei in allen Ständen, selbst den »geringsten« möglich. »Ja, da der große Haufen der Zuschauer selbst von diesem Mittelstande ist, so scheint es, als ob die nahe Verwandtschaft des Unglücklichen, und derer, die ihn leiden sehen, noch einen Bewegungsgrund mehr abgeben müßte, die Herzen zu rühren« (S. 273). Charakteristisch ist, daß selbst diese sporadische soziologische Fixierung sofort zurücklenkt zur Rührung, die prinzipiell jeder »menschliche« Tragödienheld ermögliche (S. 275). So hält Ramler denn auch am Schluß die Unterschiede zwischen dem griechischen heroischen und dem zeitgenössischen bürgerlichen Trauerspiel für so gering, »daß wir nicht nöthig haben, aus diesen Tragödien zwo besondere Gattungen zu machen« (S. 281).

Quellen

Deutsche:
anon. [Johann Gottlob Benjamin Pfeil]: Vom bürgerlichen Trauerspiele, in: Neue Erweiterungen der Erkenntnis und des Vergnügens VI, 31. Stück, 1755, S. 1–25. Neudruck in: Karl Eibl: G. E. Lessing: »Miß Sara Sampson« 1971, S. 173–189, und bei J. Mathes (s.u. S. 59), S. 48–57.
von W – : An den Verfasser der Gedanken vom bürgerlichen Trauerspiele, in: Neue Erweiterungen VIII, 43. Stück, 1756, S. 41–44.
G. E. Lessing: Vorrede zu: Des Herrn Jacob Thomson sämtliche Trauerspiele. 1756. (Lachmann/Muncker, Bd VII, S. 66–71.) – Lessings Briefwechsel mit Mendelssohn und Nicolai über das Trauerspiel, hrsg. v. Robert Petsch. 1910. Reprint 1967. – Lessing, Mendelssohn, Nicolai: Briefwechsel über das Trauerspiel, hrsg. v. Jochen Schulte-Sasse. 1972. – Hamburgische Dramaturgie, bes. 14. Stück.
anon. [Daniel Heinrich Thomas u. Joh. Ehrenfried Jakob Dahlmann]: Vermischte critische Briefe. Rostock: Röse, 1758, 13. Brief.
Christian Heinrich Schmid: Über das bürgerliche Trauerspiel, in: Unterhaltungen, hrsg. v. Daniel Schiebeler u. J. J. Eschenburg, V, 1768, S. 308–316. Zitiert nach dem Neudruck in: Litterarische Chronik, hrsg. v. J. G. Heinzmann, Bd III, Bern 1788, S. 204–215.
Joseph von Sonnenfels: Briefe über die wienerische Schaubühne. 1768. Neudruck Wien 1884 (Reprint Graz 1988).

Albrecht von Haller: Zahlreiche Rezensionen in den Götting. gel. Anz.; vgl. Karl S. Guthke: Haller und die Literatur. 1962, S. 49–84 u. 138–140. Auswahl: Hallers Literaturkritik, hrsg. v. Karl S. Guthke. 1970.

Karl Wilhelm Ramler: Einleitung in die Schönen Wissenschaften, nach dem Französischen des Herrn Batteux, mit Zusätzen vermehret. 1756–1758. ⁴1774. Bd II, S. 270 ff. (2. Teil, 2. Abschn., 2. Art., 2. Kap.: »Was eine heroische Handlung ist«).

anon. [Johann Andreas Engelbrecht]: »Von dem bürgerlichen Trauerspiel«, Zusatz zu: Wilhelm Cooke: Grundsätze der dramatischen Kritik. Aus dem Englischen übersetzt, mit Zusätzen und Anmerkungen. 1777. Weitgehend Paraphrase der Schrift Pfeils. Abdruck bei A. Wierlacher: Das Bürgerliche Drama. 1968, S. 166–172.

Johann Friedrich Schink: Dramaturgische Fragmente. Graz 1781–1783. Auszug: Mathes (s. u.), S. 95–97.

Johann Gottfried Dyk: Ein Dialog statt der Vorrede zu: Leichtsinn und Verführung, oder Die Folgen der Spielsucht. 1784. Neufassung in Dyks Nebentheater. Bd V, 1787, S. 3–84; vgl. u. S. 78.

anon.: Briefe an einen Freund über die neueröfnete Schaubühne zu Koblenz. Frankfurt: Huber. 1788. 2. Heft, 14. u. 15. Brief.

Ernst Karl Ludwig Ysenburg von Buri: Vorrede zu: Buri: Ludwig Capet, oder Der Königsmord. 1793.

anon.: Hauptgrundsätze der Dramaturgie, in: Hamburgisch und Altonaische Theater- und Litteratur-Zeitung. 1798, Bd II, S. 249–252.

anon.: Welches Trauerspiel hat mehr Nutzen, das heroische oder das bürgerliche? in: Hamburgisch und Altonaische Theater- und Litteratur-Zeitung. 1799, Bd II, S. 308–310.

Jürg Mathes (Hrsg.): Die Entwicklung des bürgerlichen Dramas im 18. Jh. Ausgewählte Texte. 1974.

Ausländische in deutschen Übersetzungen des 18. Jahrhunderts:
Diderot: s.o. S. 34 u. 40f. (1760).

Landois: s.o. S. 33 u. 40 (1764).

Jean François Marmontel: Des Herrn Marmontels Dichtkunst aus dem Französischen übersetzt und mit einigen Zusätzen vermehrt (v. G. B. v. Schirach). 1766–1768. Frz. 1763.

P. A. Caron de Beaumarchais: Versuch über das ernsthafte Schauspiel, übersetzt v. Pfeffel in seinen Theatralischen Belustigungen. Nach französischen Mustern. Vierte Sammlung. 1770, S. 1–54. Frz. 1768.

Mercier: s.o. S. 41 (1776).

Idelfonso Valdastri: Welche Vorzüge hat das bürgerliche Trauerspiel vor dem heroischen Trauerspiele…? in: Neue Bibliothek der schönen Wissenschaften u. der freyen Künste LII, 1. Stück, 1794, S. 26–116. Reprint: Preisschrift über das bürgerliche Trauerspiel, hrsg. v. A. Wierlacher. 1969. Italienisch 1792.

Literatur

Vgl. auch die o. S. 17f. genannten Darstellungen der Geschichte des bgl. Tr. und die Einführungen zu den verzeichneten neueren Textausgaben.

Roland Schacht: Die Entwicklung der Tragödie in Theorie und Praxis von Gottsched bis Lessing. Diss. München 1910.

Mary Beare: Die Theorie der Komödie von Gottsched bis Jean Paul. Diss. Bonn 1927.

Josef Clivio: Lessing und das Problem der Tragödie. 1928.

Fred O. Nolte: The Early Middle Class Drama (1696–1774). Lancaster, PA, 1935, Kap. VII: »Bourgeois Tragedy: Pro and Con«.

J. G. Robertson: Lessing's Dramatic Theory, Being an Introduction to and Commentary on his »Hamburgische Dramaturgie«. Cambridge (Engl.) 1939. Reprint New York 1965.

Joachim Krueger: Zur Frühgeschichte der Theorie des bürgerlichen Trauerspiels, in: Worte und Werte. Bruno Markwardt zum 60. Geburtstag, hrsg. v. Gustav Erdmann u. Alfons Schützeichel. 1961, S. 177–192.

Richard Daunicht: Die Entstehung des bürgerlichen Trauerspiels in Deutschland. 1963. ²1965 (im Textteil seitengleich).

Lothar Pikulik: »Bürgerliches Trauerspiel« und Empfindsamkeit. 1966. ²1981 (unveränd.).

Peter Michelsen: Die Erregung des Mitleids durch die Tragödie. Zu Lessings Ansichten über das Trauerspiel im Briefwechsel mit Mendelssohn und Nicolai, in: DVjs XL, 1966, S. 548–566.

Alberto Martino: Geschichte der dramatischen Theorien in Deutschland im 18. Jh. Bd I: Die Dramaturgie der Aufklärung (1730–1780). 1972, S. 392–436.

Alois Wierlacher: Über die Bedeutung des Lehrgedichts für die theoretische Begründung des Bürgerlichen Dramas im 18. Jh., in: GRM, N.F. XVII, 1967, S. 365–380.

Alois Wierlacher: Das Bürgerliche Drama. Seine theoretische Begründung im 18. Jh. 1968.

Alois Wierlacher: Einleitung zu Idelfonso Valdastri: Preisschrift über das bürgerliche Trauerspiel. 1969.

Peter Szondi: Die Theorie des bürgerlichen Trauerspiels im 18.Jh. 1973 u.ö.

Peter Michelsen: Zur Entstehung des bürgerlichen Trauerspiels. Einige geistes- und literaturgeschichtliche Vorüberlegungen zu einer Interpretation der »Miß Sara Sampson«, in: Literaturwissenschaft und Geistesgeschichte. Festschrift für Richard Brinkmann, hrsg. v. Jürgen Brummack u.a. 1981, S. 83–98.

F. Andrew Brown: Reason and Emotion in Lessing's Theory of Tragedy, in: Humanität und Dialog, hrsg. v. Ehrhard Bahr. 1982, S. 249–258.

Jost Schillemeit: Lessings und Mendelssohns Differenz. Zum Briefwechsel über das Trauerspiel (1756/57), in: Digressionen. Wege zur Aufklärung. Festgabe für Peter Michelsen, hrsg. v. Gotthard Frühsorge u.a. 1984, S. 79–92.

Heidi Ritter: Von der Kanzel auf die Bühne. Taugte das bürgerliche Trauerspiel des 18. Jhs für eine säkularisierte Predigt?, in: Glaube, Kritik, Phantasie. Europäische Aufklärung in Religion und Politik, Wissenschaft und Literatur, hrsg. v. Lothar Bornscheuer u. a. 1993, S. 201–211.

Matthias Luserke: Funktion und Wirkung von Literatur im 18. Jh. Versuch einer diskursanalytischen Lektüre des Trauerspielbriefwechsels zwischen

Lessing, Mendelssohn und Nicolai, in: Das achtzehnte Jahrhundert XVII, 1993, S. 15–27.

Cornelia Mönch: Abschrecken oder Mitleiden. Das deutsche bürgerliche Trauerspiel im 18. Jh. 1993.

Peter-André Alt: Tragödie der Aufklärung. 1994, Kap. V.

Christian Rochow: Das bürgerliche Trauerspiel. 1999.

3.   Das empfindsame bürgerliche Trauerspiel

In Deutschland ist das frühe bgl. Tr. in überwiegendem Maße eine Gattung der Empfindsamkeit. Das war auch in England so gewesen; doch ist für die deutsche Entwicklung daran zu erinnern, daß hier die definierende Bindung der Personen an ihren Beruf und Stand (außer bei Dusch) oder gar an emanzipatorisches bürgerliches Standesbewußtsein ebenso fehlt wie eine explizite gesellschaftskritische Tendenz. »Bürgerlich« ist das vorgeniezeitliche deutsche bgl. Tr. vielmehr im Sinne von »mitmenschlich-privat-moralisch-gefühlvoll«; eine indirekte soziologische Bedeutung hat es zwar insofern, als das mit diesen Begriffen bezeichnete Ethos, historisch gesehen, wenn auch nicht expressis verbis aus den Stücken selbst ablesbar, das der aufstrebenden Mittelschicht der fünfziger und sechziger Jahre ist (vgl. o. S. 45).

Die seit den 1990er Jahren intensiver gewordene interpretatorische Zuwendung zu den weniger bekannten bgl. Tr. des 18. Jhs im Unterschied zu den »Höhenkammwerken« der Gattung hat Zweifel an der Zuordnung des bgl. Tr. zur Empfindsamkeit geäußert (s. o. S. 5). Während Martin Schenkel noch 1984 das richtungweisende frühe bgl. Tr. »Miß Sara Sampson« auf die »Poetik des Mitleids« festlegte (die zwar auch eine gesellschaftspolitische und kritische Dimension habe, die bis zur »sozialpolitischen Agitation« gehe [S. 208–213]), machte im selben Jahr Nadia Metwally geltend, daß das nur ein Jahr spätere bgl. Tr. »Lucie Woodvil« von Joh. Gottl. Benj. Pfeil das Mitleid keineswegs zum dominanten Affekt erhebe, vielmehr durch Schockwirkungen in der Konfrontation von Tugend und Laster sittliche Wirkung zu erzielen suche.

Dies nimmt Cornelia Mönch 1993 zum Stichwort für ihre Untersuchung eines weitgestreckten Panoramas von bgl. Tr. des 18. Jhs *zwischen* den allbekannten Gipfeln der Gattung. Das Ergebnis lautet: entgegen der üblichen Ansicht, die sich auf die herausragenden Einzelleistungen Lessings und dann auch Schillers stütze, ist das bgl. Tr. bis ans Jahrhundertende weder »allein die Gattung der Empfindsamkeit« mit der entsprechenden Mitleidsdramaturgie »noch [die Gattung] der

Bürgerlichkeit«, sondern eine Gattung der »auf dem Identifikationspostulat beruhenden Moraldidaktik« (S. 297, z. T. im Selbstwiderspruch zu S. 350). Lessings empfindsames bgl. Tr. »Miß Sara Sampson« sei ebenso wie später »Emilia Galotti« die Ausnahme, nicht ein Vorbild, das schulebildend gewirkt habe (nur ein einziges Drama gehöre in die Nachfolge der »Miß Sara Sampson«). »Lessings Mitleidsdramaturgie hat sich nicht durchgesetzt« (S. 221). »Als dominierendes moraldidaktisches Konzept des bürgerlichen Trauerspiels« erweise sich vielmehr »die exemplarische Abschreckung« (S. 296), gegen die sich empfindsame Mitleidskonzeptionen, quantitativ gesehen, »zu keinem Zeitpunkt« behaupten konnten (S. 342). Die »Höhenkammtexte« »Miß Sara Sampson«, »Emilia Galotti« und »Kabale und Liebe« waren demnach zwar »herausragende Einzelleistungen«, aber nicht »repräsentativ«, keine »Modellvorgaben für die Gattung insgesamt« (S. 340, 345 u. ö., rezipiert bei Brenner, S. 221–222). Ein Versuch von Nicklaus, das jedenfalls für Lessings Dramen zu belegen, nämlich zu zeigen, daß diese statt als Modell als »kritische Erwiderung« auf den »Prototyp« des bgl. Tr. zu verstehen seien, vergleicht diese mit Lillos »London Merchant« (der Lessing jedoch zur Zeit der »Miß Sara Sampson« nicht bekannt war [s. o. S. 32]) und drei deutschen Dramen, von denen nur eins (vielleicht!) der »Sara Sampson« vorausgeht (s.o. S. 26) und alle drei die Frage provozieren: wieso sind diese ausgewählten – sehr zugänglichen und oft diskutierten – Stücke repräsentativ?
    Gewonnen wird das angeblich sensationelle Ergebnis bei Mönch ausschließlich durch eine Untersuchung der »poetischen Gerechtigkeit« im bgl. Tr. des 18. Jhs – in der apriorischen Voraussetzung: »Das dominante wirkungsästhetische, strukturbildende Konzept des bürgerlichen Trauerspiels wird von der Doktrin der poetischen Gerechtigkeit [Bestrafung des Lasters, Belohnung der Tugend] vorgegeben« (S. 350). Nicht nur bleibt diese Annahme unerwiesen und fragwürdig (vgl. Rochow, S. 74, Anm. 7); nicht nur spielt die poetische Gerechtigkeit und die ihr von Mönch zugeordnete Abschreckung in der Theorie des bgl. Tr. keine nennenswerte Rolle (s. o. S. 54; Nicklaus S. 494 bringt *einen* Beleg, aus einer moralischen Wochenschrift). Vor allem: die von Mönch auf Grund ihres Kriteriums entworfene Typologie des bgl. Tr. des 18. Jhs kennt sehr verschiedene Einstellungen zur poetischen Gerechtigkeit. Diese reichen von »totaler Erfüllung der poetischen Gerechtigkeit« über »partielle Erfüllung« bis hin zu »Typen ohne konventionelle PG-Strukturierung« wie auch zu »Sonderformen und Ausnahmen«. Es ist zweifelhaft, ob derart – angesichts solcher von einem Rezensenten betonten »breiten Skala von Übergangs- und Zwischenformen« (Henk de Wild, »Deutsche Bücher«, 1993, S. 279) – eine kohärent-konsonante Gattung in Sicht kommt.

Gaby Pailer hat kritisch korrigierend von einem »weiblichen Sub-kanon« von Dramen gesprochen, die als Mischtypen einen Sonder-weg einschlagen zwischen Abschreckung und Mitleiderregung und damit die mit der Abschreckung operierende poetische Gerechtigkeit relativieren. Überdies basiert das quantifikationsfreudig argumentie-rende Buch von Mönch auf Chr. Heinrich Schmids Liste der 225 von ihm im Jahr 1798 für bgl. Tr. gehaltenen Dramen (S. 51–54). Das ist trotz einiger Ergänzungen (insgesamt 17) offensichtlich nicht ohne Willkür (vgl. o. S. 4f.). Eine andere Auswahl ergäbe evtl. ein ande-res Bild. Überdies versieht Mönch ihrerseits zahlreiche Stücke auf der Liste der von Schmid für bgl. Tr. gehaltenen Dramen mit Gattungsbe-zeichnungen wie Lustspiel, Schauspiel, biblisches, historisches, hero-isches Drama. Ferner: »Eine Differenzierung des Materials im Hin-blick auf Verbreitung und Wirksamkeit der einzelnen Texte nimmt [Mönch] nicht vor, was natürlich die Aussagekraft ihrer Untersuchung von vornherein einschränkt« (Marianne Willems, »Arbitrium«, XIII, 1995, S. 354). Mönch zählt einfach nur die Vertreter der jeweiligen Typen des bgl. Tr. und stellt im Hinblick auf ihre 242 ausgewählten Texte fest: die mit totaler und partieller (*wie* partieller?) Erfüllung der poetischen Gerechtigkeit seien »quantitativ dominant« (S. 345 u. ö.). Ihre »Argumente gegen eine tatsächliche Bedeutungsgewichtung des bürgerlichen Trauerspiels des 18. Jhs sind rein quantitativ, ändern aber nichts an der rezeptionsgeschichtlich gelenkten Bedeutungswahl, die sich nicht nach modernen Quantifizierungsparametern richtet« (M. Luserke-Jaqui: »Friedrich Schiller«, 2005, S. 117).

Wenn weiterhin aus diesen Texten, die überwiegend von den Auto-ren nicht als bgl. Tr. bezeichnet wurden (von solchen gibt es weniger als 50), gefolgert wird: »Das Proprium des bürgerlichen Trauerspiels [...] ist die auf dem Identifikationspostulat beruhende Moraldidak-tik, die sich an gewöhnliche Menschen richtet: die Bürgerlehre« (S. 297), so fragt sich a fortiori (ähnlich wie bei Nicklaus), wie weit die sehr wenigen von Mönch zur genaueren, seitenlangen Betrach-tung aus dem an sich schon willkürlichen Textkorpus ausgewählten Stücke wirklich exemplarisch sind, exemplarisch selbst für die jewei-lige Textgruppe, die sie repräsentieren sollen. Da längst nicht alle davon den Untertitel »bgl. Tr.« tragen, gerät das Verfahren in Kon-flikt mit dem, was sich damals ausdrücklich selbst als bgl. Tr. bezeich-net. Mönch: »Im Bereich der Personalwahl sind deshalb Dramen mit einem König als Protagonisten selbst dann, wenn dieser empfindsam-menschlich gezeichnet ist, auszuschließen« (S. 298). Dann wäre E. K. L. Y. von Buri mit seinem – zwar auch politischen – wörtlich so deklarierten »bgl. Tr.« über Louis XVI., »Ludwig Capet, oder der Königsmord« (1793), also im Irrtum (s. u. S. 75): der Sprachgebrauch

der Zeit wird korrigiert. Das sollte mehr zu denken geben, als bei
Mönch (S. 250–264) zugestanden wird, und die entgegengesetzte
Praktik attraktiver erscheinen lassen, nämlich das Erscheinungsbild
des bgl. Tr. zunächst anhand der eigens so bezeichneten Stücke zu
bestimmen. Diese Stücke lassen trotz mancher Ausnahmen eine Nähe
zur mit-leidenden Empfindsamkeit statt zur Abschreckungsdidaktik
erkennen.

Den Anfang macht, wie bereits von den Zeitgenossen erkannt (s.
o. S. 22), der junge Lessing, und zwar nicht etwa, wie man es in der
DDR-Germanistik sah (Wertheim), mit dem »Samuel Henzi«-Frag-
ment und seinem »demokratischen Helden« (s. o. S. 26), auch nicht
mit dem anti-heroischen und insofern das mitmenschliche Ethos
favorisierenden »Philotas« von 1759, sondern mit seiner im Untertitel ausdrücklich als bgl. Tr. bezeichneten ersten Tragödie, »Miß Sara
Sampson«, die 1755 veröffentlicht und aufgeführt wurde. Im Genre
des empfindsamen bgl. Tr. ist sie Lessings einziger vollendeter Versuch
geblieben. Nicht ausgeführt wurde der Plan zu einem »bürgerlichen«
»Faust« in den fünfziger und sechziger Jahren (Mendelssohn an Lessing, 19. Nov. 1755: »Wo sind Sie […] mit Ihrem bürgerlichen Trauerspiele?«). Über den ersten Akt nicht hinausgelangt ist der Entwurf
zu einem »bgl. Tr.« »Tonsine«, der sich nicht genauer datieren läßt,
aber eine Konzeption des bgl. Tr. verrät, die ebenfalls in die fünfziger
oder sechziger Jahre, in die Zeit *vor* der Neufassung dieses Begriffs
in »Emilia Galotti«, deutet (Kapitza: »um 1755«). Interessant ist der
»Tonsine«-Entwurf (er variiert das Graf-von-Gleichen-Thema à la
japonaise) nicht zuletzt durch seine Einführung der Exotik ins Genre
des bgl. Tr. (Gefolgt ist ihm darin, in schwarzafrikanischer Abwand-
lung, nur [Karl] Friedrich Wilhelm Ziegler in seinem neuerdings als
bgl. Tr. reklamierten »Schauspiel« »Die Mohrinn« von 1802 [Suther-
land]; doch vgl. auch u. S. 73f. zu »Der Renegat« und »Braitwell«.)

Daß »Miß Sara Sampson« in der Geschichte des deutschen Theaters und Dramas »Epoche macht«, wurde schon von den Zeitgenossen
bemerkt (J. G. Dyk, »Nebentheater«, Bd V, 1787, S. 27). Das Stück
war denn auch bis in die erste Hälfte der siebziger Jahre ein erstaun-
licher Theatererfolg (Schmid, »Chronologie des deutschen Theaters«,
1775, Neudruck, 1902, S. 115). Trauerspiele des gleichen Typus schos-
sen, mehr oder weniger direkt von »Miß Sara Sampson« oder doch
von der begeisterten Publikumsreaktion auf das Novum angeregt,
überall aus dem Boden – wenn nicht gleich, so doch besonders zahlreich in den siebziger und achtziger Jahren (Alt, S. 211–212). 1799
stellt die S. 51 erwähnte Abhandlung über den relativen »Nutzen«
des heroischen und des bgl. Tr. fest, bgl. Tr. hätten die Heldentragödie »fast gänzlich verdrängt« (Bd II, S. 309).

Einige davon sind auf dem Titelblatt als bgl. Tr. ausgewiesen, aber längst nicht alle, die man mit der durch Lessing aufgekommenen Gattung in Zusammenhang bringen könnte; viele nennen sich im Untertitel schlicht »Trauerspiel« (wie ja auch »Miß Sara Sampson« selbst im Neudruck von 1772): z.b. Brandes' »Miß Fanny«, »Olivie«, »Ottilie«, Wielands Richardson-Bearbeitung »Clementina von Porretta«, die Lessing und Löwen als bgl. Tr. bezeichneten (s. o. S. 33), Otto Nathanael Baumgartens »Carl von Drontheim«, Steffens' Cleveland-Dramen, ganz zu schweigen von einer großen Zahl von Werken, deren Verfasser unbekannt geblieben sind. Künstlerisch und dramatisch durchweg weniger bedeutend als »Miß Sara Sampson«, gehaltlich weder profund noch komplex, heute – mit wenigen Ausnahmen – vergessen und großenteils nur in wenigen Exemplaren erhalten, sind diese empfindsamen bgl. Tr. (ob ausdrücklich so bezeichnet oder nicht) hauptsächlich geschmacksgeschichtlich interessant.

Im folgenden werden davon, um die Darstellung nicht ins Uferlose geraten zu lassen, nur diejenigen berücksichtigt, die im Untertitel oder im Vorwort als bgl. Tr. ausgegeben sind (also z.B. nicht Brawes »Freigeist«, der in der Literatur regelmäßig als bgl. Tr. behandelt wird). Der Nachteil dieses Verfahrens ist, daß nicht alle der tatsächlich zum Typus gehörenden Exemplare erfaßt werden (zur Ergänzung, die das Bild jedoch nicht verändert, vgl. bes. Sauer, Heitner, Vospernik, Schaer; auch, trotz der behaupteten Abschreckungsästhetik, Mönch). Der Vorteil ist jedoch nicht nur, daß die Durchsicht von heute überwiegend unbekannten »bgl. Tr.« die an nur wenigen Exemplaren der Gattung gewonnene gängige Vorstellung vom bgl. Tr. der Empfindsamkeit überprüfen kann, sondern auch, daß Bedeutungsnuancen und -variationen des Begriffs in Erscheinung treten, die im 18. Jh. Geltung besaßen, heute aber nicht immer zur Kenntnis genommen werden – mit dem Ergebnis, daß man sich generell eine zu einheitliche Vorstellung selbst von dem empfindsamen Typus des bgl. Tr. macht.

Die Popularität des empfindsamen bgl. Tr. hielt ungefähr so lange an wie die der »Miß Sara Sampson«. Sulzer bedauert 1774, daß »die Trauerspiele von zärtlichem Inhalt fast durchgehends [...] den allgemeinesten Beyfall« finden. »Denn jeder Mensch ist zärtlich trauriger Empfindungen fähig, und geneigt, die Wollust eines unthätigen Mitleidens zu genießen« (»Allg. Theorie«, Bd II, S. 1168). Zehn Jahre später, 1784, konstatiert Wieland im »Teutschen Merkur« bereits den Verfall: »Unsre Schaubühne wurde mit einer solchen Sündfluth von dramatisierten Romanen und dialogierten Alltagsbegebenheiten überschwemmt: daß man endlich auch dieser Waare herzlich überdrüßig zu werden anfing« (Akademie-Ausgabe, 1. Abt., Bd XIV,

S. 416). Aber bis in die neunziger Jahre sind noch zahlreiche Nach-
zügler des empfindsamen Typus des bgl. Tr. zu verfolgen; und meh-
rere von ihnen heißen noch bgl. Tr., als der Terminus schon durch
»Emilia Galotti« und den Sturm und Drang eine andere Bedeutung
angenommen hatte (s. die Übersicht S. 77–79).

»Miß Sara Sampson« ist das Exemplum des empfindsamen bgl.
Tr. auch in dem Sinne, daß es den Grundzügen der Gattung ent-
spricht, die in den Abschnitten über die geistesgeschichtliche Bedeutung, »Empfindsamkeit und Bürgerlichkeit« und über die Theorie entwickelt wurden. Das Modell, das Lessing damit seinen Nachfolgern
bereitstellte, lautet, auf die einfachste Formel gebracht, etwa so: Das
Trauerspiel erfüllt seine »Bestimmung«, nämlich »unsere Fähigkeit,
Mitleid zu fühlen, [zu] erweitern«, indem es die Vollkommenheit im
Unglück, den tugendhaften Menschen im Leiden zeigt (Lessing an
Nicolai, [13.] Nov. 1756, und an Mendelssohn, 18. Dez. 1756). Die
frühere Forschung, die sich im wesentlichen an Brüggemanns einsichts-
volle »seelengeschichtliche« Interpretation anschloß, pflegte, Lessing
folgend, an diesem Modell die »Verkörperung der Tugend im Sinne
der fünfziger Jahre« zu betonen: Sara erschien ihr als »die Trägerin der
höchsten Moral« und damit als Vertreterin »streng bürgerlicher Auffassung«; ihrer »selbstlosen Hingabe an ein abstraktes Tugendideal«
sei die uneingeschränkte Sympathie der empfindsamen Zeit sicher
gewesen (Brüggemann, »Lessings Bürgerdramen…«, S. 71–76). Marwood vertrete ihr gegenüber, negativ akzentuiert, den entwicklungsgeschichtlich früheren Typus des vorbürgerlich egoistischen, gewissen-
los »politischen« Menschen, Mellefont den entwicklungsgeschichtlich
späteren, subjektivistisch emanzipierten Menschentypus, der ebenfalls
kritisch als problematische Existenz gesehen werde.

Einige neuere Deutungen haben hingegen einen geschärften Blick
für eine gewisse moralische Unzulänglichkeit der »bürgerlichen« Heldin und »Heiligen« (V, 10) entwickelt (wie man ähnlich auch den ver-
kappten Egoismus, ja: paternalistischen Herrschaftswillen im Altru-
ismus des alten Sampson entdeckt hat [Ackermann, S. 36–37; s. u.
S. 71f.]). Nicht nur wird ihre Selbstbeschuldigung ernstgenommen
im Sinne einer tragischen Verfehlung (Brown). Auch ihr überstei-
gerter Tugendbegriff berührt heute eher als Halsstarrigkeit (Hillen,
S. 121) oder (bis zu der Konfrontation mit der Marwood in IV, 8, in
der sie ihre eigene Verfehlung voll erkenne und zur wahren Sittlichkeit gelange) als Rhetorik und Heuchelei (Durzak). In dieser Weise
hätte Lessing also seinem Bestehen auf dem »Fehler« oder der Schwäche des tragischen Helden als Voraussetzung für sein Leiden und seine
moralische Vervollkommnung im Leiden sowie für das Mitleid des
Zuschauers (an Mendelssohn, 18. Dez. 1756) in der Praxis genug

getan. Die seelische Entwicklung Saras wäre die zum Begreifen und zur Sühne ihrer Schuld, ihr Weg der von der veräußerlichten Tugend zur wahren Sittlichkeit (Durzak). Ihr Tod kommt nicht »von außen über sie«, ohne »moralischen Kausalzusammenhang« (Pikulik, S. 166, 165); vielmehr veranlaßt ihn Sara sozusagen selbst, um damit, auf dem Höhepunkt ihrer sittlichen Entwicklung, das selbstgesprochene Urteil zu vollziehen (Eibl, S. 156; Brown, S. 145f.).

Die »innere Handlung« ist dann nicht ein primär religiös relevanter Vorgang, nämlich die »Dramatisierung der religiösen Erfahrung der fünften Bitte des Vaterunsers« (Bornkamm) oder, daran anschließend, ein Verstoß gegen das Gebot der gehorsamen Liebe nicht nur den Eltern, sondern auch Gott gegenüber (Zimmermann), sondern eine immanent sittliche Läuterung, die in der Vergebungsszene des Schlusses im vollkommensten Bezeugen bürgerlicher Moralgesinnung gipfelt (Ackermann). Wieweit bei diesem Schluß an einen Rückfall in die Märtyrertragödie zu denken ist, bleibt umstritten (Pikulik, S.157–168; Eibl, S. 157–161; van Ingen, S. 64–65; Labroisse, S. 95). Zu erinnern ist daran, daß Lessing in der Mitleidstragödie immerhin die Bewunderung nicht ganz entbehren will – als den notwendigen »Ruhepunkt« des Mitleids, der diesem letztlich wieder zugute kommt (an Nicolai, [13.] Nov. 1756; an Mendelssohn, 28. Nov. u.18. Dez. 1756). Daß Residuen des »Erhabenen« einen integrierten Stellenwert in der ästhetisch-emotionalen Gesamtökonomie der »Miß Sara Sampson« haben, wird von daher durchaus plausibel (Schulz, S. 192–197). Andrerseits macht aber auch in der neueren, eher unreligiösen Visierung Lessings gerade der Rückverweis auf die barocke Märtyrertragödie deutlich, wie weit Lessing sich davon entfernt hat mit seiner Verortung des Tragischen in einer radikal schicksallosen Immanenz, deren Horizont abgesteckt ist mit dem menschlichen Charakter, seiner »hamartia« und deren Folgen (Alt).

Brüggemann dachte in seiner Erörterung des entwicklungsgeschichtlich fortgeschritteneren, unbürgerlichen Mellefont schon zögernd und fragend daran, daß Lessing in »Miß Sara Sampson« vielleicht doch schon, ambivalent genug, »eine kritische Stellung zu der ganzen bürgerlichen Welt- und Lebensanschauung« (also auch Saras) einnehme (S. 77–78). In der neueren kritischen Bewertung von Saras Tugend (zumindest bis zur Konfrontation mit Marwood) ist dagegen, sofern diese Tugend als Reflex derjenigen der Gesellschaft verstanden wird, eine weniger verklausulierte Annahme einer »indirekt[en] Kritik an den Regeln der gesellschaftlich kanonisierten Sittlichkeit« beschlossen (Durzak, S. 68; vgl. H. M. Wolff u. D. Sommer und dazu Guthke, S. 45). Doch dürfte dieses Moment sehr am Rande liegen, und seine Voraussetzung: die kritische Einschätzung von Saras Tugend, die übri-

gens nicht unwidersprochen geblieben ist (van Ingen, Labroisse), hat
die Schwierigkeit, daß die nach Lessings Auffassung unabdingbare
aristotelische »hamartia« in erster Linie eine ästhetisch-dramaturgi-
sche Notwendigkeit ist, die folglich auch nicht simplistisch als gesell-
schaftskritisch relevant ausgemünzt werden kann (vgl. Mendelssohn
in den »Briefen über die Empfindungen« und Lessing im 63. Literaturbrief über die von der des wirklichen Lebens verschiedene »Sittlichkeit der Schaubühne«). Schließlich bleibt zu betonen, daß die
Uneinigkeit über Saras Tugend sich z.T. daraus ergeben dürfte, daß
das Augenmerk auf verschiedene Stadien ihrer Entwicklung gerichtet
wird – daß Sara im 5. Akt dem (bürgerlichen) Tugendideal der Zeit
entspricht, steht hier wie da nicht ernstlich in Frage.

Das Modell des empfindsamen bgl. Tr., das Lessing den Zeitgenossen – nicht unbedingt durch direkten, motivisch einwandfrei greifba-
ren Einfluß – vermittelte, bot reichlich Gelegenheit zur Entfaltung der
Charakteristika, die der empfindsamen Gattung das Gepräge geben:
vor allem die Möglichkeit zum Weinen, das oft Ausdruck der »joy of
grief« des »Schwärmers«, immer aber Zeichen eines (auch von sich
selbst) gerührten, mitleidigen und darum »menschlichen« Herzens ist.
Ferner bot es die Möglichkeit zum wortreich kasuistischen, selbstana-
lytischen Zerreden von unendlich verfeinerten moralischen Gefühlen,
zarten und zartesten Gewissensregungen und -konflikten. Emotionale Situationen, besonders traurige, oft auch nur vorgestellte, werden regelmäßig breit ausgemalt; manche Stücke, wie Steffens' »Clarissa« und Willers »Werther«, stellen von Anfang bis Ende eigentlich
nur eine einzige solche gefühlvolle Leidenssituation dar. Beklagt wird
gelegentlich sogar die Empfindlichkeit der Seele. Diesem Zug zum
gefühlsaussprechenden Verweilen korrespondiert der wesentlich passive Habitus der Hauptperson, die häufig eine Frau oder ein Mädchen
ist (vgl. die Dramentitel!). Diese leidende statt handelnde Hauptgestalt ist für die Gattung des empfindsamen bgl. Tr. wenn nicht konstitutiv, so doch prominent; im Grunde betätigt sie sich nur immer
wieder in den Akten oder auch Wortgebärden der Großmut.

Das Lessingsche Modell bewährte sich offenbar so sehr, daß man
im Laufe der nächsten Jahrzehnte nur wenige und keine radikalen
Abwandlungen nötig fand. Diese waren durch die Grundkonstella-
tion begrenzt. Der Akzent konnte vom Leiden oder von der Reue
der liebenden Frau mehr auf die Vaterfigur verlagert werden; oder
der Verführer rückte in stärkeres Licht. Variabel war auch das Maß
der Schuld (»Fehler«) sowie das Gewicht der äußeren und besonders
der inneren, seelischen mildernden Umstände, die man der leidenden Hauptgestalt oder auch dem »lasterhaften« Verführer zubilligte.
Manchmal werden dabei Unzulänglichkeiten des Verhaltens mit dem

zeittypischen pädagogischen Interesse auf unrichtige Erziehungsme-
thoden (Dyk, »Nebentheater«, Bd V, S. 40–41; vgl. S. 75 zu »Das
Mutter-Söhnchen«) oder nach dem Vorbild von Richardsons »Clarissa« auf das uneinsichtige Verfügen der älteren Generation über die
jüngere (Heiratszwang) geschoben.

Tugend und Laster bleiben nichtsdestoweniger die Orientierungs-
punkte der inneren Handlung. Die tragische Substanz öffnet sich, sei
es mehr durch Mitleiderregung oder, eher ausnahmsweise, wenn überhaupt, durch schockierende Abschreckung wie bei Pfeil, der Moralisierung und droht sich zu verflüchtigen, obwohl übrigens nur wenige
»bgl. Tr.« »glücklich« enden (»Der Bankerot«, »Die Stimme des Volkes«). Oft zieht ein lehrhaftes Schlußwort die manchmal schon in
der Vorrede, im Motto oder im Nebentitel angedeutete moralische
Bilanz. Wesentlich für das Verständnis der Empfindsamkeit ist ja,
daß sie das Empfinden an die Tugend bindet und es überhaupt in
die von der Vernunft gesetzten Schranken weist (s.o. S. 44). Empfindsam sind deshalb »jene Regungen der Tugend, der Zärtlichkeit,
welche das Herz empfindet, und die Vernunft billiget« (»Braitwell«,
S. 35). Gewarnt wird entsprechend vor der Ausartung empfindsamer
Liebe zu maßloser subjektivistischer Leidenschaftlichkeit, die zum
Laster führt, wobei (seltener) auch die Morallehren des Christentums
bemüht werden wie in Willers »Werther«. Die katastrophalen Folgen
solcher Verwandlung von Zärtlichkeit in Wollust demonstriert zuerst
Pfeils »Lucie Woodvil« (die man kaum mit Brüggemann als positive
Darstellung der Unbedingtheit der subjektivistischen Haltung und
als Kritik am bürgerlichen Tugendideal deuten kann; Brüggemann,
Einleitung zu »Deutsche Literatur in Entwicklungsreihen«, Reihe Aufklärung«, Bd VIII, S. 14; anders Heitner, S. 188–193). In den »bgl.
Tr.« von Sturz, Weiße (»Romeo und Julie«) und Dyk, ferner in »Emilie Fermont« und »Elise Hellfeld« kehrt diese Wendung des bgl. Tr.
zum Leidenschaftsdrama wieder. Die empfindsamen Gestalten treten dadurch mehr in den Hintergrund; der Sturm und Drang kündet
sich an, oder er hinterläßt seine Spuren, erscheint aber keineswegs im
Licht der rückhaltlosen Bewunderung. Der Glaube der philanthro-
pischen Zeit an die grundsätzliche Güte des Menschen oder zumindest an seine moralische Besserungsfähigkeit dringt in allen diesen
Stücken unverkennbar durch, und zwar – bedeutsam für das Phänomen Empfindsamkeit – nicht notwendigerweise im tatsächlichen
Handeln der Gestalten, sondern vor allem in ihrem emotional-rhe-
torischen Verhalten zu ihrem guten oder bösen Tun wie besonders
in den Sterbeszenen. (Das rechtfertigt jedoch nicht die für das bgl.
Tr. schlechthin, bis zu »Emilia Galotti« und darüber hinaus geltend
gemachte Verallgemeinerung, der bürgerliche Held sei im Gegensatz

zum »heroischen« wesentlich durch seine Entschluß- und Tatenlosigkeit gekennzeichnet [Willenberg]. Im übrigen hat man ja im bgl. Tr. des 18. Jhs, vor allem bei Lessing, selbst noch ein Nachwirken des heroischen Dramas erkannt [R. Zeller, S. 187–191]). – Das übliche sprachliche Medium ist die Prosa; Ausnahmen sind »Der Renegat« und Steffens' Moore-Übersetzung »Beverley, oder Der Spieler« (1765). – Absichtliche Komik dringt nur selten ein: bei Sturz, der dies in der Vorrede ausdrücklich verteidigt als Mittel, die tragische Stimmung zu steigern, und in Zieglers »Eulalia Meinau«.

Aus solchen grundsätzlichen Gemeinsamkeiten unter den als bgl. Tr. bezeichneten Stücken erklärt sich auch die häufig zu beobachtende Ähnlichkeit von Figuren, Situationen, Motiven, Themen und selbst von Äußerlichkeiten wie Namen (oft englisch, manchmal sprechend), Handlungsort (häufig England, sehr selten exotisch) und Handlungszeit (vielfach kurz vor der von den Eltern angesetzten Hochzeit). (Vgl. Sauer, S. 91–119; Pinatel, S. 43–49; Vospernik, S. 133–145; allerdings alle drei auf zu schmaler Textgrundlage und unter betonter Heranziehung von Stücken, die nicht als »bgl. Tr.« deklariert sind.) Mit der Zeit wiederholen sich diese Momente immer mehr, da die späteren Dramatiker von immer mehr früheren lernen, manchmal allzu schülerhaft wie z. B. der Verfasser der »Emilie Fermont« von Pfeil. Valdastris Behauptung, das bgl. Tr. biete im Gegensatz zum heroischen eine größere, ja unbegrenzte Motiv- und Themenfülle ([s. o. S. 59], S. 73–74, 80–84), wird also durch die Praxis nicht unbedingt bestätigt.

Die Zeit ist ausnahmslos die Gegenwart, das mittlere und spätere 18. Jh. Das Personal hat Pfeil schon 1755 (s. o. S. 13f.) ganz zutreffend definiert: »Es giebt einen gewissen Mittelstand zwischen dem Pöbel und den Großen. Der Kaufmann, der Gelehrte, der Adel, kurz Jedweder, der Gelegenheit gehabt hat, sein Herz zu verbessern, oder seinen Verstand aufzuklären, gehöret zu denselben. Aus dieser Klasse müssen wir die Charaktere der handelnden Personen hernehmen« (§ 12). Die zentrale Welt ist immer der Familienkreis; er ist bürgerlichen Zuschnitts im Gegensatz zum »ganzen Haus« oder der höfischen Ménage. Das hat die reichhaltige Forschung seit den sechziger Jahren und besonders in den achtziger und neunziger immer wieder bestätigt (Langendorf, Jacobs, Sørensen, Saße, Vogg, Hassel, Horstenkamp-Strake). Diese Familie ist dem Selbstverständnis nach der Ort der Tugend; das Hinausstreben in die große, die galante Welt gilt als Verfehlung (»Das Gewissen«, »Elise Hellfeld«). Das heißt jedoch keineswegs, daß die familiäre Gefühlsgemeinschaft konsequent zum mitmenschlichen Idyll stilisiert würde. Im Gegenteil: ihre Brüchigkeit, ihre Spannungen sind thematisch prominent. Ehebruch, Scheinehe, ménage à trois, Inzest, Verführung, Mord, Selbstmord, Unlauterkeit im Beruf gehören ebenfalls zu dieser Welt und destabilisieren sie. Ein besonders krasser Fall ist Christiane Karoline Schlegels »Düval und Charmille«, auch Pfeils »Lucie Woodvil«. Doch schon das vergleichsweise harmlose Verhältnis zum Geld (Verschwendung, Spielsucht, Habgier, Geiz) kann ein Störfaktor werden, andrerseits aber auch als Katalysator der Großmut und Wohltätigkeit das Familienethos bekräftigen. Geld fungiert derart als »Prüfstein und Gradmesser der Tugend« (Fiederer, 2002, S. 138; vgl. Eder u. schon Altenhein), wobei sich Kritik sowohl gegen bürgerliche wie gegen adelige dramatis personae richten kann (Fiederer, 1999). Am stärksten aber werden die engsten Familienbande strapaziert durch das zu Identitätskrisen führende Gegeneinander von patriarchalischer Ordnung und individuellem emanzipatorischem Streben nach Selbstverwirklichung und Selbstbestimmung, vor allem in der Liebesheirat (Komfort-Hein, Saße, Schönenborn u. a.). Das tugendhafte, aber schwache junge Mädchen, das oft im Mittelpunkt steht, gerät, zusammen mit ihrem Liebhaber, in Konflikt zu den Eltern, sobald diese der Gattenwahl der jüngeren Generation ihre Zustimmung versagen oder gar auf der baldigen Eheschließung mit einem anderen Partner bestehen. Der Vater spielt dabei die Hauptrolle.

So wird das Vater-Tochter-Verhältnis weitgehend konstitutiv für die bgl. Tr. der fünfziger und sechziger Jahre und darüber hinaus. Die Forschung hat sich ihm besonders seit den neunziger Jahren ungewöhnlich intensiv zugewandt (D. Mayer, Walsøe-Engel, Mathäs, Horstenkamp-Strake, Saße 1996, Schönenborn), wobei sie zwar die herausragenden, allgemein bekannten Exemplare der Gattung bevorzugt hat, doch nicht ohne Ausnahmen (Schönenborn u.a.). Ob der Vater nun aber als autoritär patriarchalisch konzipiert ist oder als empfindsam-zärtlich: zu Konflikten mit dem Selbstbestimmungsdrang der jungen Generation führen seine Herrschaftsstellung und starke Persönlichkeit so oder so, sei es, daß er einen Liebesbund zu verhindern sucht, sei es, daß die Bindung der Tochter an den Vater und seine Normen sich schließlich doch als stärker erweist als ihr Autonomieverlangen, wie schon in »Miß Sara Sampson« (Jacobsen) und noch in »Kabale und Liebe«. »Daß Zärtlichkeit noch barbarischer zwingt, als Tyrannenwut!« ist nachgerade ein beliebtes Zitat geworden (aus »Kabale und Liebe«). Der »persönliche Autonomieanspruch [...] endet zumeist tödlich für die weibliche Hauptfigur« (Schönenborn, S. 10). Und zwar handelt es sich genauer um den geistes- und problemhistorisch epochemachenden Anspruch der jungen Generation, daß ihre sowohl empfindsame wie leidenschaftlich-sexuelle Liebe legitime Grundlage der Ehe sei (Greis, Saße, Schramm).

Materielle Erwägungen spielen gelegentlich in den Konflikt hinein, nicht unbedingt aber ständische. Der Mittelstand schließt ja durchaus den Adel, außer dem höchsten, ein, und die empfindsame bürgerliche Moralgesinnung wird dementsprechend prinzipiell nicht als eng an eine soziale Schicht gebunden gesehen, so wenig auch adeliges Laster unerhört ist. Vielmehr geraten Ordnung und individuelle Selbstbestimmung, Pflicht und Liebe, Gewissen und Herz auch und besonders innerhalb der Familie selbst in Widerspruch zueinander. Die Gestalt des zärtlichen Vaters hat manche neuere Beurteiler sogar an das Tabu des Inzests mit der Tochter denken lassen (McInnes; vgl. Hart, S. 79; Möhrmann, S. 84), während andererseits jedenfalls *ein* Interpret sich vehement zum Anwalt der Normalität und Vernünftigkeit der Väter im bgl. Tr. gemacht hat, ob sie nun ihre – nicht selten auch von der Tochter anerkannte – Autorität mit Gewalt oder mit Zärtlichkeit ausüben (Wittkowski). Mütter hingegen treten kaum in Erscheinung, und wenn doch, dann als töricht und dumm, oder sie werden rasch eliminiert (Wallach). »Mütter sind überflüssig im Familienprogramm des Bürgertums«, ihre »Absenz« ist »gattungskonstitutiv für das bürgerliche Schauspiel«, »der dramatischen Installation des Vaters wird die Mutter geopfert« (Möhrmann, S. 80, 86, 88). Ob sie zwischen den Zeilen doch wieder auftaucht, nämlich als Korrelat des väterlichen Anspruchs auf Dominanz, ist eine andere Frage, die mit Kristevascher Psychoanalyse bejaht worden ist (Gustafson). Daß die Mutterfigur in soziologischen Abhandlungen des 18. Jhs, nicht aber im bgl. Tr. eine Rolle spielt, erklärt Möhrmann, nicht ganz ausreichend wohl, mit der für das Theater relevanten »nachlassenden Attraktivität« der älteren Frau (S. 75, 90).

Einen Schritt weiter gehen Studien, die ein konstitutives Element des bgl. Tr. in der Marginalisierung oder gar Ausschaltung der als Bedrohung der patriarchalischen Ordnung gesehenen Frau schlechthin erkennen: die Männer, besonders die Väter, eignen sich ihrerseits die Stellung und Gefühlssubstanz der Frau an, so daß diese (wie an einer allerdings sehr kleinen und überdies »kanonischen«, d. h. noch heute überlebenden Auswahl von Dramen gezeigt wird) aus der Lebenswelt des Werks entfernt werden kann durch Ausstoßung oder frühen Tod: die Männer werden ihrer homosozialen Gemeinschaft überlassen (Hart, Komfort-Hein u.a.).

Eine besondere Nuance bekommt die Personenkonstellation manchmal durch das Motiv des Zwistes der Elternhäuser (»Romeo und Julie«, »Richmond Falben«, »Die Schwärmereyen des Hasses und der Liebe«) oder des Ehebruchs (»Düval und Charmille«, »Leichtsinn und Verführung«, »Elise Hellfeld«, »Eulalia Meinau«). Entführung oder Flucht mit dem Liebhaber, Verstoßung, Eifersucht, Verfolgung,

Zwang zur Rückkehr, Reue, Aufdeckung verheimlichter Identität, Mord, besonders Vergiftung, sind Motive, die sich hier dann leicht anschließen. Am Rande macht sich hin und wieder das empfindsame Freundschaftsmotiv geltend, dramaturgisch begünstigt durch die Unentbehrlichkeit des herkömmlichen »Vertrauten« (bes. »Eid und Pflicht«, »Der Freyherr von Bardenfels«, »Jenny«, »Eulalia Meinau«). Der Liebhaber ist in der Regel empfindsam und tugendhaft wie die Geliebte, doch nicht selten, nach dem Vorbild Mellefonts, charakterlich schwach und schwankend, auch reumütig; »wirklich ›böse‹« ist der Verführer nie (Vogg, S. 69). Die Gegenspieler – der Vater (in den »Lissabonnern« ausnahmsweise die Mutter), der Rivale oder die Rivalin, ein Intrigant oder falscher Freund sind gewöhnlich als gefühllos, egoistisch-gewissenlos oder tyrannisch-unmenschlich gezeichnet. Sie triumphieren kaum je mit dieser Haltung oder doch nur äußerlich-pragmatisch. Kennzeichnender ist, daß ihnen die Chance zum Sündenbekenntnis oder zur Reue gegeben wird, sei es schon vor dem Einsetzen der Bühnenhandlung wie in »Miß Sara Sampson« oder, häufiger, erst in der Sterbestunde. Selbstmord des Widersachers als Zeichen der Sühne ist nicht selten, z.B. in »Emilie Blontville«, »Der Freyherr von Bardenfels« und »Euphemie«. Zum Selbstmord kann auch der Liebhaber (»Romeo und Julie«, »Die Schwärmereien des Hasses und der Liebe«) oder aber die Geliebte (»Mariane«, »Jenny«) getrieben werden.

Überhaupt sind breit ausgemalte Sterbeszenen außerordentlich beliebt. Häufig laufen die Stücke auf einen tableauartigen Schlußauftritt zu, in dem gerade im Tiefpunkt des Unglücks ein allseitiges zärtliches und beispielgebendes Verzeihen, Verstehen und Verzichten auf Rache und Rivalität die bürgerliche Kardinaltugend der »Großmut« bezeugt. In solchen intensiv emotionalen verklärenden Momenten, die auch schon früher im Stück erscheinen können, wird das Non-plus-ultra der »sich fühlenden Menschlichkeit« erreicht. Tugend bestätigt sich, Schwäche rafft sich zum emotionalen Kraftakt auf, das Laster erkennt und bekehrt sich, die gefühlvolle Familiengemeinschaft stellt sich vertieft und gereift, wenn auch dezimiert wieder her, manchmal nicht ohne an den Kitsch zu streifen (Meyer-Kalkus). Häufig macht sich in solchen Momenten die religiöse Perspektive geltend: man wird im Jenseits mit den Hingeschiedenen wiedervereinigt sein, und das schmerzliche Geschehen wird als Gottes Fügung gesehen, was jedoch als historisch-realistischer Zug nicht über bloße Floskelhaftigkeit hinausführt: der Akzent liegt hier nicht (s. auch o. S. 19). In »Der Renegat«, »Braitwell« und »Ludwig Capet« geht allerdings die Empfindsamkeit eine unzweideutige Verbindung mit den Glaubenslehren des Christentums ein, zu denen sich in den beiden erstgenannten Dramen überdies die Vertreter des Heidentums bekehren. (Bernd Wittes Ausführungen zu den Sterbeszenen wären im Sinne dieser Hinweise wesentlich zu erweitern. Daß Lessing im Zusammenhang der Vermeidung einer ästhetischen Pädagogik des Schreckens den »schönen Tod« favorisiert [Nielaba], läßt sich durchaus mit den an den Sterbeszenen beobachteten Motiven vereinbaren.)

Das Drama Shakespeares, dessen Entdeckung für die deutsche Kritik und das deutsche Theater in die Blütezeit des bgl. Tr. fällt, wird in den deutschsprachigen Ländern, wie seit langem bekannt und 1980 noch eigens herausgestellt (Inbar), weitgehend (nicht ausschließlich) als Analogon zum bgl. Tr. aufgefaßt, implizit oder explizit: als häuslich-familiär und privat-allgemeinmenschlich statt öffentlich-heroisch. Stücke wie »Othello«, »Hamlet« und »Romeo and Juliet« kommen solcher Sicht besonders entgegen. Friedrich Ludwig Schröder bearbeitet Shakespeare in Richtung auf bgl. Tr.; Weißes »Romeo and Juliet«-Bearbeitung ist als »bgl. Tr.« ausgewiesen, und »Kabale und Liebe« ist nicht ohne Anregung durch Shakespeares Tragödie der »star-crossed lovers« entstanden. Das Heroische und Ungeheuerliche Shakespeares wird entsprechend abgelehnt (vgl. R. Zeller). Kein Zufall auch, daß die führenden Autoren der Gattung, Lessing und Schiller, als »deutscher Shakespeare« apostrophiert wurden.

Wenn sich, wie es gelegentlich geschieht (s. o. S. 69), die normalerweise wohltemperierte emotionale Atmosphäre des empfindsamen bgl. Tr. erhitzt, kommt es zu (man könnte sagen: Shakespeareschen) Leidenschaftshandlungen und Blutrünstigkeiten: Greuel in Wort und Tat, Mord und Raserei auf offener Bühne, selbst Vatermord und Geschwisterliebe, beides unwissentlich (»Lucie Woodvil«, »Der Renegat«, »Emilie Fermont«, »Don Vincenzo«). Trotz dieser Modifikation des im strengsten Sinne empfindsamen bgl. Tr. wird aber der wesentlich private Charakter des deutschen bgl. Tr. auch hier gewahrt. Hettners Beschreibung des deutschen bgl. Tr. als »dialogisierte Kriminalgeschichten in der Weise George Lillos«, worin »der tragische Konflikt lediglich ein Zusammenstoß mit der Polizei« sei, trifft keineswegs zu (»Geschichte der deutschen Literatur im achtzehnten Jahrhundert«, 1961, Bd I, S. 700).

Eine thematische Sonderstellung innerhalb des empfindsamen bgl. Tr. nimmt Engels »Eid und Pflicht« ein, sofern es sich hier um die Bedrohung der empfindsamen Familiengemeinschaft nicht durch Liebesverhältnisse, sondern durch Krieg und Politik handelt (Loyalitätsprobleme im Siebenjährigen Krieg). Auch Breithaupts »Renegat« kommt ohne Liebeshandlung aus (Thema des verlorenen Sohns, gesteigert durch Religionskonflikt), und Iffland stellt in seinem empfindsamen »bgl. Tr.« »Das Gewissen« die Gefährdung der Familie durch die Auswirkungen eines in der Vergangenheit liegenden Vergehens (Testamentsunterschlagung) in den Vordergrund.

Buri führt in seinen beiden empfindsamen bgl. Tr. eine ausgesprochene politische Thematik ein, von der bei Engel noch nicht die Rede sein kann (Französische Revolution), und schafft so, da diese nicht nur den Hintergrund abgibt, die Unterart des »politischen« bgl. Tr. der Empfindsamkeit: private menschliche Beziehungen bewähren und läutern sich in der Verwicklung in politische Ereignisse, die dem Wort »Bürger« hier auch den Sinn von »citoyen«, Volksfreund und Adelsfeind geben.

Dusch ist der einzige, der (in seinem Kaufmannsstück »Der Bankerot«) nicht nur ein ausgeprägtes berufliches Milieu, sondern auch die Sprache und das Ethos dieses Berufs – aber keine Kritik an den ständischen Verhältnissen – einführt; Lillos Drama und Diderots Befürwortung der »conditions« dürften hier eine Rolle gespielt haben. Das Empfindsame wird dabei mehr an den Rand gedrängt. In die nächste Nähe des Sturm und Drang, besonders Wagners, gerät hingegen durch ihre sprachlichen und handlungsmäßigen Kraßheiten die anonyme Eifersuchtstragödie »Richmond Falben«, die aber im übrigen einen durchaus empfindsamen thematischen Kern hat. Sehr reduziert sind die empfindsamen Züge in dem Kolportagestück von H. J. Wüst, »Der gleichgültige Offizier«, dessen Motivkette über Verführung, Untreue und Mord zur Hinrichtung des reuelosen Theaterbösewichts führt; es weist allerlei sturm- und drangmäßige Kruditäten auf, aber der Standesgegensatz, der für das bgl. Tr. der Stürmer und Dränger kennzeichnend ist, fehlt. Fast ganz aus dem Rahmen des empfindsamen bgl. Tr. fällt »Das Mutter-Söhnchen«, eins der ersten als bgl. Tr. bezeichneten Dramen überhaupt (1756). Empfindsames ist nur in einer minimalen Nebenhandlung vorhanden; im übrigen haben wir es mit einem pädagogischen Lehrstück zu tun, das, in der Typengestaltung (sprechende Namen!) die Grenze zur Komödie gelegentlich überschreitend, die katastrophalen Folgen allzu nachgiebiger Erziehung demonstrieren möchte.

Als bgl. Tr. bezeichnete deutsche Dramen des 18. Jahrhunderts

Vorbemerkung: Die Angaben in Heinsius' und Kaysers Bücher-Lexiken sind häufig unzuverlässig. Brauchbarer ist die Bibliographie Schmids, die allerdings auch Dramen verzeichnet, die sich nicht als bgl. Tr. ausweisen (s. o. S. 16). Pinatel verfährt in seinem »Répertoire« (s. u. S. 79) mit der Angabe »bgl. Tr.« oft eigenmächtig; auch seine sonstigen bibliographischen Angaben sind häufig fehlerhaft. Er nennt ferner ein »bgl. Tr.«, das trotz ausgedehnter Nachforschungen weder in der angegebenen noch in einer anderen Ausgabe nachweisbar war: (Johann Christian?) Bock: »Marwood oder Die gerächte Sara« (1770). Pikuliks (1966, s. o. S. 48) Bibliographie des deutschen bgl. Tr. des 18. Jhs ist sehr unvollständig. Zwei Titel, »Die Freundschaft« und »Bewerley«, übernehme ich ohne Autopsie aus Reinhart Meyer: »Das deutsche Trauerspiel des 18. Jhs. Eine Bibliographie«, 1977, die Stücke von Jann und G. P. Vogel aus Meyers »Bibliographia dramatica et dramaticorum«, 1. Abt., Bd I, u. 2. Abt., Bd XX, ebenfalls ohne Autopsie. Zu dem Untertitel »bgl. Tr.« in Übersetzungen s. o. S. 30–40. Die (in Abschnitt II.4 genannten) Übersetzungen werden in der folgenden Liste nicht wiederholt.

Einen Sonderfall stellen zwei im Untertitel als »bgl. Tr.« ausgewiesene jesuitische Schuldramen dar, die nur in Periochen überliefert zu sein scheinen, aus denen ihr prononciert didaktischer Charakter hervorgeht: »Der Grubegräber [...] aufgeführt [...] in Regensburg [...] 1782«, Stadtamhof: Johann Martin Riepel, o.J., und »Die vernachläßigte Kinderzucht [...] aufgeführt [...] in Regensburg [...] 1784«, Stadtamhof: Johann Martin Riepel, o.J. (vgl. oben S. 75 zu »Das Mutter-Söhnchen«).*

Die Verfassernamen anonym veröffentlichter Dramen stehen in der folgenden Liste in eckigen Klammern. Die bibliographischen Angaben sind nur die jeweils dem Titelblatt zu entnehmenden. Die Daten sind die der Veröffentlichung des Erstdrucks. Manchmal ist nach Ausweis der üblichen Nachschlagewerke im gleichen Jahr mehr als eine Ausgabe (in verschiedenen Verlagen) erschienen; genannt werden jedoch nur solche, die dem Verfasser vorgelegen haben bzw. verläßlich verbürgt sind. Sofern nicht anders vermerkt, erscheint die Bezeichnung »bgl. Tr.« als Untertitel. Die nur tangential, aber im wesentlichen nicht empfindsamen Stücke sind mit einem vorangestellten Sternchen (*) versehen (s.o. zu mangelnder Autopsie). Zu »Emilia Galotti« als »bürgerlicher Virginia« s. u. S. 94, zu Lessings Fragment eines bgl. Tr. »Tonsine« s. o. S. 64. 1776 erschien ein »Trauerspiel« »Der Bürger« in Frankfurt und Leipzig (anon., ohne Verlagsangabe).

---

* Reinhart Meyers »Bibliographia dramatica et dramaticorum«, 2. Abt., Bd XXIII, S. 228–229 nennt ein undatiertes, anonymes Ms.: »Laura, die unschuldige Vatermörderin. Ein bürgerliches Trauerspiel«, aufgef. 1769 in Braunschweig.

1755 G. E. Lessing: Miß Sara Sampson. In: Lessing: Schrifften. Bd VI, S. 1–216. Berlin: C. F. Voss.
Vgl. Neues Bürgerliches Trauerspiel von fünf Handlungen, aus dem Englischen gezogen, betitelt: Missara, und Sirsampson. Mit Hannswurst des Mellefonts getreuen Bedienten. Dargegeben von Christiana Friderica Huberin, geborenen Lorenzin. o. O. (Wien), o. J. (1763 aufgef.; Vf. Joseph Carl Huber lt. Holzmann-Bohatta, Bd VII, S. 431–432; vgl. E. Schmidt: »Lessing«, Bd I, 1884, S. 264).

1756 *Das Mutter-Söhnchen. Liegnitz: Siegert.
*[Johann Gottlob Benjamin Pfeil:] Lucie Woodvil. In: Neue Erweiterungen der Erkenntnis und des Vergnügens. Bd VII, 42. Stück, S. 449–571.

1758 [Christian Gottlieb Lieberkühn:] Die Lissabonner (zus. mit der Komödie Die Insel der Pucklichten). Breslau: Carl Gottfried Meyer.

1759 [Karl Theodor Breithaupt:] Der Renegat. Helmstedt: Christian Friedrich Weygand. – Etwa zwei Seiten der ursprünglichen Fassung (1757) in: »Anhang zu dem ersten und zweyten Bande der Bibliothek der schönen Wissenschaften u. der freyen Künste«. 1758, S. XXII-XXIV. (Ein Druck von 1764 [Wien: Krauß] ist wahrscheinlich die von Christian Gottlob Stephanie d. Ä. bearbeitete Fassung; s. Reinhart Meyer: »Bibliographia dramatica«, 2. Abt., Bd XXI, S. 199.)

1762 [Gustav Philipp Vogel:] Selim. In: Altdorfische Bibliothek der gesammten schönen Wissenschaften. Bd I, 4. Stück, S. 295–353.

1763 Johann Jacob Dusch: Der Bankerot. Hamburg: Dieterich Anton Harmsen.

1765 J. H. Steffens: Clarissa, nach Anleitung der bekannten Geschichte. Zelle: George Conrad Gsellius.

1767 [Helfrich Peter Sturz:] Julie. Kopenhagen u. Leipzig: Proft. Untertitel: »Ein Trauerspiel«, doch in dem vorgedruckten »Brief über das deutsche Theater …« als »bürgerliches Trauerspiel« bezeichnet.

1768 [Christian Felix Weiße:] Romeo und Julie. In: [Weiße:] Beytrag zum deutschen Theater. Bd V. Leipzig: Dyck, S. 1–152. Auch in: Theater der Deutschen. Bd VII. Berlin u. Leipzig: Kanter. 1768, S. 1–108.

1769 [Ernst Friedrich Hector Fal(c)ke:] Braitwell. Frankfurt u. Leipzig: Johann Philipp Krieger.

1770 Johann Gottfried Christian Nonne: Don Pedro und Anton. In: Nonne: Vermischte Gedichte. Jena u. Leipzig: Melchior, S. 139–259. (Offenbar nicht separat erschienen.)

1771 *B. G. Schlenker: Irene. In: Schlenker: Komödien für deutsche Schauspieler. Breslau: Korn, 1771 (= Deutsche Schaubühne. Bd CXLVIII, S. 211–332; vgl. Meyer, »Bibliographia dramatica«, 2. Abt., Bd XXIV, S. 393, u. 1. Abt., Bd II, S. 908; nicht 1775 wie bei Mönch u. Schönenborn).

1772 [Ernst Theodor Johann Brückner:] Emilie Blontville. In: [Brückner:] Etwas für die deutsche Schaubühne. Brandenburg: Halle, S. 1–202.

1773 H. C. H. von Trautzschen: Der Freyherr von Bardenfels. In: Trautzschen: Deutsches Theater. Bd II. Leipzig: Friedrich Gotthold Jacobäer, S. 205–246.

1775 *Der Büchsenmacher. o.O.
Emilie Fermont. Oder: Die traurigen Würkungen der Liebe ohne
Tugend. Leipzig: Christian Gottlob Hilscher.
[Friedrich Theophilus Thilo:] Euphemie. Leipzig.
Die Freundschaft. Straubing: Betzinger.
[Friedrich Wilhelm Gotter:] Mariane. Gotha: Carl Wilhelm Ettin-
ger. Nach La Harpes »Mélanie« (1770).
O.L.V.H.: Bewerley. Ein bgl. Tr. […] nach dem Frz. des Herrn
[Bernard Joseph] Saurin. Frankfurt a.m.: Andreae. (Übers.?)

1778 *[Christiane Karoline Schlegel, geb. Lucius:] Düval und Charmille.
Leipzig: Weidmanns Erben u. Reich.
Jenny. Frankfurt u. Leipzig.
[Willer:] Werther. Frankfurt u. Leipzig.

1780 Don Vincenzo. Frankfurt u. Leipzig: Tobias Göbhardt.
Richmond Falben. Frankfurt u. Leipzig: Tobias Göbhardt.
Christian Felix Weiße: Die Flucht. In: Weiße: Trauerspiele. Bd V.
Leipzig: Dyk, S. 1–120. (1772 aufgeführt.)

1781 Lidie von Wendlant. Wien: Joseph Gerold.
August Wilhelm Iffland: Albert von Thurneisen. Mannheim: Schwan.

1784 Johann Gottfried Dyk: Leichtsinn und Verführung, oder Die Folgen
der Spielsucht. Mit »Dialog statt der Vorrede«. Leipzig: Dyk. Bearbeitet als »Ferdinand Pernau, ein Trauerspiel« in: J. G. Dyk: Nebentheater. Bd V. Leipzig: Dyk 1787, mit dem stark überarbeiteten »Dialog statt der Vorrede«, der das Stück als bgl. Tr. ausgibt.
Friedrich Schiller: Kabale und Liebe. Mannheim: Schwan.

1785 [Hartmann:] Elise Hellfeld. o.O.
In der »Hartmann« signierten Vorrede zu »Rosenwald, oder die Folgen
verkannter Liebe«, Konstanz: Martin Wagner, 1786, heißt es: »Mein
erster Versuch war Elise Hellfeld, ein bürgerliches Trauerspiel.«
(Gottlob) Ludwig Hempel: Karl und Louise, oder: Nur einen Monat
zu spät. Leipzig: Friedrich Gotthold Jacobäer.*
(Gottlob) Ludwig Hempel: Die Schwärmereyen des Hasses und der
Liebe. Leipzig: Friedrich Gotthold Jacobäer. – Anon. auch 1785.
München: Johann Bapt. Strobl.

1787 [H. J.] Wüst: Der gleichgültige Offizier, oder was vermag Schwärmerei nicht? Köln: Johann Godschal[c]k Langen.

1789 *[Karl G. Lessing:] Der Schlaftrunk oder Mütter! Hütet eure Töchter
besser. o.O. (Bearbeitung von H. L. Wagners »Kindermörderin«).

1790 Fr. Rosenberg: Ehrgeiz und Vorurtheil. Köln: Langensche Buchhand-
lung.

---

* Dem Karlsruher Virtuellen Katalog zufolge gibt es auch eine Ausgabe Schwa-
bach: Mizler, 1786, unter dem Verfassernamen Heinrich Reini(c)ke.

1791 L. Y. von Buri: Die Stimme des Volkes; oder Die Zerstörung der Bastille. Neuwied: J. L. Gehra.

F. Wilhelm Ziegler: Eulalia Meinau oder die Folgen der Wiedervereinigung. In: Ziegler: Schauspiele. Bd I. Wien: Kaiserer, S. 1–114, u. Deutsche Schaubühne. Bd VI. Augsburg, S. 127–222. – Im selben Jahr auch separat erschienen (Wien: Kaiserer).

1793 L. Y. von Buri: Ludwig Capet, oder Der Königsmord. Neuwied: J. L. Gehra (mit Vorrede, datiert »im März 1793«). Auch in: Theatralische Sammlung. Bd XLII. Wien: Jahn, 1793, S. 127–227.

1799 August Wilhelm Iffland: Das Gewissen. Leipzig: Göschen.

1803 J. J. Engel: Eid und Pflicht. Berlin: Mylius. (»Entworfen unmittelbar nach dem Siebenjährigen Kriege« [S. 1], 1776 abgeschlossen.)

Franz Xaver Jann: Strafe der ungerechten Rachbegierde, in: Jann: Etwas wider die Mode. Schauspiele ohne ärgerlichen [sic] Caressen und Heurathen, für die studierende Jugend. Bd VI, Augsburg: Platzers Witwe. 1803, S. 207–311.

Literatur

Vgl. o. S. 17f. u. 20.

August Sauer: Joachim Wilhelm von Brawe. Der Schüler Lessings. Straßburg 1878, Kap. IV: »Die litterarischen Wirkungen der ›Miß Sara Sampson‹«.

Albert Ludwig: Bürgerliches Trauerspiel und heroische Tragödie, in: Das deutsche Drama, hrsg. v. Robert F. Arnold. 1925. Reprint 1972, S. 319–338.

J. Prinsen: Het drama in de 18e eeuw in West-Europa. Zutphen 1931, Kap. V. u. VI.

Fritz Brüggemann: Deutsche Literatur in Entwicklungsreihen, Reihe Aufklärung. Bd VIII: Die Anfänge des bürgerlichen Trauerspiels in den fünfziger Jahren, hrsg. v. Fritz Brüggemann. 1934. Reprint 1964, Einführung.

Joseph Pinatel: Répertoire des drames bourgeois en Allemagne au XVIIIe siècle. Lyon 1938.

Richard Vospernik (s. o. S. 39).

Robert R. Heitner: German Tragedy in the Age of Enlightenment. A Study in the Development of Original Tragedies, 1724–1768. Berkeley u. Los Angeles 1963, Kap. VI: »The first Middle-Class Tragedies«.

Lothar Pikulik: »Bürgerliches Trauerspiel« und Empfindsamkeit. 1966. ²1981 (unveränd.).

Irmgard Ackermann: Vergebung und Gnade im klassischen deutschen Drama. 1968, Kap. I.

Peter Weber: Das Menschenbild des bürgerlichen Trauerspiels. Entstehung und Funktion von Lessings »Miß Sara Sampson«. 1970. ²1976.

Knud Willenberg: Tat und Reflexion. Zur Konstitution des bürgerlichen Helden im deutschen Trauerspiel des 18. Jhs. 1975.

Brigitte Kahl-Pantis: Bauformen des bürgerlichen Trauerspiels. Ein Beitrag zur Geschichte des deutschen Dramas im 18. Jh. 1977.

Andreas Huyssen: Das leidende Weib in der dramatischen Literatur von Empfindsamkeit und Sturm und Drang. Eine Studie zur bürgerlichen Emanzipation in Deutschland, in: Monatshefte (Wisc.) LXIX, 1977, S. 159–173.

Dieter Mayer: Vater und Tochter. Anmerkungen zu einem Motiv im deutschen Drama der Vorklassik, in: Literatur für Leser, 1980, S. 135–147.

Horst Steinmetz: Mißglückter gesellschaftlicher Anspruch im bürgerlichen Trauerspiel, in: H.S.: Das deutsche Drama von Gottsched bis Lessing. 1987, S. 70–82.

Jutta Greis: Drama Liebe. Zur Entstehungsgeschichte der modernen Liebe im Drama des 18. Jhs. 1991.

Cornelia Mönch: Abschrecken oder Mitleiden. Das deutsche bürgerliche Trauerspiel im 18. Jh. Versuch einer Typologie. 1993.

Elena Vogg: Die bürgerliche Familie zwischen Tradition und Aufklärung. Perspektiven des »bürgerlichen Trauerspiels« von 1755 bis 1800, in: Bürgerlichkeit im Umbruch. Studien zum deutschsprachigen Drama 1750–1800, hrsg. v. Helmut Koopmann. 1993, S. 53–92.

Wolfgang Wittkowski: Väter und Töchter im bürgerlichen Drama oder: ist in »Miß Sara Sampson« wirklich nichts passiert?, in: JEGP XCII, 1993, S. 469–494.

Peter-André Alt: Tragödie der Aufklärung. 1994, Kap. VI.

Jürgen Eder: »Beati Possidentes«? Zur Rolle des Geldes bei der Konstitution bürgerlicher Tugend, in: Bürgerlichkeit im Umbruch (s. o.), S. 1–51.

Martha Kaarsberg Wallach: Emilia und ihre Schwestern. Das seltsame Verschwinden der Mutter und die geopferte Tochter, in: Mütter – Töchter – Frauen, hrsg. v. Helga Kraft u. Elke Liebs. 1993, S. 53–72.

Ingrid Walsøe-Engel: Fathers and Daughters. Patterns of Seduction in Tragedies by Gryphius, Lessing, Hebbel, and Kroetz. Columbia, SC. 1993.

Bernd Witte: Vom Martyrium zur Selbsttötung. Sterbeszenen im barocken und im bürgerlichen Trauerspiel, in: Daphnis XXIII, 1994, S. 409–430, bes. S. 427–430.

Ulrike Horstenkamp-Strake: »Daß die Zärtlichkeit noch barbarischer zwingt, als Tyrannenwut!«. Autorität und Familie im deutschen Drama. 1995.

Alexander Mathäs: Between Self-Assertion and Self-Denial. Gender and Ideology in Eighteenth-Century Domestic Tragedy, in: Lessing Yearbook XXVII, 1995, S. 39–61.

Susan E. Gustafson: Absent Mothers and Orphaned Fathers. Narcissism and Abjection in Lessing's Aesthetic and Dramatic Production. Detroit 1995.

Susanne Komfort-Hein: S. o. S. 30.

Günter Saße: Die Ordnung der Gefühle. Das Drama der Liebesheirat im 18. Jh. 1996.

Gail K. Hart (s.o. S. 39).

Peter-André Alt: Aufklärung. 1996, S. 207–224.

Renate Möhrmann: Die vergessenen Mütter. Zur Asymmetrie der Herzen im bürgerlichen Trauerspiel, in: Verklärt, verkitscht, vergessen. Die Mutter als ästhetische Figur, hrsg. v. R. Möhrmann. 1996, S. 71–91.

Edward McInnes: »Verlorene Töchter«. Reticence and Ambiguity in German Domestic Drama in the Late Eighteenth Century, in: Taboos in German Literature, hrsg. v. David Jackson. Providence, R.I./Oxford. 1996.

Gaby Pailer: Gattungskanon, Gegenkanon und »weiblicher« Subkanon. Zum bürgerlichen Trauerspiel des 18. Jhs, in: Kanon, Macht, Kultur, hrsg. v. Renate von Heydebrand. 1998, S. 365–382.

Kirsten Nicklaus: Die »poetische Moral« in Lessings bürgerlichen Trauerspielen und der zeitgenössischen Trivialdramatik, in: Zs. f. dt. Philol. CXVII, 1998, S. 481–496.

Reinhart Meyer-Kalkus: Die Rückkehr des grausamen Todes. Sterbeszenen im deutschen Drama des 18. Jhs, in: Zs. f. Religions- u. Geistesgeschichte L, 1998, S. 98–114.

Daniel Müller Nielaba: Schlafes Bruder, zu Wort gekommen. Wie Lessing enden läßt, in: DVjs LXXIII, 1999, S. 266–288.

Christiane Kanz u. Thomas Anz: Familie und Geschlechterrollen in der neueren deutschen Literaturgeschichte, in: Jb. f. Internationale Germanistik XXXII: 1, 2000, S. 19–44.

Margrit Fiederer: Bruder Liederlich. Der Typus des Verschwenders im bürgerlichen Drama des 18. Jhs, in: Germanistisches Jahrbuch, Ostrava/Erfurt. 1999, S. 25–37.

Peter J. Brenner: Gotthold Ephraim Lessing. 2000, Kap. VIII.

Margrit Fiederer: Geld und Besitz im bürgerlichen Trauerspiel 2002.

Ursula Hassel: Familie als Drama. Studien zu einer Thematik im bürgerlichen Trauerspiel, Wiener Volkstheater und kritischen Volksstück. 2002.

Martina Schönenborn: Tugend und Autonomie. Die literarische Modellierung der Tochterfigur im Trauerspiel des 18. Jhs. 2004.

S. auch die Literatur zu »Miß Sara Sampson« und zu »Emilia Galotti« sowie zu »Kabale und Liebe«.

Lessing: »Miß Sara Sampson«:
John Block: Lessing und das bürgerliche Trauerspiel, in: Zs. f. dt. Unterricht XVIII, 1904, S. 225–246, 321–330. – Fritz Brüggemann: Die Entwicklung der Psychologie im bürgerlichen Drama Lessings und seiner Zeit, in: Euphorion XXVI, 1925, S.376–388. – Fritz Brüggemann: Lessings Bürgerdramen und der Subjektivismus als Problem. Psychogenetische Untersuchung, in: Jb. d. Freien Dt. Hochstifts, 1926, S. 69–110; vgl. auch Brüggemanns o. S. 47 genannte Arbeit. – Paul P. Kies: The Sources and Basic Model of Lessing's »Miß Sara Sampson«, in: Modern Philology XXIV, 1926, S. 65–90. – Paul P. Kies: Lessing and English Domestic Tragedy, in: Research Studies of the State College of Washington II, 1930, S. 130–147. – Fred O. Nolte: Lessing and the Bourgeois Drama, in: JEGP XXXI, 1932, S. 66–83. – Hans M. Wolff: Mellefont: unsittlich oder unbürgerlich? in: MLN LXI, 1946, S. 372–377. – Heinrich Bornkamm: Die innere Handlung in Lessings »Miß Sara Sampson«, in: Euphorion LI, 1957, S. 385–396. – Dietrich Sommer: Die gesellschaftliche Problematik in Lessings bürgerlichem Trauerspiel »Miß Sara Sampson«, in: Wiss. Zs. d. Univ. Halle, gesellschafts- u sprachwissenschaftl. Reihe, X, 1961, S. 959–964. – Richard Daunicht: Die Entstehung des bürgerlichen Trauerspiels in Deutschland. 1963. ²1965, S. 276–299. – Gerhard Fricke: Bemerkungen zu Lessings »Freigeist« und »Miß Sara Sampson«, in: Festschrift Josef Quint, hrsg. v. Hugo Moser u. a. 1964, S. 83–120. – Karl S. Guthke: Der Stand der Lessing-Forschung. Ein Bericht über die Literatur von 1932–1962. 1965, S. 44–46. (Zuerst in: DVjs, 1964.) – Lothar Pikulik: »Bürgerliches Trauerspiel« und Empfindsamkeit. 1966. ²1981, S. 155–169: »Elemente der Alexandrinertragödie in ›Miß Sara Sampson‹«. – Edward Dvoretzky: Death

and Tragedy in Lessing's »Miß Sara Sampson«, »Philotas«, and »Emilia Galotti«, in: Rice University Studies LV, 1969, S. 9–32. – Manfred Durzak: Äußere und innere Handlung in »Miß Sara Sampson«. Zur ästhetischen Geschlossenheit von Lessings Trauerspiel, in: M. D.: Poesie und Ratio. Vier Lessing-Studien. 1970. (Zuerst in: DVjs, 1970.) – Gerd Hillen: Die Halsstarrigkeit der Tugend. Bemerkungen zu Lessings Trauerspielen, in: Lessing Yearbook II, 1970, bes. S. 119–123. – F. A. Brown: Sara Sampson. The Dilemma of Love, in: Lessing Yearbook II, 1970, S. 135–148. – Karl Eibl (Hrsg.): G. E. L.: »Miß Sara Sampson«, »Kommentar« u. »Darstellung«. 1971. – F. J. Lamport: Lessing and the »bürgerliches Trauerspiel«, in: The Discontinuous Tradition. Studies in German Literature in Honour of E. L. Stahl, hrsg. v. P. F. Ganz. Oxford 1971, S. 14–28. – Ferdinand van Ingen: Tugend bei Lessing. Bemerkungen zu »Miß Sara Sampson«, in: Amsterdamer Beiträge zur neueren Germanistik I, 1972, S. 43–73. – Gerd Labroisse: Zum Gestaltungsprinzip von Lessings »Miß Sara Sampson«, in: Amsterdamer Beiträge zur neueren Germanistik I, 1972, S. 75–102. – Alison Scott: The Role of Mellefont in Lessing's »Miß Sara Sampson«, in: German Quarterly XLVII, 1974, S. 394–408. – Wolfram Mauser: Lessings »Miß Sara Sampson«. Bürgerliches Trauerspiel als Ausdruck innerbürgerlichen Konflikts, in: Lessing Yearbook VII, 1975, S. 7–27. – Christine Träger: Lessing und das bürgerliche Trauerspiel, in: Lessing-Konferenz Halle 1979, hrsg. v. Hans-Georg Werner. 1980, S. 210–220. – Jochen Hörisch: Die Tugend und der Weltlauf in Lessings bürgerlichen Trauerspielen, in: Euphorion LXXIV, 1980, S. 186–197. – Bernd Witte: Tränen des Vaters. Zu einigen sozialgeschichtlichen Interpretationen von Lessings bürgerlichen Trauerspielen, in: Sub tua platano. Festgabe für Alexander Beinlich. 1981, S. 536–543. – M. Kay Flavell: Family Conflict in Lessing. Living Through the Fictions, in: Lessing Yearbook XIV, 1982, S. 71–97. – Wilfried Barner: »Zuviel Thränen – nur Keime von Thränen«. Über »Miß Sara Sampson« und »Emilia Galotti« beim zeitgenössischen Publikum, in: Das weinende Saeculum. 1983, S. 89–105. – Gerhard vom Hofe: Die »heiligen Charaktere« im bürgerlichen Trauerspiel. Zum Problem der poetischen Theodizee bei Lessing, in: Euphorion LXXVII, 1983, S. 380–394. – Erich Langendorf: Zur Entstehung des bürgerlichen Familienglücks. 1983, Kap. II. – Claudia Albert (s.o. S. 40), Kap. III. – Martin Schenkel: Lessings Poetik des Mitleids im bürgerlichen Trauerspiel »Miß Sara Sampson«. Poetisch-poetologische Reflexionen. 1984. – Dorothea Hilliger: Wünsche und Wirklichkeiten im bürgerlichen Trauerspiel. 1984, Kap. III und IV. – Wolfgang Albrecht: »Was ist ein Held ohne Menschenliebe!« Bürgerliches Trauerspiel und Humanität bei Lessing, in: W. A.: Streitbarkeit und Menschlichkeit (s. o. S. 49; zuerst 1985), S. 7–36. – Inge Stephan: »So ist die Tugend ein Gespenst«. Frauenbegriff und Tugendbegriff im bürgerlichen Trauerspiel bei Lessing und Schiller, in: Lessing Yearbook XVII, 1985, S. 1–20. – Rolf Christian Zimmermann: Über eine bildungsgeschichtlich bedingte Sichtbehinderung bei der Interpretation von Lessings »Miß Sara Sampson«, in: Verlorene Klassik?, hrsg. v. Wolfgang Wittkowski. 1986, S. 255–281. – Winfried Nolting: Die Dialektik der Empfindung. Lessings Trauerspiele »Miß Sara Sampson« und »Emilia Galotti«. 1986. – Gisbert Ter-Nedden: Lessings Trauer-

spiele. Der Ursprung des modernen Dramas aus dem Geist der Kritik. 1986,
Teil A. – Wolfgang Kuttenkeuler: »Miß Sara Sampson« (1755), in: Lessings
Dramen. Interpretationen. 1987, S. 7–44. – Georg-Michael Schulz: Tugend,
Gewalt und Tod. Das Trauerspiel der Aufklärung und die Dramaturgie des
Pathetischen und des Erhabenen. 1988. – Günter Saße: Die aufgeklärte Fami-
lie: Untersuchungen zur Genese, Funktion und Realitätsbezogenheit des fami-
liären Wertsystems im Drama der Aufklärung. 1988, S. 146–173. – Karin A.
Wurst: Familiale Liebe ist die »wahre Gewalt«. Die Repräsentation der Fami-
lie in G. E. Lessings dramatischem Werk. Amsterdam 1988, Kap. IV. – Ros-
marie Zeller: Struktur und Wirkung. Zu Konstanz und Wandel literarischer
Normen im Drama zwischen 1750 und 1810. 1988, S. 187–194. – Alt, 1994
(s. o. S. 80), S. 191–210. – Roswitha Jacobsen: Ordnung und individuelle
Selbstbestimmung. Der Fehler der Sara Sampson, in: Ethik und Ästhetik.
Werke und Werte in der Literatur vom 18. bis zum 20. Jh., hrsg. v. Richard
Fisher. 1995, S. 81–92. – Saße (s. o. S. 80), S. 120–138. – Wolfgang Albrecht:
Gotthold Ephraim Lessing. (Slg Metzler, Bd 297). 1997, S. 19–25. – Anna
Marx: Das Begehren der Unschuld. Zum Topos der Verführung im bürger-
lichen Trauerspiel und (Brief-)Roman des späten 18. Jhs. 1999, Kap. II. –
Schönenborn (s. o. S. 81), S. 151–166. – Francis Lamport: Lessing, Bour-
geois Drama and the National Theater, in: German Literature of the Eighteenth
Century, hg. v. Barbara Becker-Cantarino. Rochester, NY, 2005, bes. S. 160–
164. – Moritz Schramm: Die Einbeziehung des Anderen. Zur problemhisto-
rischen Funktion der Liebesutopie in Lessings »Miß Sara Sampson«, in: Kulturelle und interkulturelle Dialoge. Festschrift für Klaus Bohnen, hrsg. v. Jan
T. Schlosser. 2005, S. 53–76. – Teruaki Takahashi: ›Identitätskrise‹ und die
diskursive Formierung der bürgerlichen Subjektivität in Lessings bürgerlichem Trauerspiel »Miß Sara Sampson«, in: Bürgerlichkeit im 18. Jh., hrsg.
v. Hans-Edwin Friedrich u. a., angekündigt für 2006. – Hartmut Reinhardt:
Märtyrerinnen des Empfindens. Lessings »Miß Sara Sampson« als Fall von
Richardson-Rezeption, ebd.

Lessing: »Faust«:
Karl S. Guthke: Lessings Faust-Dichtung, in: K. S. G.: Wege zur Literatur.
1967, S. 247–255, bes. S. 251–252. – Günther Mahal: Lessings Faust. Pla-
nen, Ringen, Scheitern, in: G. M.: Faust. Untersuchungen zu einem zeitlo-
sen Thema. 1998, S. 321–346 (zuerst 1972).

Lessing: »Tonsine«:
Hans Butzmann: Lessings bürgerliches Trauerspiel »Tonsine«, in: Jb. d. Freien
Dt. Hochstifts, 1966, S. 109–118. – Peter Kapitza: Lessings »Tonsine«-Ent-
wurf im Kontext europäischer Japonaiserien des 18. Jhs, in: Doitsu bungaku
LXIII, 1979, S. 52–61.

Breithaupt:
Heitner (s. o. S. 79), S. 198–202.

Brückner:
Gustav Lampe: Ernst Theodor Johann Brückner (1746–1805) und der Göttinger Dichterbund, in: Mecklenburg-Strelitzer Geschichtsblätter V, 1929, S. 39–105. – Mönch (s. o. S. 80), S. 60–63.

Buri:
Mönch (s. o. S. 80), S. 250–264.

»Der Büchsenmacher«:
Mönch (s. o. S. 80), S. 309–312.

»Don Vincenzo«:
Mönch (s. o. S. 80), S. 323–324.

Dusch:
Gustav Deicke: Johann Jakob Dusch. Diss. Straßburg 1910. – Heitner (s. o. S. 79), S. 314–320. – Mönch (s. o. S. 80), S. 131–134.

Dyk:
Mönch (s. o. S. 80), S. 81–85.

Engel:
Hans Daffis: Johann Jacob Engel als Dramatiker. Diss. München 1898. – Elisabeth Wagner: Johann Jakob Engels Dramatik und Theorie der Schauspielkunst. Diss. (Masch.) München 1954. – Alexander Košenina u. Matthias Wehrhahn: Johann Jakob Engel (1741–1802). Leben und Werk des Berliner Aufklärers. 1991.

Gotter:
Rudolf Schlösser: Friedrich Wilhelm Gotter. Ein Beitrag zur Geschichte der Bühne und Bühnendichtung im 18. Jh. 1894. – Greis (s. o. S. 80), S. 87–88.

Hartmann:
Mönch (s. o. S. 80), S. 135–138.

Iffland:
Arthur Stiehler: Das Ifflandische Rührstück, ein Beitrag zur Geschichte der dramatischen Technik. 1898. – Karl Lampe: Studien über Iffland als Dramatiker mit besonderer Berücksichtigung der ersten Dramen. 1899. – Armin Reimers: Die Gefährdung der Familiengemeinschaft durch den Individualismus in August Wilhelm Ifflands Dramen von 1781 bis 1811. Diss. Kiel 1933. – »Albert von Thurneisen«, hrsg. v. Alexander Košenina. 1998, Nachwort. S. auch unten S. 123.

Lieberkühn:
»Die Lissabonner«, hrsg. v. Torsten Unger. 2005, Nachwort. – Mönch (s. o. S. 80), S. 143–147. – Wolfgang Lukas: Anthropologie und Theodizee. 2005, S. 255–261.

»Das Mutter-Söhnchen«:
Heitner (s. o. S. 79), S. 184–188. – Mönch (s. o. S. 80), S. 95–98.

Nonne:
Mönch (s. o. S. 80), S. 112–114.

Pfeil:
Fritz Brüggemann: Deutsche Literatur in Entwicklungsreihen (s. o. S. 79), S. 9–14. – Heitner (s. o. S. 79), S. 188–193. – Nadia Metwally: Johann Gottlob Benjamin Pfeils »Lucie Woodvil« – eine »Schwester der Sara«?, in: Zs. f. dt. Philol. CIII, 1984, S. 161–177. – Greis (s. o. S. 80), S. 60–62. – Peter-André Alt: Tragödie der Aufklärung. 1994, S. 210–222. – Mönch (s. o. S. 80), S. 143–147. – Komfort-Hein (s. o. S. 30), S. 141–148. – Schönenborn (s. o. S. 81), S. 134–150. – »Lucie Woodvil«, »Vom bürgerlichen Trauerspiele«, hrsg. v. Dietmar Till, angekündigt für 2006, Nachwort. – Lukas (s. o. S. 84), S. 274–281.

Schlegel:
Karin A. Wurst: Frauen und Drama im achtzehnten Jh. 1991, S. 58–69 (Textabdruck: S. 96–140). – Mathäs (s. o. S. 80), S. 50–55. – Pailer (s. o. S. 80), S. 369–375. – Schönenborn (s. o. S. 81), S. 91–105.

Schlenker:
Schönenborn (s. o. S. 81), S. 282–291.

Steffens:
Heitner (s. o. S. 79), S. 320–323.

Sturz:
Max Koch: Helferich Peter Sturz, nebst einer Abhandlung über die Schleswigischen Literaturbriefe. 1879. – Adalbert Schmidt: Helfrich Peter Sturz. Ein Kapitel aus der Schrifttumsgeschichte zwischen Aufklärung und Sturm und Drang. Habil.-Schrift Wien. Reichenberg 1939. – Heitner (s. o. S. 79), S. 337–342. – Greis (s. o. S. 80), S. 62–65. – Mönch (s. o. S. 80), S. 139–143.

Weiße:
Jacob Minor: Christian Felix Weiße und seine Beziehungen zur deutschen Literatur des 18. Jhs. 1880. – Walter Hüttemann: Christian Felix Weiße und seine Zeit in ihrem Verhältnis zu Shakespeare. Diss Bonn. Duisburg 1912, S. 86–90. – Karl S. Guthke: Shakespeare im Urteil der deutschen Theaterkritik des 18. Jhs, in: K.S. G.: Wege zur Literatur. 1967, S. 221–246.

Wieland:
L. John Parker: C. M. Wielands dramatische Tätigkeit. 1961, S. 75–88. – Heitner (s. o. S. 79), S. 309–314.

Willer:
Johann Wilhelm Appell: Werther und seine Zeit. Zur Goethe-Litteratur. [4]1896, S. 71–73. – Stuart Pratt Atkins: The Testament of »Werther« in Poetry and Drama. Cambridge, MA, 1949, S. 205. – Mönch (s. o. S. 80), S. 328–330.

Ziegler:
Wendy Sutherland: Black Skin, White Skin and the Aesthetics of the Female Body in Karl Friedrich Wilhelm Ziegler's »Die Mohrinn«, in: Colors 1800/1900/2000. Signs of Ethnic Difference, hrsg. v. Birgit Tautz. Amsterdam 2004, S. 67–82.

Shakespeare-Rezeption:
Karl S. Guthke: Shakespeare im Urteil der deutschen Theaterkritik des 18. Jhs, in: K.S.G.: Wege zur Literatur. 1967, S. 221–246. – Karl S. Guthke: Deutsches Nationaltheater. Gemmingens »Mannheimer Dramaturgie«, in: K.S.G.: Literarisches Leben im 18. Jh. in Deutschland und in der Schweiz. 1975, S. 266–281. – Jürgen von Stackelberg: »Hamlet« als bürgerliches Trauerspiel. Ideologiekritische Anmerkungen zur ersten französischen Shakespeare-Bearbeitung von Jean-François Ducis, in: Romanistische Zs. f. Literaturgeschichte III, 1979, S. 122–133. – Eva Maria Inbar: Shakespeare-Rezeption im deutschen bürgerlichen Drama des 18. Jhs, in: GRM LXI, 1980, S. 129–149. – Rosmarie Zeller: Shakespeare zwischen bürgerlichem und heroischem Drama, in: R.Z.: Struktur und Wirkung. Zu Konstanz und Wandel literarischer Normen im Drama zwischen 1750 und 1810. 1988, S. 162–164.

IV. Von »Emilia Galotti« bis »Kabale und Liebe«

1. Standesbewußtsein und Gesellschaftskritik

In den siebziger Jahren tritt das deutsche bgl. Tr. in ein neues Stadium. Die empfindsame Spielart hat zwar noch mehr als zwanzig Jahre später ihre Ausläufer, doch macht sich mit Lessings »Emilia Galotti« (1772) ein anderer Typus des bgl. Tr. geltend, der sich in mancherlei Variationen bis in die achtziger Jahre, bis zu Schillers »Kabale und Liebe« (1784), als der für diese Zeit charakteristische behauptet und dann ein jähes Ende findet. Wohl bezeugt manches eine gewisse Kontinuität: die Gegenwartsnähe des Stoffes, die realistische (wenn auch gelegentlich bis zum Karikaturistischen verschärfte) Wiedergabe des Alltags, die Konzentration auf Probleme des Familienlebens, schließlich der »Mittelstand« (s. o. S. 13f.) als bevorzugter sozialer Raum der dramatis personae. Wichtiger als das Gemeinsame ist aber das Unterscheidende. Das empfindsame Moment hat in dem neuen Typus so gut wie ausgespielt; kaum daß es noch andeutungsweise in einigen der zentralen leidenden Frauen- und Mädchengestalten sichtbar bleibt; häufiger wird es ersetzt durch die Leidenschaftlichkeit des subjektivistischen Menschen. Ferner erscheint der Mensch jetzt primär als Vertreter eines genau fixierten, aus der zeitgenössischen gesellschaftlichen Wirklichkeit reflektierten konkreten Standes- und Berufsmilieus, nicht mehr als der moralische bzw. unmoralische Privatmensch in seiner abstrakten Allgemeinheit. Er ist Handwerker oder Kaufmann oder Beamter, Landedelmann oder aristokratischer Offizier. Seiner sozialen Lage entspricht jeweils eine kennzeichnende ständisch bedingte (und oft standesbewußte) Mentalität.

In dieser dramatischen Menschengestaltung ist eine Erkenntnis wirksam geworden, die Herder anläßlich einer »Emilia Galotti«-Aufführung als Einwand gegen Lessings Kritik an Diderots Vorschlag, die »conditions« im bürgerlichen Drama darzustellen, formuliert hat. »Nur das Zufällige« sei der Stand, hatte Lessing im 86. Stück der »Hamburgischen Dramaturgie« gemeint. Dagegen Herder 1794 im 37. Humanitätsbrief: »Aber bilden sich die Charaktere der Menschen nicht in und nach Ständen?« (»Sämmtliche Werke«, hrsg. v. B. Suphan, Bd XVII, S. 183). Tugend und Laster werden demgemäß nun, statt abstrakt, in ihrem gesellschaftlichen Praxiszusammenhang erfaßt. Die gesellschaftliche Lage, die sie mitbestimmt, wird bis zu

einem gewissen variablen Grade Schicksal; doch an die naturalistische
Konzeption von der totalen Determination des Menschen durch sein
Milieu (und Vererbung) ist hier noch nicht zu denken.

Wenn das bgl. Tr. der Empfindsamkeit »bürgerliche« und nicht-
»bürgerliche« Gesinnung kontrastierte, wurde dieser Gegensatz nicht
als notwendigerweise im Standesgegensatz begründet aufgefaßt; des
moralisierten Gefühlskults waren vielmehr Vertreter aller Stände
fähig, »Mensch« (»Bürger«) konnte jeder sein oder doch werden. Ein
Konflikt der Stände tritt erst seit »Emilia Galotti« als signaturgeben-
des Thema des bgl. Tr. in Erscheinung. Im Rückblick des Histori-
kers nimmt sich das nicht zu Unrecht und den Wandel motivierend
zunächst als enttäuschte Absage an den sozialpolitischen Utopismus
der Empfindsamkeit aus, der die »moralische Überwindung gesellschaftlicher Interessengegensätze« für möglich hielt (Schulte-Sasse).
Und zwar handelt es sich nicht nur, wie in »Emilia Galotti«, um den
Gegensatz von »Mittelstand« als Schicht der Untertanen und »Hof«
im Sinne von Obrigkeit, sondern vor allem um die Spaltung innerhalb des Mittelstands, der nach zeitgenössischem Wortverständnis
Bürgertum und Adel außer dem höchsten umschließt: die Spannung
also zwischen Bürgertum und Adel wie auch, seltener, zwischen höherem und niederem Bürgertum. Der tragische Konflikt wird folglich
in der Regel durch den Gegensatz der benachbarten sozialen Schichten und ihres Selbstverständnisses ausgelöst oder zumindest in betonter Weise mit ausgelöst. Ständisches, standesbedingtes Verhalten, wie
es sich etwa in der Liebe oder Verführung über die Standesgrenzen
hinweg oder im sich daran anschließenden Kindesmord-Thema zur
Geltung bringt, wird Agens des Tragischen. Das Adjektiv »bürgerlich« in der Gattungsbezeichnung »bgl. Tr.« erhält daher in diesen
Jahren unverkennbar einen ständischen, dazu gesellschaftskritischen
und aktuellen Sinn, wenn auch der ältere noch sekundär hier und da
nachgewirkt haben mag.

Der Stand, den die Gesellschaftskritik ins Auge faßt, ist in erster
Linie die Aristokratie. Erst in zweiter Linie ist es das Bürgertum selbst,
dem die Verfasser dieser Werke (mit Ausnahme des Grafen Törring)
entstammen: die konventionelle Starrheit dieses Bürgertums, seine
passive Hinnahme der Mißlichkeiten der ständischen Ordnung und
sein damit nicht unvereinbarer, vom Äußerlichen geblendeter, gesellschaftlicher Aufstiegswille. Bei Lenz richtet sich die Kritik sogar mit
gleicher Schärfe auf das ganze Spektrum der dargestellten Gesellschaft. Nicht also wird der bisher nicht standesgebundene moralische Gegensatz einfach an einen ständischen gebunden, wie es seit
Eloesser und Brüggemann oft vereinfachend heißt (adeliges Laster –
bürgerliche Tugend); das moralische Übel kann auch jetzt noch im

Bürgertum wie im Adel zu Hause sein – nur daß es jetzt jeweils von standestypischen Verhaltensweisen bedingt oder akzentuiert ist. Beim späten Lessing, bei den Stürmern und Drängern und noch beim jungen Schiller gerät das bgl. Tr. daher zumindest in die Nähe der aktuellen sozialkritischen Anklage-Dramatik. Der Grad der Nähe variiert und ist, besonders im Falle Lessings und Schillers, umstritten (s. u. S. 93–99 und S. 109–114).

Literatur

Vgl. o. S. 17f. zu »Geschichte und Weltbild des bgl. Tr. in Deutschland«.

Joseph Zorn: Die Motive der Sturm-und-Drang-Dramatiker. Diss. Bonn 1909, S. 22–31: »Liebe zwischen Angehörigen verschiedener Stände«; S. 55–57: »Standesehre«.

Oscar Helmuth Werner: The Unmarried Mother in German Literature, with Special Reference to the Period 1770–1800. New York 1917.

Clara Stockmeyer: Soziale Probleme im Drama des Sturm und Dranges. Eine literarhistorische Studie. 1922. Reprint 1974.

Jakob Baxa: Das Gesellschaftsbild des »Sturm und Dranges« in: Zs. f. Volkswirtschaft u. Sozialpolitik, N. F. III, 1924, S. 743–760.

Johanna Schultze: Die Auseinandersetzung zwischen Adel und Bürgertum in den deutschen Zeitschriften der letzten drei Jahrzehnte des 18. Jhs (1773–1806). 1925.

Jan Matthias Rameckers: Der Kindesmord in der Literatur der Sturm-und Drang-Periode. Ein Beitrag zur Kultur- u. Literatur-Geschichte des 18. Jhs. Diss. Amsterdam. Rotterdam 1927.

Siegfried Melchinger: Dramaturgie des Sturms und Drangs. 1929.

Ludwig W. Kahn: Social Ideals in German Literature, 1770–1830. New York 1938.

Fritz Valjavec: Die Entstehung der politischen Strömungen in Deutschland, 1770–1815. 1951.

Ferdinand Josef Schneider: Die deutsche Dichtung der Geniezeit. 1952, Kap. IV: »Dramatische Dichtung«.

Roy Pascal: Der Sturm und Drang. 1963 (engl. zuerst 1953); bes. Kap. II: »Der Sturm und Drang und der Staat« u. Kap. III: »Der Sturm und Drang und die Stände«.

Heinz Stolpe: Versuch einer Analyse der gesellschaftsgeschichtlichen Grundlagen und Hauptmerkmale der Sturm-und-Drang-Bewegung der deutschen Literatur im 18. Jh., in: Wiss. Zs. d. Humboldt-Universität zu Berlin, gesellsch. u. sprachwissenschaftl. Reihe, III, 1953/54, S. 347–389.

Alessandro Pellegrini: »Sturm und Drang« und politische Revolution, in: GLL XVIII, 1965, S. 121–129.

Werner Kließ: Sturm und Drang. 1966.

Hans-Wolf Jäger: Politische Kategorien in Poetik und Rhetorik der zweiten Hälfte des 18. Jhs. 1970.

Fritz Martini: Die Poetik des Dramas im Sturm und Drang, in: Deutsche Dramentheorien, hrsg. v. Reinhold Grimm. 1971. Bd I, S. 123–166.

Edward McInnes: The Sturm und Drang and the Development of Social
    Drama, in: DVjs XLVI, 1972, S. 61–81.
Beat Weber: Die Kindsmörderin im deutschen Schrifttum von 1770–1795.
    1974.
Karl S. Guthke: Repertoire. Deutsches Theaterleben im Jahre 1776, in: K.
    S. G.: Literarisches Leben im 18. Jh. in Deutschland und in der Schweiz.
    1975, S. 290–296.
Heinz-Dieter Weber: Kindesmord als tragische Handlung, in: Der Deutsch-
    unterricht XXVIII, 1976, Heft 2, S. 75–97.
Edward McInnes: »Die Regie des Lebens«. Domestic Drama and the Sturm
    und Drang, in: Orbis Litterarum XXXII, 1977, S. 269–284.
Andreas Huyssen: s.o. S. 79.
Georg Pilz: Deutsche Kindesmord-Tragödien. Wagner, Goethe, Hebbel,
    Hauptmann. 1982.
Otto Ulbricht: Kindsmord und Aufklärung. 1990, Teil 2.
Matthias Luserke: Kulturelle Deutungsmuster und Diskursformationen am
    Beispiel des Themas Kindsmord zwischen 1750 und 1800, in: Lenz-Jahr-
    buch VI, 1996, S. 198–229.

Nicht nur die Sozialpolitisierung des bgl. Tr. der siebziger und achtziger Jahre haben die Zeitgenossen von Anfang an erfaßt (wenn auch
die Rücksicht auf die Zensur und die eigene prekäre Lage im absolutistischen Staat die Rezensenten oft in die bloße Analyse der Charaktere und der Kunstleistung ausweichen ließ). Ebenfalls haben sie
den Einsatz dieses Stadiums bei Lessings »Emilia Galotti« und den
bestimmenden Einfluß dieses Pionierdramas auf das bgl. Tr. des Sturm
und Drang klar erkannt. Die Forschung hat jede dieser drei Einsich-
ten bestätigt. (Über das rein quantitative, großenteils auf Trivialdramatik gestützte abweichende Urteil von C. Mönch s. o. S. 61–64.)
Kronzeuge für die drei korrelativen Sachverhalte ist Goethe: »Den
entschiedensten Schritt [»die höheren Stände herabzusetzen und
sie mehr oder weniger anzutasten«] jedoch tat Lessing in der ›Emilia Galotti‹, wo die Leidenschaften und ränkevollen Verhältnisse der
höheren Regionen schneidend und bitter geschildert sind. Alle diese
Dinge sagten dem Zeitsinne vollkommen zu, und Menschen von
weniger Geist und Talent glaubten das gleiche, ja noch mehr tun zu
dürfen« (»Dichtung und Wahrheit«, 13. Buch, Hamb. Ausg., Bd IX,
S. 569). »Zu seiner Zeit stieg [»Emilia Galotti«], wie die Insel Delos,
aus der Gottsched-Gellert-Weißischen pp. Wasserflut, um eine krei-
ßende Göttin barmherzig aufzunehmen. Wir jungen Leute ermutig-
ten uns daran und wurden deshalb Lessing viel schuldig« (Goethe an
Zelter, 27. März 1830). Das Echo der Motive, Themen, Figuren, Konstellationen, der Komposition, des Stils und selbst der Wortwahl der
»Emilia Galotti« hört man im bgl. Sturm-und-Drang-Drama auffal-

lend häufig, besonders deutlich noch in »Kabale und Liebe«, obwohl aus dem Kreis der Genies relativ wenige direkte Äußerungen über das Stück bekannt geworden sind. »Emilia Galotti« ist »the one German work which perhaps more than any other was to exert the greatest influence on the Sturm und Drang dramatists, whose interest in the relation of the individual to society [...] made them particularly susceptible to Lessing's play« (Dvoretzky: »Enigma«, S. 43). »Kein zweites Drama hat einen so epochemachenden Einfluß auch auf Widerwillige geübt« (Erich Schmidt: »Lessing«, Bd II, 1892, S. 222; vgl. eine Äußerung aus dem Jahre 1777 bei Steinmetz, S. 106).

Literatur

Julius W. Braun (Hrsg.): Lessing im Urtheile seiner Zeitgenossen. Bd I. 1884. Bd II. 1893. Reprint 1969.

Erich Schmidt: Lessing. Geschichte seines Lebens und seiner Schriften. Bd II. 1892, S. 221–224.

Clara Stockmeyer (s.o. S. 89), S. 180–234.

Siegfried Melchinger (s.o. S. 89), S. 8 und 109.

Edward Dvoretzky: The Enigma of »Emilia Galotti«. Den Haag 1963, Kap. III u. IV.

Edward Dvoretzky: Lessing in Schiller's »Kabale und Liebe«, in: Modern Philology LXIII, 1966, S. 311–318.

Horst Steinmetz (Hrsg.): Lessing – ein unpoetischer Dichter. Dokumente aus drei Jahrhunderten zur Wirkungsgeschichte Lessings in Deutschland. 1969.

Jan-Dirk Müller (Hrsg.): G. E. Lessing: »Emilia Galotti«. (Erläuterungen und Dokumente). 1971, Kap. IV: »Dokumente zur Wirkungsgeschichte«.

Jean-Marie Valentin: Tragédie héroique – tragédie bourgeoise. Anton von Klein (1746–1810) et sa critique de Lessing, in: Germanistik aus interkultureller Perspektive, hrsg. v. Adrien Finck u. Gertrude Gréciano. Straßburg 1988, S. 77–92.

Albert Meier: Die Interessantheit der Könige. Der Streit um »Emilia Galotti« zwischen Anton von Klein, Johann Friedrich Schink und Cornelius Hermann von Ayrenhoff, in: Streitkultur. Strategien des Überzeugens im Werk Lessings, hrsg. v. Wolfram Mauser u. Günter Saße. 1993, S. 361–372.

In den zu diesem Typus gehörenden Dramen ist »bgl. Tr.« als Untertitelbezeichnung selten. Vielleicht sollte die naheliegende Identifikation mit dem empfindsamen bgl. Tr. vermieden werden, das sich ja noch gleichzeitig behauptete. Überdies waren die Stürmer und Dränger auf gattungstypologische und definitorische Exaktheit ja ebensowenig bedacht wie auf eine systematische Theorie der dramatischen Gattungen. »Kabale und Liebe« wurde zwar auf dem Titelblatt als bgl. Tr. ausgewiesen, aber auch Schiller entwickelte keine spezielle Theo-

rie des bgl. Tr. Lessing nannte »Emilia Galotti«, die er schlicht als
»Trauerspiel« herausgegeben hatte, brieflich eine »bürgerliche Virginia« und fügte erklärend hinzu, er habe in seiner Modernisierung des
antiken historischen Stoffes alles politische, staatliche Interesse ausgeschaltet (an Nicolai, 21. Jan. 1758; vgl. an Karl G. Lessing, 1. März
1772). Die Zeitgenossen verstanden »Emilia Galotti« denn auch als
bgl. Tr., was Christian Heinrich Schmid 1775 in seiner »Chronologie des deutschen Theaters« kanonisierte (Neudruck, 1902, S. 115).
Anton von Klein benutzte das Stück in einer dramentypologischen
Abhandlung sogar als Paradigma des bgl. Tr., das er allerdings entschieden ablehnte im Vergleich zum heroischen, was noch im selben Jahr die ebenso polemische Verteidigung durch Johann Friedrich Schink in den »Dramaturgischen Fragmenten« auf den Plan rief
(Klein, »Über Lessings Meinung vom heroischen Trauerspiel und über
›Emilia Galotti‹«, 1781; abgedruckt bei J. W. Braun, Bd II, S. 273–
282; vgl. Valentin u. Meier [s. o. S. 91]).

Weiteres zur Verwendung der Bezeichnung »bgl. Tr.«: Eine anonyme
Fassung von Karl G. Lessings Bearbeitung von H. L. Wagners »Trauerspiel« »Die Kindermörderin« (1776), »Der Schlaftrunk oder Mütter!
Hütet eure Töchter besser«, erschien 1789 als »bürgerliches Trauerspiel«. Das anonym und ohne Ortsangabe gedruckte »bürgerliche
Trauerspiel« »Der Büchsenmacher« (1775) ließ sich keinem der
bekannten Sturm-und-Drang-Dramatiker zuweisen, doch paßt diese
»Jugendprobe« »eines jungen Menschen in Schwaben« (Vorwort)
thematisch bei aller banalen und absurden Vergröberung in die genie-
zeitliche gesellschaftskritische Konzeption des bgl. Tr. im Gefolge der
»Emilia Galotti« (auf die im Vorwort angespielt wird). Der Metzgermeister, dessen Tochter das Opfer des Herzogs und der Machenschaften seines »Amtmanns« wird, beschließt das Stück mit den Worten:
»Liebs Kind, bleib gern im niedrigen Stand! da hab mirs mehr einer
mit vornehmern zu thun als er selbst ist, geschweige mit dem Lands-
herrn – mit so einem! o Gott! und der soll es dir verantworten, und
muß es büßen mit seinen Helfers Helffern!« G. A. Bürger schrieb am
13. Nov. 1773 an Göckingk, er »brüte« an einer »bürgerlichen Tragödie«, und in seinen seit 1784 gehaltenen Vorlesungen befürwortete
er das bgl. Tr. (»Lehrbuch der Ästhetik«, 1825, Bd II, S. 132–135);
auch Gerstenberg hat, allerdings erst spät, nach seiner Sturm-und-
Drang-Zeit, mit der Gattung zumindest sympathisiert (Klaus Gerth,
»Studien zu Gerstenbergs Poetik«, 1960, S. 200).

Trotz der spärlichen Verwendung der Untertitelbezeichnung »bgl.
Tr.« hat sich ein Konsens darüber herausgebildet, welche Stücke
der siebziger und achtziger Jahre, gleichgültig, als was sie sich auf
dem Titelblatt ausweisen, zu dem neuen Typus des bgl. Tr. zu rech-

nen sind. Bestimmend ist dabei sicher, wenn auch ohne Tendenz zu strikter Ausschließlichkeit, die Leitvorstellung gewesen, die »Emilia Galotti« am Anfang und »Kabale und Liebe« am Ende dieser literarischen Reihe vermittelten. Methodologisch läßt sich die Übereinkunft etwa so bestätigen: hält man im tragischen Drama der Zeit nach dem vom empfindsamen bgl. Tr. vertrauten zeitgenössischen »Mittelstand« Ausschau, so bemerkt man, daß dieser jetzt nicht nur in soziologisch artikulierter, tragisch sich auswirkender Spannung zum Hof dargestellt wird, sondern mehr noch in der internen Spannung zwischen Adel und Bürgertum und höherem und niederem Bürgertum als gesellschaftlichen Schichten und Machtpotenzen, die in dem vorausgegangenen Typus des bgl. Tr. als soziale Gruppen eben nicht in definierender Weise in antagonistischem Verhältnis zueinander standen.

2. Lessing und die Sozialpolitisierung des bürgerlichen Trauerspiels

Die sozialpolitische Deutung der »Emilia Galotti«, die sich vom Blickpunkt einer Geschichte des bgl. Tr. nahelegt, versteht das Stück als bürgerliche Anklage gegen den fürstlichen Absolutismus und seine Ständegesellschaft oder doch zumindest gegen die damit verbundenen Übelstände. Im Westen war diese Deutung zur Zeit des Kalten Kriegs in Mißkredit, und sie ist es in der Regel noch heute. Martin Stern hat die These vom »Dolchstoß in das Herz des Absolutismus« – eine Formulierung von H. A. Korff zu »Kabale und Liebe«, die in der DDR Schule machen sollte – 1990 noch einmal eigens, unter Berufung auf Lessings Anschauungen über die Wirkungsweise des Dramas, zurückgewiesen, ähnlich Claudia Albert 1983. Die Deutung im Sinne gesellschaftspolitischer Aggression oder zumindest selbstbewußter bürgerlicher Abgrenzung gegen den Adel hat aber eine lange Geschichte und scheint schon in überwiegendem Maße die der Zeitgenossen gewesen zu sein. (Zur zeitgenössischen Auffassung vgl. besonders: H. A. Korff: »Geist der Goethezeit«, Bd I, 1923, [8]1966, S. 205; E. Schmidt: »Lessing«, Bd II, 1892, S. 217; Ramler 1772, bei Braun, Bd I, S. 368; Nicolai an Lessing, 7. April 1772 [Lachmann/ Muncker, Bd XX, S. 157–161]. Goethe sprach von Lessings in der »Emilia Galotti« zum Ausdruck kommenden »Piquen auf die Fürsten« [zu Eckermann, 7. Feb. 1827].)

Lessings eigene Deutung weicht der Frage, ob es sich um eine »Satyre auf die Prinzen« handle (Herder: »Sämmtliche Werke«, hrsg. v. B. Suphan, Bd XVII, S. 183), in allen Äußerungen über sein Stück

vorsichtig aus. Er bagatellisiert es in einem Brief an seinen Herzog
(!) von Anfang März 1772 als »weiter nichts als die alte Römische
Geschichte der Virginia in einer modernen Einkleidung« (Lachmann/
Muncker, Bd XVIII, S. 23). Vom Politischen lenkt er auch ab in der
erwähnten Bemerkung über die »bürgerliche Virginia«: »Er [Lessing
spricht von sich in der dritten Person] hat nehmlich die Geschichte
der römischen Virginia von allem dem abgesondert, was sie für den
ganzen Staat interessant machte; er hat geglaubt, daß das Schicksal einer Tochter, die von ihrem Vater umgebracht wird, dem ihre
Tugend werther ist, als ihr Leben, für sich schon tragisch genug, und
fähig genug sey, die ganze Seele zu erschüttern, wenn auch gleich kein
Umsturz der ganzen Staatsverfassung darauf folgte« (an Nicolai, 21.
Jan. 1758 [Lachmann/Muncker, Bd XVII, S. 133]; bestätigt noch am
1. März 1772 an seinen Bruder Karl [ebd., Bd XVIII, S. 22]). Natürlich hat Lessing in gewissem Sinne nicht: die Ermordung der Tochter ist nicht mehr, wie in Livius' Bericht (»Ab urbe condita«, III, 44–
48), Signal und Aufruf zum erfolgreichen Volksaufstand gegen den
Machtmißbrauch der Regierenden (obwohl man in der DDR gern
so interpretierte [J. Müller]), und auch sonst gehen in seiner »bürgerlichen Virginia« private und öffentlich-politische Tragödie nicht
mehr Hand in Hand (worin Lessing übrigens ihm bekannte »Vorläufer« hatte [Woesler] und vielleicht einem Fingerzeig Diderots gefolgt
ist [»Œuvres«, hrsg. v. Jules Assézat u. Maurice Tourneux, Bd VII,
S. 146; Petersen/Olshausen, Bd XI, S. 147]). Die Frage ist aber, ob
Lessing nicht gerade durch solche Entfernung des offensichtlich Politischen (K.-D. Müller, 1987), durch seinen Verzicht auf den ausgesprochenen Protest, indirekt um so stärker die Empörung gegen die
herrschenden absolutistischen Verhältnisse seiner Gegenwart sugge-
riert hat. Hat er nicht durch die bittere Darstellung der praktischen
Machtlosigkeit der »sittlichen Kraft« des Bürgertums ein um so wir-
kungsvolleres Fanal zur bürgerlichen Emanzipation gegeben (Selver,
S. 61–64)?* Lange ist diese Frage, die Herder noch mit dem Hinweis

---

* Die versuchte Entschärfung durch die Verlegung der Handlung nach Ita-
lien war eine weder originelle noch wirksame Camouflage, wie z. B. die
Nicht-Aufführung im Gothaer Hoftheater beweist: »weil die Fürsten in
der Emilia übel behandelt wären« (J. J. Engel nach Leisewitz' Tagebuch v.
30. August 1780).
    In unpolitischen Bahnen argumentiert einleuchtend J. Söring: die Beru-
fung auf die politische Virginia-Geschichte sei ein »untauglicher Versuch«,
dem Drama – Emilia sterbe aus »keinem vernünftigen Grund«, meinte Ter-
Nedden (S. 229) – einen »substantiellen Grund für die tragische Katastro-
phe« zu geben – der durch seine Unangemessenheit an das Familienthema

auf die schonende, individualisierende, wenn auch ständische Charakterisierung Hettores verneinte, bejaht worden.

Die Voraussetzung für die Deutung im Sinne der politischen bürgerlichen Emanzipation hat schon Brüggemann formuliert: »Das entwicklungsgeschichtlich neue Moment liegt […] darin, daß hier zum erstenmal die individualistische Gewissenlosigkeit auf die höfischen und die soziale Verantwortlichkeit auf die bürgerlichen Kreise projiziert ist. Bisher waren [im bgl. Tr.] Bosheit und Redlichkeit immer ohne Unterschied auf höfische und bürgerliche Kreise verteilt gewesen. […] der moralische Gegensatz [ist] zum sozialen Gegensatz geworden« (»Euphorion« XXVI, 1925, S. 385, 387; doch vgl. o. S. 88). – Die gesellschaftliche Stellung der Galottis ist als »mittelständisch« im Sinne des 18. Jhs, als großbürgerlich (kleinadlig?) zu erschließen. Bürger ist Odoardo Galotti nicht nur durch seine bürgerliche Tugend, sein Lebensideal und seine republikanische, antihöfische Gesinnung; er erscheint auch durchaus als der Untertan, darin in prononcierter Weise von dem Grafen Appiani unterschieden, mit dessen kritischer Einstellung zum Hof er sonst so deutlich sympathisiert; Emilias Eheschließung mit Appiani wäre eine Mésalliance, sagt Marinelli, da die Tochter des – zwar begüterten und angesehenen – Obersten »ohne Rang« sei; die »ersten Häuser« würden Appiani als Gatten der Emilia verschlossen sein usw. (I, 6).

Dennoch wird die bezeichnete sozialpolitische Interpretation des Gegensatzes von Hof- und Bürgerwelt erst dann schlüssig, wenn sich die Annahme der geistesgeschichtlichen Lessing-Forschung von Dilthey bis Korff bestätigt, daß der Bürger Odoardo (der für sie die Zentralfigur wird) rückhaltlos als vorbildlich dargestellt sei, nämlich als exemplarische Verkörperung einer ohne Abstriche als positiv verstandenen Moral. Daß sich in Odoardo die »sittliche Überlegenheit des Bürgertums manifestierte« und daß namentlich in seinem Entschluß, statt den Fürsten die Tochter zu töten, »dem Bürgertum ein leuchtendes Denkmal seiner moralischen Integrität und sittlichen Kraft« errichtet wurde (Selver, S. 61; vgl. Korff, Bd I, S. 205), behauptete in neuerer Zeit, bis zum Fall der Mauer, jedoch nur noch die

---

»Emilia Galotti« im Effekt zu einer Anti-Theodizee gestalte (S. 111–112; ähnlich Brenner, S. 236). Zum Stichwort für die Virginitätsthematik wird der Virginia-Stoff bei Chr. Wild: Emilia stirbt nicht nur »an einer ins Extrem getriebenen Rezeption des historischen Vorbilds […]; sondern sie stirbt, weil Odoardo das Gesetz, das durch ihr Opfer restituiert werden soll, verletzt, wenn er sich durch Emilias raffiniert inszenierten *stuprum in effigie* verführen läßt« (S. 220). Ähnlich denkt Brigitte Prutti (Kap. II).

mehr oder weniger marxistisch engagierte soziologische Auslegung
der »Emilia Galotti« (z.B. Rieck). Häufiger beweisen Deutungen aus
der zweiten Hälfte des 20. Jhs (Stahl, Bostock, Lamport, Hernadi,
Angress, Durzak, Hillen, Stern, Albert, in nuce schon Kommerell)
statt dessen einen schärferen Blick für das moralische Versagen und
die charakterliche Schwäche Odoardos: sei es, daß seine ins Absurde
und Inhumane übertriebene Moralanschauung mehr in den Vordergrund gerückt wird oder seine im Grunde emotional-labile, kopflose
Art, die seine Republikanertugend als Schein und Maske entlarvt. Die
Crux aller dieser zwar einleuchtenden Versuche bleibt, daß Odoardos
Verhalten an einem psychologischen und moralischen Maß gemessen wird, das im Stück selbst nicht als Ideal und Standard gegeben
ist (vgl. auch o. S. 66–68).

Wo diese neuere Deutungsrichtung akzeptiert wird, kann natürlich nicht mehr in planer Weise die Rede sein von einem bgl. Tr. im
Sinne der politisch-aggressiven Wendung gegen die höheren Stände.
Wohl möglich wäre es dann aber noch, von bgl. Tr. in einem anderen
Sinne zu sprechen, den besonders Heitner 1953, Hinweisen Brüggemanns (»Jb. d. Freien Dt. Hochstifts«, 1926) folgend, herausgestellt
hat: das Versagen Odoardos in der Schlußszene sei – wie überhaupt
seine moralistische Flucht aus der Öffentlichkeit in die Existenz des
»bürgerlichen Privatmanns« (Seeba) – eine politische Fehlhaltung, so
daß die Tragödie hinauslaufe auf eine Anklage der als Tugend miß-
verstandenen bürgerlichen Passivität, die sich nicht aufraffen kann
zu befreiender politischer Tat (die sich natürlich gegen den höheren
Stand, seine Vertreter, zu richten hätte – insofern enthielte das Stück
also doch noch, vermittelt, sozialpolitische Aggression). Damit wäre
das Bürgertum selbst Gegenstand der Kritik* wie, mutatis mutandis,
wenig später als Nebenmotiv im bgl. Tr. des Sturm und Drang und
als Hauptmotiv in Hebbels »Maria Magdalena«. Der wunde Punkt
solcher Deutungen ist – Bernd Witte hat sie 1981 wiederaufgegriffen – der gleiche wie der der negativen Wertung Odoardos.

Das heißt nicht, daß die Situation plausibler würde, wenn man so
gut wie ganz absieht von der Bedingtheit des Handelns und Denkens
der dramatis personae durch ihren dem realgeschichtlichen korrespon-
dierenden gesellschaftlich-ständischen Standort. Die Spannung zwischen
Emilia und ihrem Vater als Reflex des (harmosen) Konflikts Lessings

---

* Steinhauer versucht, die sozialpolitische Deutung auch auf Emilia auszu-
dehnen, zugleich mit aristotelischen Denkformen zu harmonisieren, indem
er ebenso rücksichtslos wie einfallsreich die »hamartia« Emilias in ihrer
Unfähigkeit sieht, sich in der Begegnung mit dem Prinzen an das Diktat
des bürgerlichen Klassenbewußtseins zu halten.

mit seinem Vater zu psychologisieren (Flavell [s. o. S. 82]), oder das Verhalten, das Verstummen Emilias als psychische Repression, allenfalls mit flüchtigstem Seitenblick auf den Moment in der »histoire de la bourgeoisie«, zu verharmlosen (Haag), führt eher ins Nichtssagend-Unverbindliche. Und feministische Eroberungen überführen sich selbst der allzu siegesgewissen Textverkenntnis: Emilia als »Faustpfand des Vaters, mit dem er sich gegen die Libertinage und Willkür des feudalen Herrschers auflehnt«; ähnlich sterbe Sara Sampson »als Opfer im Konkurrenzkampf der Väter mit dem Liebhaber« und beide Lessingschen Frauengestalten überdies als »Opfer einer Reinheitsvorstellung [»die die Männer an ihnen vollstrecken«], die die Voraussetzung für ihre Verfügbarkeit im Machtkampf der Männer ist« (Inge Stephan, S. 16–17, 9). Im Unterschied zu solcher polemischen Psychologisierung (gegen die, namentlich die von Prutti, aus Gründen der Methode und historischen Sachkenntnis energisch protestiert worden ist [Dannenberg, Vollhardt]) hat Takahashi vorgeschlagen: der Konflikt des bürgerlichen Ideals der privaten Lebensgestaltung und der höfischen Realität, der die Tragödie herbeiführe, sei, unabhängig von charakterlichen Besonderheiten der Vertreter der Stände, begründet in System oder Struktur des aufgeklärten Absolutismus, worin alle Stände, selbst der Herrscher als Exponent seines Standes, »Opfer« werden müßten, wenn auch nicht unbedingt unschuldige. –

Odoardo verweist in seinen Schlußworten auf den göttlichen Richter als letzte Instanz, der er sich unterwirft. Damit spitzt sich die tragische Demonstration auf die Theodizeefrage zu. Besonders Benno von Wiese hat – einflußreich über Jahrzehnte hin – diese religiöse Dimension des Tragischen der »Emilia Galotti« im Rahmen seiner Gesamtkonzeption der Geschichte der »Deutschen Tragödie von Lessing bis Hebbel« (zuerst 1948) gesehen, nämlich im Hinblick auf eine letztgültige Rechtfertigung Gottes, während neuere Deutungen dieser Richtung das Stück eher als Prozeß gegen einen versagenden Gott verstehen (Angress, Steinmetz). Die sozialpolitische Deutung weiß mit der religiösen Fragestellung nichts Rechtes anzufangen. Wird mit der Unterwürfigkeit des Bürgertums zugleich seine quietistische Gottesvorstellung desavouiert (Brüggemann)? Ist Odoardos Berufung auf Gott schließlich nur eine schwächliche »Fluchtbewegung«, mit der kein gültiger Aspekt dieser Tragödie bezeichnet ist, die vielmehr »lediglich eine rhetorische Möglichkeit bleibt« (Durzak)? So richtig es ist, daß »Emilia Galotti« (wie das bgl. Tr. überhaupt) die Verursachung des Tragischen als weltimmanent vorstellt, so fragwürdig ist doch das völlige Absehen von der religiösen Perspektive, die hier dennoch daraus *resultiert* (worauf mancherlei Andeutungen vor Odoardos Schlußworten bereits vorbereiten). Die Sicht sub specie aeterni entspricht

zu sehr Lessings Denkform (vgl. »Hamburgische Dramaturgie«,
79. Stück), als daß die Interpretation dieses bgl. Tr. ohne das Ernst-
nehmen des resultativen religiösen Aspekts vollständig sein könnte.

Neuere Deutungen tragen dem Rechnung. Nur gelangen sie, und
zwar überzeugend, zu dem Resultat: während in »Miß Sara Samp-
son« die Bedingungen der Theodizee noch erfüllt seien, lege »Emilia
Galotti« einen Zug »archaischer Fremdheit« an den Tag, sofern die
Theodizee im »angestrengten« Schluß der Tragödie nicht mehr glaub-
würdig oder »authentisch« sei (vom Hofe, S. 392–94). Das dürfte
nicht zuletzt in dem neuen Licht zu verstehen sein, das Gisbert Ter-
Neddens Buch auf Lessings Tragödien geworfen hat: wie in »Miß Sara
Sampson« und »Philotas« seien »Lessings Lehrmeister« in der »Emilia
Galotti« die attischen Tragiker; nicht um umdeutende Anverwand-
lung gehe es dabei, Lessing kehre *diesen* Rezeptionsprozeß vielmehr
gerade um: er suchte ein modernes Äquivalent für »die Deutungsmuster und Gestaltungsmittel, wie sie sich einzig in den authenti-
schen Texten der attischen Klassiker selbst finden« (S. 9). Mit solcher Repristination archaischer Tragik träte Lessing weitgehend aus
dem Bereich christlich vermittelter Vorstellungen von »poetischer«
Gerechtigkeit heraus; von daher wären dann auch die bei ihm noch
präsenten Elemente des (gerade durch seine Abweichung von der
»poetischen« Gerechtigkeit den Widerpart des bürgerlichen Dramas
machenden) heroischen Trauerspiels begreiflich, die man neuerdings
ebenfalls herausgestellt hat als die wirkungskräftigsten und kontu-
rierenden Aspekte der »Emilia Galotti« (Zeller, S. 191–194; auch
Schulz, S. 281–296, zum »Erhabenen«). Poetische Gerechtigkeit als
dramaturgische Denkform (die für das bgl. Tr. konstitutiv sei) vermißt auch C. Mönch in »Emilia Galotti«; sie faßt das Stück geradezu
als »Protest« dagegen auf.

Paradoxerweise deuten die von der Norm des bgl. Tr. her ins
Auge fallenden Unstimmigkeiten dieser Tragödie (Lessing vermied
bekanntlich die Bezeichnung »bürgerlich« im Untertitel) aber auch
in die Zukunft, nicht nur zurück in die Vergangenheit der Gattung.
Edward O. McInnes hat analysiert, wie Lessings Theorie des bürgerlichen Dramas als Demonstration der letztgültigen Überlegenheit der dramatis personae über die politisch-sozialen Verhältnisse in
seiner Erneuerung der Virginia-Geschichte konsequent desavouiert
wird zugunsten der Vorführung ihrer unwiderruflichen Unterworfen-
heit unter die sozialen und politischen Zwänge der zeitgenössischen
Realität. Durch solchen Determinismus, der ja nicht der anderswo
von Lessing vertretene Determinismus durch Gott sein kann, durch
solche Zerstörung des »bürgerlichen« Halts in der autonomen Person und ihrer Familie deute »Emilia Galotti« voraus auf die Tragik

als gesellschaftliche Determination, wie sie Lenz und Wagner wenig später darstellen.

Man begegnete allerdings einem komplexen Stück wie der »Emilia Galotti« unangemessen, ja verfiele prinzipiell in die schematische Denkform der sozialpolitischen Deutung, wollte man hier im Sinne des Entweder-Oder entscheiden (sozialkritisches Propagandastück bzw. Trauerspiel der sozialen Determination oder Tragödie der religiösen Desorientierung). Das Tragische ist jedenfalls nicht auf den politischen Mißstand beschränkt: dieser ist eher Chiffre der gebrechlichen Welt, in der die Tragik ihren ernstzunehmenden Ansatz, aber nicht ihre Vollendung findet. Soweit in der Literaturgeschichte von einer expliziten Nachfolge der »Emilia Galotti« gesprochen werden kann (Rochow, S. 136–149), muß in diesem Zusammenhang allerdings festgehalten werden, daß es bei den dafür namhaft gemachten Autoren wie Anton Matthias Sprickmann und Otto Heinrich von Gemmingen zu keiner auch nur entfernt vergleichbaren Tragik und Problemkomplexität kommt; das in diesem Sinne »Epochemachende« der »Emilia Galotti« (Rochow, S. 136) wird dadurch natürlich eingeschränkt oder doch präziser definiert.

Literatur

Vgl. die Bibliographie zu Lessing o. S. 81–83.

Fritz Brüggemann: Die Entwicklung der Psychologie im bürgerlichen Drama Lessings und seiner Zeit, in: Euphorion XXVI, 1925, S. 376–388.

Fritz Brüggemann: Lessings Bürgerdramen und der Subjektivismus als Problem. Psychogenetische Untersuchung, in: Jb. d. Freien Dt. Hochstifts, 1926, bes. S. 89–109.

Hermann J. Weigand: Warum stirbt Emilia Galotti?, in: H. J. W.: Fährten und Funde. 1967, S. 39–50. (Zuerst in: JEGP, 1929).

Fred O. Nolte: Lessing's »Emila Galotti« in the Light of his »Hamburgische Dramaturgie«, in: Harvard Studies and Notes in Philology and Literature XIX, 1937, S. 175–197. Deutsch in: Gotthold Ephraim Lessing, hrsg. v. Gerhard u. Sibylle Bauer. (Wege der Forschung. Bd CCXI). 1968, S. 214–244.

Max Kommerell: Lessing und Aristoteles. 1940. [5]1984, S. 128f.

E. L. Stahl (Hrsg.): G. E. Lessing: »Emilia Galotti«. Oxford 1946. [2]1952, Einführung. – Vgl. auch Stahl: Lessing: »Emilia Galotti«, in: Das deutsche Drama, hrsg. v. Benno v. Wiese. 1958. [2]1960. Bd I, S. 101–112.

Harry Steinhauer: The Guilt of Emilia Galotti, in: JEGP XLVIII, 1949, S. 173–185.

J. Knight Bostock: The Death of Emilia Galotti, in: MLR XLVI, 1951, S. 69–71.

Robert R. Heitner: »Emilia Galotti«. An Indictment of Bourgeois Passivity, in: JEGP LII, 1953, S. 480–490.

Henry Hatfield: Emilia's Guilt Once More, in: MLN LXXI, 1956, S. 287–296.

Heinrich Schneider: Emilia Galotti's Tragic Guilt, in: MLN LXXI, 1956, S. 353–355.

Joachim Müller: Lessings »Emilia Galotti«, in: J. M.: Wirklichkeit und Klassik. Beiträge zur deutschen Literaturgeschichte von Lessing bis Heine. 1955, S. 53–62.

F. J. Lamport: »Eine bürgerliche Virginia«, in: GLL XVII, 1964, S. 304–312.

Karl S. Guthke: Der Stand der Lessing-Forschung. Ein Bericht über die Literatur von 1932–1962. 1965, S. 50–53.

Paul Hernadi: Die tragische Schuld der Emilia Galotti, in: 275 Jahre Theater in Braunschweig. 1965, S. 100–104.

Werner Rieck: »Emilia Galotti« – Versuch einer Analyse, in: Wiss. Zs. d. Pädag. Hochschule Potsdam, gesellsch.- u. sprachwiss. Reihe, XI, 1967, S. 121–128.

R. K. Angress: The Generations in »Emilia Galotti«, in: Germanic Review XLIII, 1968, S. 15–23.

Roy C. Cowen: On the Dictates of Logic in Lessing's »Emilia Galotti«, in: German Quarterly XLII, 1969, S. 11–20.

Manfred Durzak: Das Gesellschaftsbild in Lessings »Emilia Galotti«, in: M. D.: Poesie und Ratio. Vier Lessing-Studien. 1970.

Gerd Hillen: Die Halsstarrigkeit der Tugend. Bemerkungen zu Lessings Trauerspielen, in: Lessing Yearbook II, 1970, S. 115–134.

Jan-Dirk Müller (Hrsg.): G. E. Lessing: »Emilia Galotti«. (Erläuterungen und Dokumente). 1971.

Ursula Frieß: »Verführung ist die wahre Gewalt«. Zur Politisierung eines dramatischen Motivs in Lessings bürgerlichen Trauerspielen, in: Jb. d. Jean-Paul-Ges. VI, 1971, S. 102–130.

Frank G. Ryder: »Emilia Galotti«, in: German Quarterly XLV, 1972, S. 329–347.

Horst Steinmetz: Aufklärung und Tragödie, in: Amsterdamer Beiträge zur neueren Germanistik I, 1972, bes. S. 26–37.

Klaus-Detlef Müller: Das Erbe der Komödie im bürgerlichen Trauerspiel Lessings. »Emilia Galotti« und die commedia dell'arte, in: DVjs XLVI, 1972, S. 28–60.

Hinrich C. Seeba: Die Liebe zur Sache. Öffentliches und privates Interesse in Lessings Dramen. 1973, Kap. VIII.

Reinhart Meyer: »Hamburgische Dramaturgie« und »Emilia Galotti«. 1973.

Jochen Schulte-Sasse: Literarische Struktur und historisch-sozialer Kontext. Zum Beispiel Lessings »Emilia Galotti«. 1975.

Klaus R. Scherpe: Historische Wahrheit auf Lessings Theater, bes. im Trauerspiel »Emilia Galotti«, in: Lessing in heutiger Sicht, hrsg. v. Edward P. Harris u.a. 1977, S. 259–277.

Hinrich C. Seeba: Das Bild der Familie bei Lessing. Zur sozialen Integration im bürgerlichen Trauerspiel, in: Lessing in heutiger Sicht, hrsg. v. Edward P. Harris u.a. 1977, S. 307–321.

Bernd Witte (s.o. S. 82).

Peter Müller: Glanz und Elend des deutschen »bürgerlichen Trauerspiels«. Zur Stellung der »Emilia Galotti« in der zeitgenössischen deutschen Dramatik, in: Ansichten der deutschen Klassik, hrsg. v. Helmut Brandt u. Manfred Beyer. 1981, S. 9–44.

Claudia Albert (s.o. S. 40), Kap. III.

F. O. McInnes: »Eine bürgerliche Virginia«? Lessing's »Emilia Galotti« and the Development of the Bürgerliches Trauerspiel, in: Orbis Litterarum XXXIX, 1984, S. 308–323.

Ingrid Haag: Les Silences d'Emilia, in: Cahiers d'études germaniques X, 1986, S. 185–210.

Gerhard vom Hofe (s.o. S. 82).

Gisbert Ter-Nedden (s.o. S. 82), Teil C.

Klaus-Detlef Müller: Das Virginia-Motiv in Lessings »Emilia Galotti«, in: Orbis Litterarum XLII, 1987, S. 305–316.

Horst Steinmetz: »Emilia Galotti«, in: Lessings Dramen. Interpretationen. 1987, S. 87–137.

Karin A. Wurst (s. o. S. 83), Kap. V.

Günter Saße, 1988 (s. o. S. 83), S. 174–215.

Rosmarie Zeller (s. o. S. 83), S. 191–194.

Georg-Michael Schulz: Tugend, Gewalt und Tod. Das Trauerspiel der Aufklärung und die Dramaturgie des Pathetischen und des Erhabenen. 1988.

Martin Stern: Kein »Dolchstoß ins Herz des Absolutismus« – Überlegungen zum bürgerlichen Trauerspiel anhand von Lessings »Emilia Galotti« und Schillers »Kabale und Liebe«, in: Théatre, nation et société en Allemagne au XVIIIe siècle, hrsg. v. Roland Krebs u. Jean-Marie Valentin. Nancy 1990, S. 91–106.

Cornelia Mönch: Abschrecken oder Mitleiden. Das deutsche bürgerliche Trauerspiel im 18. Jh. 1993, S. 151–158.

Ingrid Walsøe-Engel (s. o. S. 80), Kap. IV.

Susanne Komfort-Hein (s. o. S. 30), S. 154–182.

Brigitte Prutti: Bild und Körper. Weibliche Präsenz und Geschlechterbeziehungen in Lessings Dramen »Emilia Galotti« und »Minna von Barnhelm«. 1996.

Teruaki Takahashi: Antagonismus zwischen bürgerlichem Ideal und höfischer Realität. Problematik des bürgerlichen Bewußtseins in Lessings »Emilia Galotti«, in: »Sei mir, Dichter, willkommen!«. Studien zur deutschen Literatur von Lessing bis Jünger, hrsg. v. Klaus Garber u. T.T. 1995, S. 17–28.

Günter Saße, 1996 (s. o. S. 80), S. 139–160.

Winfried Woesler: Lessings »Emilia Galotti« und die Virginia-Legende bei Livius«, in: Zs. f. dt. Philol. CXVI, 1997, S. 161–171.

Wolfgang Albrecht: Gotthold Ephraim Lessing. (Slg Metzler, Bd 297). 1997, S. 73–80.

Jürgen Söring: »Eine neue Medea«, »eine bürgerliche Virginia«? Mythisch-historische Exempel in Lessings Trauerspielen, in: Antiquitates Renatae. Deutsche und französische Beiträge zur Wirkung der Antike in der europäischen Literatur, hrsg. v. Verena Ehrlich-Haefeli u. a. 1998, S. 99–112.

Anna Marx (s. o. S. 83), Kap. V.

Rochow (s. o. S. 6), S. 120–150.

Christopher Wild: Der theatralische Schleier des Hymens. Lessings bürgerliches Trauerspiel »Emilia Galotti«, in: DVjs LXXIV, 2000, S. 189–220.

Peter J. Brenner (s. o. S. 81), S. 222–238.

Lutz Dannenberg u. Friedrich Vollhardt: Sinn und Unsinn wissenschaftlicher Innovation, mit Beispielen aus der neueren Forschung zu G. E. Lessing und zur »Empfindsamkeit«, in: Aufklärung XIII, 2001, S. 33–69, bes. S. 64–69.

Elke Monika Bauer (Hrsg.): Lessings »Emilia Galotti« (Hist.-krit. Ausg.). 2004.

Lothar Pikulik: »Sonst ist alles besser an Euch, als an Uns.« Über Odoardos Lobrede auf die Frau in »Emilia Galotti«, in: Bürgerlichkeit im 18. Jh. (s. o. S. 83).

Francis Lamport: Lessing, Bourgeois Drama, and the National Theater, in: German Literature of the Eighteenth Century, hrsg. v. Barbara Becker-Cantarino. Rochester, NY, 2005, bes. S. 174–177.

3.   Spielarten des bürgerlichen Trauerspiels im Sturm und Drang

In »Emilia Galotti« sind vom gesellschaftskritischen Gesichtspunkt eigentlich zwei Problemkreise ineinander verschränkt, ein mehr politischer und ein mehr sozialer: die Obrigkeit im absolutistischen Staat und dessen ständische Gesellschaftsordnung. In den Tragödien der Stürmer und Dränger treten beide auseinander oder berühren sich nur wenig; in »Kabale und Liebe« nähern sie sich jedoch einander wieder an.

»Tyrannenhaß« und Kritik an der Trennung der Stände stehen in komplementärem Verhältnis zu dem prominentesten Interesse dieser Autoren: dem subjektivistischen Kult der Individualität. Wird dieses Verhältnis verkannt, so gelangt man zu dem schiefen Urteil, die sozialen Gegensätze hatten sich den Genies vor lauter Interesse an der Kraftkerl-Dramatik überhaupt nicht als Problem gestellt und »Wirkungsabsichten, die über die Erregung der Leidenschaften hinausführen«, hätten sie nicht verfolgt (Keller, S. 114). Im Gegenteil wirken in dieser Zeit, wie H.-W. Jäger zitatreich nachgewiesen hat, politische und soziale (antihöfische, antidespotische) Gesichtspunkte, die die damalige Gesellschaftskritik entwickelt, entscheidend nicht nur auf die Literaturkritik, sondern auch auf die Literatur selbst ein. Wohl erliegt der Sturm und Drang in seiner vulgär-rousseauistischen Reaktion auf die bestehende Gesellschaft nicht selten der Versuchung, im Namen der Emanzipation des einmaligen Individuums gesellschaftliches Dasein schlechthin als Hemmnis der Größe zu verwerfen und den Tatmenschen zu bewundern ohne Rücksicht auf die Richtung und den Inhalt seines Strebens (L. W. Kahn; Pascal, S. 66). Dennoch nimmt die konkrete, keineswegs mehr (wie bei Lessing) durch landfremdes Milieu camouflierte Kritik an spezifischen politischen und gesellschaftlichen Verhältnissen der Zeit einen breiten Raum im Sturm-und-Drang-Drama ein. Instruktiv ist Clara Stockmeyers detaillierter systematischer Überblick über die wichtigsten sozialpolitischen Themengruppen: Familie als soziales Problem, Ständeprobleme, Kampf gegen die korrupte Staatsgewalt sind die Oberbegriffe, die dann weiter aufgefächert werden. Die Behandlung dieser Themen ist im allgemeinen aggressiv, grell pointierend, tendenziös. Die verschwommene Gegenwärtigkeit des bisherigen bgl. Tr. wandelt sich zu einer oft krassen und detaillierten Aktualität, neben der sich »Emilia Galotti« geradezu artistisch und verhalten ausnimmt. Dem entspricht die Theorie des Dramas, soweit davon im Sturm und Drang die Rede sein kann (Melchinger [s. o. S. 89], S. 28–41) .

Der Standesgegensatz als gesellschaftlicher Defekt ist, zusammen mit der korrelierten Kritik am Verhalten und Selbstverständnis des Adels und des Bürgertums, das Hauptthema des bgl. Tr. der Stürmer und Dränger. Probleme der mangelhaft verwalteten absolutistischen Obrigkeit hingegen werden thematisch in Dramen, die man nicht als bgl. Tr. bezeichnen kann und in der Regel auch nicht als solche reklamiert, nämlich vornehmlich in F. M. Klingers historischen und exotischen, vom Kraftgenialischen her das Heroische streifenden Schauspielen und Tragödien »Otto«, »Die neue Arria«, »Simsone Grisaldo«, »Stilpo und seine Kinder« (vgl. L. W. Kahn, Pascal und Stockmeyer, S. 189–217) sowie in Stücken von J. A. Leisewitz, und zwar weniger in dem historischen Kraftgenie-Trauerspiel »Julius von Tarent« – wo das vielzitierte Wort »Der Staat tötet die Freiheit« (II, 5) fällt, woraufhin man es im Hinblick auf seine Gestaltung des Konflikts von Liebe und Herrscherpflicht als Familiengemälde aus einem fürstlichen Hause verstehen könnte (Saße) – als in zwei knappen antidespotischen Szenen (1775). Der Sprecher der fürstenfeindlichen Gesinnung ist hier kein Bürger, sondern in der einen, »Die Pfändung«, ein von Haus und Hof verjagtes Bauernehepaar, in der anderen, »Der Besuch um Mitternacht«, der Geist Hermanns des Cheruskers. In den konventionell als bgl. Tr. bezeichneten Dramen des Sturm und Drang hingegen hat die Thematik des Tyrannenhasses allenfalls marginale Bedeutung. Wichtiger wird sie nur in »Kabale und Liebe«.

Ein Sonderfall in jeder Hinsicht ist Joseph August Graf Törrings im frühen 15. Jh. spielendes »vaterländisches Trauerspiel« »Agnes Ber-

nauerinn« (1780). Das Motiv der heimlichen Eheschließung des bay-
rischen Thronerben und der Augsburger Bürgerstochter stellt sowohl
das Thema der Standesschranken wie auch das der feudal-absoluti-
stischen Obrigkeit, vertreten durch den regierenden Herzog Ernst
und seine Berater. In Herzog Albrechts, des Thronanwärters, Verurteilung des Denkens in Standeskategorien, das ihm die Heirat mit
Agnes Bernauer verwehrt, erklingt zwar die Fanfare des Sturm und
Drang; die Sinnstruktur des Dramas ist nichtsdestoweniger angelegt
auf die Rechtfertigung des feudalen Konservativismus, wenn auch –
daher die Tragik – nicht des staatspolitischen Justizmords an Agnes
Bernauer. Der Hauptgesichtspunkt ist hier der der Erhaltung des
Staatswesens in seiner bestehenden Form. Ansätze zum bgl. Tr. ver-
kümmern dementsprechend zu Randphänomenen.
    Spurenelemente des (empfindsamen wie auch geniezeitlichen) bgl.
Tr. (und bürgerlichen Dramas) findet man auch in manchen Sturm-
und-Drang-Dramen, die als ganze nicht als bgl. Tr. anzusehen sind,
selbst in Goethes »Götz« (vgl. Martini, S. 111), Klingers »Zwillin-
gen«, Schillers »Räubern« und noch im schon eher klassischen, aber
vom Autor immerhin noch als »Familiengemälde« (»aus einem königlichen Hause«) bezeichneten »Don Karlos«. Bedeutsam als Teilaspekt
des Tragischen wird ein Zug des bgl. Tr. in Goethes in den siebziger
Jahren begonnenem »Egmont« (erst 1787 fertiggestellt und im Jahr
darauf veröffentlicht): die kritisch akzentuierte Unfähigkeit der Bürger zum politischen Handeln, ihre Unentschlossenheit in der Verteidigung der politischen Freiheit, deutet auf die »Erkenntnis, daß die
bürgerlichen Ideale der Redlichkeit, Aufrichtigkeit und Treue zum
praktischen Handeln unfähig machen«, und damit auf Kritik an der
Haltung des Bürgertums der eigenen Gegenwart (Brüggemann), wie
man sie in verwandter Art auch in »Emilia Galotti« gesehen hat. In
nuce kommt dieses Versagen in der menschlichen Unzulänglichkeit
des Agitators Vansen zum Vorschein (Wilson).
    Eine interessante Variation des bgl. Tr. bietet »Clavigo« (1774).
Oft ist bemerkt worden, daß für Goethe das den geniezeitlichen
Verfassern von bgl. Tr. auf den Nägeln brennende Standesproblem
keine »irgendwie beherrschende Rolle« spielt (Keferstein, S. 90). Die
offensichtliche Ausnahme ist »Clavigo«, der nicht zufällig stilistische,
strukturelle und thematische Anklänge an »Emilia Galotti« aufweist
(Burgard). Hier ist der von den Zeitgenossen primär als äußerlich
dargestellte Standeskonflikt ins Seelische transponiert. Die zwei kon-
trären Möglichkeiten der Bindung, zwischen denen Clavigo unent-
schieden schwankt und denen beiden eine Tendenz seiner labilen Persönlichkeit entgegenkommt, sind mit dem Akzent entgegengesetzter
spezifisch gesellschaftlicher Sphären (Hof, Bürgerwelt) versehen, die

ihrerseits mit ihren verschiedenen geistigen Gehalten und Lebensidealen einwirken auf das impressionable Wesen der Hauptgestalt. Clavigo ist ein Emporkömmling. Von Haus aus »geringen Standes«, ja: »ohne Stand« und Vermögen, ein »Bürger« mit »Hang nach Größe«, hat er es am spanischen Hof zum »Archivarius des Königs« gebracht, ist »Höfling« geworden. Die Eheschließung mit Marie Beaumarchais, der unbemittelten Kaufmannstochter, würde ihn an die bürgerliche Privatwelt binden, sein »Glück in einem stillen bürgerlichen Leben, in den ruhigen häuslichen Freuden« finden lassen. Diesem Lebensstil ist er aber inzwischen derart entfremdet, daß er den Schritt nicht wagt. Seine »Aussichten auf ein ruhmvolles Leben« auf Grund von beruflicher Leistung in der Öffentlichkeit würden ruiniert, die Hofjunker würden ihn nicht mehr für einen »Kavalier« halten können, meint sein Freund Carlos, der Clavigo das höfische Ideal des »großen« Menschen als königliches Sichhinwegsetzen über die »Verhältnisse« vor Augen hält, überhaupt Sprecher dieser Seite von Clavigos Persönlichkeit ist. Nicht zuletzt vom Liebe- und Familiendiskurs der Zeit her wird diese Spannung der Lebenskonzeptionen plausibel, die den ständischen Sphären, der privaten und der öffentlichen, zugeordnet sind (Saße).

Das Goethe in dieser Zeit faszinierende Problem des veränderlichen Charakters (»Stella«, Weislingen in »Götz«) bekommt in »Clavigo« also eine besondere ständische Nuance, die das Stück zu einem bgl. Tr., wenn auch einem bgl. Tr. sui generis macht. Cornelia Mönch hat in diesem Zusammenhang beobachtet, wie viele Affinitäten und Gemeinsamkeiten »Clavigo« mit dem bis dahin etablierten bgl. Tr. als eigenständiger Gattung aufweist. Pailer spezifiziert: Motive und Figuren übernimmt Goethe zwar von dem etablierten Genre (»der höfische Verführer, der intrigante Helfer, die verführte Unschuld, der Vater«), doch treibt er damit «gleichsam zitierend« ein ästhetisches Spiel, sofern die vertrauten Gestalten zu »Rollen« gemodelt werden, deren Miteinander die Handlung ausmacht. Klaus-Detlef Müller ist ferner aufgefallen, wie es Goethe gelingt, gerade »mit der Spannung von privater und öffentlicher Existenz die Künstlerthematik in das überlieferte Genre des bgl. Tr. einzuführen und damit ein traditionelles Medium für eine neue Thematik zu öffnen« (S. 198–199).

Häufiger beutet das bgl. Tr. des Sturm und Drang den Konflikt der Vertreter verschiedener Stände aus. Am beliebtesten ist das Motiv der Liebesbeziehung über die Standesgrenzen hinweg, also vornehmlich zwischen Angehörigen des Adels und des Bürgertums, aber auch zwischen Vertretern verschiedener Schichten innerhalb des Bürgertums wie in H. L. Wagners tragischem »Schauspiel« »Die Reue nach der Tat« (1775). Agens des Tragischen ist in diesem Stück das gesell-

schaftliche Vorurteil der bürgerlichen »Justizrätin« Langen, der Witwe
eines Mannes, dessen Urgroßvater »sich einmal van der Lang schrieb«,
gegen die kleinbürgerliche Herkunft der Geliebten ihres Sohns. Die
Machenschaften, die sie anstellt, um die Heirat zu hintertreiben, führen in grausiger Weise zum Tod der Liebenden. Die Beseitigung der
Hindernisse (Sinnesänderung der Justizrätin, befohlen von der Kaise-
rin Maria Theresia höchstselbst!) kommt zu spät, wie in der »Kindermörderin«. Wie immer bearbeitet Wagner auch hier gängige Motive
in vulgarisierend vergröberndem, kraß realistischem und theatralisch-
sensationellem Stil. Wirklichkeitssatte Szenen aus dem Beamten-
und dem Kutschermilieu werden akkurat kontrastiert: grotesk kari-
kiert die einen, idyllisch idealisiert die anderen. »Die Tugend ist in
jedem Stande liebenswürdig«, heißt es wie ein Echo aus dem bgl. Tr.
der fünfziger und sechziger Jahre; die »liebe unverdorbne Natur« wie
ein Echo Rousseaus. Der Typ des biederen, polternden kleinbürgerlichen Vaters ist eine Standardfigur des bgl. Tr. der Zeit, wenn auch
nicht immer so völlig kritiklos gezeichnet wie hier.

Während in »Die Reue nach der Tat« der Konflikt zwischen Adel
und Bürgertum ausgegrenzt bleibt (die Kritik an einem gewissenlosen
Briefadligen ist nicht mehr als eine Episode im 4. Akt), wählt Wagner in der »Kindermörderin« (1776) das Thema der Liebe des adligen Garnisonsoffiziers und des kleinbürgerlichen Mädchens. Er verbindet damit das des Kindsmords der unverheirateten Mutter, das
ebenfalls in der zeitgenössischen Literatur geradezu grassiert und seinerseits kritisch und anklagend auf ein aktuelles Problem der dama-
ligen Gesellschafts- und Rechtsverhältnisse weist (vgl. o. S. 89f.; O.
H. Werner, Rameckers, B. Weber, H.-D. Weber, Stockmeyer, S. 154–
163, Pilz, Luserke 1996, Ulbricht, Elm). Der Untertitel lautet »Trauerspiel«; die glücklich endende spätere Fassung »Evchen Humbrecht
oder Ihr Mütter merkts Euch!« (1779) ist als »Schauspiel« bezeichnet.
Die Figuren werden sämtlich mit Talent für Detailbeobachtung und
Milieuschilderung als Vertreter ihres Standes eingeführt. Um so merk-
würdiger ist eine gewisse Inkonsequenz in der Verfolgung der Gesellschaftskritik, die sich von den gewählten Themen her nahelegt. Denn
einerseits wird die Schuld an dem verhängnisvollen Verlauf der Ereignisse standestypischem Verhalten zugeschoben, und zwar dem beden-
kenlosen Verführer, Leutnant v. Gröningseck, wie auch dem Bürger-
hause: der leichtsinnigen Mutter, der der Stand des Liebhabers ihrer
Tochter imponiert, und dem brutalen standesbewußten Vater, dem
Metzgermeister Humbrecht. Andererseits wird die tragische Katastro-
phe aber handlungsmäßig nicht durch diese Faktoren herbeigeführt,
sondern durch die *infolge einer Erkrankung* verzögerte Rückkehr des
gleich nach der Verführung reuig und heiratswillig gewordenen Kava-

liers – befördert allerdings auch durch eine Briefintrige, mit der ein anderer adliger Offizier, nach dem Ehrenkodex seines Standes handelnd, dem Mädchen vorspiegelt, ihr Verlobter habe sie verlassen. Hinzu kommt aber: das wirklich entscheidende Motiv für Evchens Tötung ihres Kindes, das die Tragödie besiegelt, ist, daß Evchen kurz zuvor, eher zufällig, die Umstände ihrer Schwängerung erfahren hat: nicht um eine Affekthandlung des Leutnants hat es sich gehandelt, sondern um eine kühl kalkulierte Verführung oder vielleicht besser Vergewaltigung (Luserke) in einem Bordell; das habe sie zur »Hure« gemacht. Ihre Ehre kann sie daraufhin nur dadurch – tragisch – bewahren, daß sie die Eheschließung empört von sich weist: »Und wenn er zehnmal will, so wollt *ich* doch lieber den Scharfrichter sehn«, was ihr als Kindesmörderin in aller Wahrscheinlichkeit auch bevorsteht (Saße). Der Gesellschaftskritik ist durch *diese* Begründung(en) des tragischen Ausgangs bis zu einem gewissen Grad der Wind aus den Segeln genommen. Unübersehbar bleibt dabei aber, daß Wagner an Hand der allerdings wenig plausiblen Wandlung in den gesellschaftlichen Vorstellungen Gröningsecks auch in diesem Stück zu verstehen gibt, daß es ideologisch möglich – und wünschenswert – sei, sich über die Klassenschranken hinwegzusetzen.

Darin unterscheidet Wagner sich besonders von J. M. R. Lenz, dem zweiten Klassiker des bgl. Tr. unter den Stürmern und Drängern. Denn dieser führt am eindringlichsten die geistig-moralische Determination des Menschen durch seine gesellschaftliche Lage, seinen Stand oder seine soziale Schicht, vor. Die Obrigkeitsproblematik, die bei Klinger im Vordergrund steht, fällt in Lenz' tragischen bürgerlichen »Komödien« völlig aus. Auch die Idealisierung einer Schicht auf Kosten der anderen (wie noch in Wagners »Die Reue nach der Tat«) unterbleibt hier. Kritisch beleuchtet wird bei Lenz vielmehr *jeder* in seinen bgl. Tr. in Erscheinung tretende gesellschaftliche Kreis, also hauptsächlich der vom gräflichen Adel bis zum Handwerker reichende »Mittelstand« (s. o. S. 13f.). Seiner Theorie gemäß bietet Lenz jeweils ein kritisches »Gemälde der menschlichen Gesellschaft, und wenn die ernsthaft wird, kann das Gemälde nicht lachend werden« (Selbstrezension des »Neuen Menoza«). Die soziale Situation par excellence, die den Personen seiner Zeitstücke zum Verhängnis wird, ist die Trennung der gesellschaftlichen Sphären sogar innerhalb des »Mittelstands«.

Beachtenswert ist dabei jedoch, daß Lenz weder in der Theorie noch in der Praxis eine totale und unausweichliche Determination des Individuums durch seine Klassenlage kennt, sondern an der Charakteranlage als mitbestimmendem Faktor festhält. Infolgedessen sind seine Dramen, so sehr sie das Verhalten als der jeweiligen gesellschaftlichen Situation entsprechend darstellen, weit entfernt von einem gesellschaftlichen Schwarz-Weiß-Schematismus. Man billigt Lenz allgemein im Gegensatz zu den meisten übrigen Geniedramatikern eine gewisse »Objektivität« zu, die die Stände oder deren Untergruppen darstellt, »wie sie sind« (Juli 1775 an Sophie von La Roche). Es kommen daher positiv gezeichnete Adlige vor wie der Geheime Rat im »Hofmeister« und auch stark kritisch akzentuierte Bürger wie der von der Aussicht seiner Tochter auf gesellschaftlichen Aufstieg geschmeichelte Galanteriewarenhändler Wesener in den »Soldaten« und der Pastor Läuffer im »Hofmeister«, der seine soziale Unterwürfigkeit religiös verbrämt.

Bedeutsam ist von diesem Gesichtspunkt aus auch, daß im »Hofmeister« das übliche Szenarium der Liebesbeziehung über die Standesgrenzen hinweg umgekehrt wird: der Verführer ist ein Bürgerlicher, die Verführte eine Adlige. Dominierend bleibt jedoch auch bei dieser Licht und Schatten auf alle Schichten und Gruppen verteilenden realistischen Objektivität der Eindruck, daß die Schattenseiten des zeitgenössischen gesellschaftlichen Daseins überbetont werden; und um so bitterer wirkt dieser Pessimismus, als ihm auch mit dem ländlichen Idyll kaum ein glaubwürdiges Ideal gegenübergestellt wird. Die Sozialkritik selbst ist überdies vorwiegend negativ statt konstruktiv. Die konkreten Verbesserungsvorschläge, auf die »Der Hofmeister« und »Die Soldaten« hinauslaufen (Abschaffung der Hofmeisterei, Einrichtung einer »Pflanzschule von Soldatenweibern«, Liebe innerhalb der Grenzen des eigenen gesellschaftlichen Kreises), erscheinen so, wie sie angeboten werden, vor dem Hintergrund des tatsächlichen Geschehens im Licht der dramatischen Ironie, Kritik (Lützeler, S. 144–145) oder gar Satire (Labaye). Ihre Unangemessenheit an die menschliche und gesellschaftliche Wirklichkeit wird also profiliert. Vertrauen auf die Veränderbarkeit von Menschen und Zuständen fehlt in der Sicht mancher neuerer und schon früherer Leser (z. B. Niggl) völlig in der dramatischen Welt dieses sogenannten Stürmers und Drängers.

Das schließt allerdings keineswegs aus, daß der Verfasser um die Lösung der gestellten sozialen Probleme ernstlich besorgt war. So schreibt Lenz am 20. Nov. 1775 an Herder über die ihm wichtige »politische Seite« der »Soldaten«, und damit hat er nicht ganz unrecht. Ein rezenter Beurteiler jedenfalls sieht das Besondere von Lenz' bgl. Tr. gerade darin, daß sie nicht stehen bleiben bei der Verzweiflung und Resignation des bgl. Tr. der Aufklärung oder auch bei der bloßen Kritik am passiven oder repressiven Bürgertum, wie im Sturm und Drang, sondern gezielt einen politischen Reformdialog mit den regierenden (höfischen) Kreisen in Gang zu setzen suchen (Gibbons).

Daß ein solcher Dialog den sozialen Determinismus aufheben könne, bleibt da allerdings bestenfalls eine unausgesprochene Hoffnung.

Für die Geschichte des deutschen bgl. Tr. kommen von Lenz' Dramen vornehmlich »Der Hofmeister« (1774) und »Die Soldaten« (1776) in Betracht. Im ersten dient die Gestalt des bürgerlichen Privatlehrers in einem adligen Hause als Katalysator, der die Konflikte von Angehörigen verschiedener Stände ins Licht rückt. Im zweiten greift Lenz zu dem beliebten Schema der erotischen Beziehungen zwischen Aristokratie und Erwerbstätigen (adlige Offiziere, Kaufmannstochter). Damit stellt er beidesmal aktuelle Gesellschaftsprobleme der Macht und Ohnmacht zur Diskussion, visiert sie aber letztlich mehr moralisch als gesellschaftspolitisch (Hill), so eng er sich auch an die sozialhistorische Realität hält (Franz Werner). (Hier hätte die Frage nach dem Reformdialog anknüpfen müssen.) Lenz' Scharfblick für das Charakteristische verzerrt die Welt jedoch in der »Komödie« »Der Hofmeister« so sehr zur Karikatur, daß kaum noch von Trauerspiel die Rede sein kann, für Rochow (S. 112) und Niggl (S. 151) erst recht nicht von bgl. Tr. Hinzu kommt die gewaltsame Herbeiführung eines äußerst fragwürdigen glücklichen Endes. Man könnte allenfalls, wenn es auf genauere Klassifikation ankäme, von »bürgerlicher Tragikomödie« sprechen, gezielter von »bitterer Parodie [der] Aufklärungsutopie« (Durzak, S. 117) oder »Karikatur der spätaufklärerischen Gesellschaft« (Elm, S. 64f.).

»Die Soldaten« wurden ebenfalls als »Komödie« in die Welt geschickt; Handlung und Personen sind aber entschieden konsequenter tragisch akzentuiert, so daß die Bezeichnung Trauerspiel, die Lenz brieflich öfters verwendet, den Sachverhalt eher treffen dürfte. Komische Belichtung fehlt zwar auch in den »Soldaten« nicht ganz, doch haben sich die Schatten des Tragischen vertieft, und die karikaturistischen Streiflichter sind schwächer geworden. Die Komik verliert sich überdies zunehmend, je mehr es dem Ende zugeht, je unaufhaltsamer das verführte, dann von einem adligen Liebhaber zum anderen treibende Mädchen seinem Elend verfällt. Daß es dabei nicht nur willenloses Opfer ist, es sei denn Opfer eines schon im Hinblick auf Freud visierten Unbewußten, sondern auch durch seinen ausgeprägten sozialen Aufstiegswillen zur Strecke gebracht wird, betont man neuerdings mit Nachdruck (Labaye); dabei wird der Drang zum Aufstieg weniger als jakobinisch revolutionär denn als opportunistische Assimilation an die Aristokratie gesehen – die sich ihrerseits gegen die Lockerung der Standesgrenzen wehrt (Lützeler, S. 136f.).

Schillers »Kabale und Liebe« (1784), mit Abstand am Ende der Entwicklung des geniezeitlichen bgl. Tr. entstanden, ist ein Sammelbecken von typischen Motiven der Gattung.

Außer den Spuren von »Emilia Galotti« (Dvoretzky, s. o. S. 91) und schon »Miß Sara Sampson« hat man Nachwirkungen von Wagners beiden bgl. Tr. und von »Clavigo« bemerkt wie auch von bürgerlichen Dramen wie Großmanns »Nicht mehr als sechs Schüsseln«, Gemmingens »Deutschem Hausvater« und Brandes' »Landesvater« (vgl Nationalausgabe, Bd V, 1957, S. 197–199; Bd V, Neue Ausg., 2000, S. 359f.; Herbert Kraft, S. 187–210; Otto Brahm: »Schiller«, Bd I, 1888 S. 295–304; Robert R. Heitner: A Neglected Model for »Kabale und Liebe«, in: JEGP LVII, 1958, S. 72–85).

Vorbereitet für einen Versuch in der Gattung des »bgl. Tr.«, wie »Kabale und Liebe« auf dem Titelblatt ausdrücklich heißt, war Schiller durch die aktuellen gesellschaftskritischen Nebenmotive in den »Räubern« (1781) und die Beschäftigung mit dem Problem der absolutistischen Obrigkeit im »Fiesko« (1783), das in »Kabale und Liebe« das Thema der Ständetrennung verschärft wie schon in »Emilia Galotti« (s.o. S. 93–99). Den Plan zu dem »Versuch, ob er sich auch in die bürgerliche Sphäre herablassen könne« (zu Andreas Streicher; nach dessen »Schillers Flucht«, hrsg. v. P. Raabe, 1968, S. 94), entwarf er im Juni 1782 – der Überlieferung zufolge unter Bedingungen, die das gesellschaftskritische Moment plausibel zu machen angetan sind: im Arrest, zu dem sein Herzog ihn für eine ohne Erlaubnis unternommene Reise nach Mannheim verurteilt hatte. Dennoch – so ein Großteil der intensiven neueren Interpretation – transzendiert »Kabale und Liebe« die Gattung des bisherigen bgl. Tr. in einer Weise, die die problematische Ständetrennung zwar anprangert, aber sie zugleich als stoffliche Veranschaulichung einer Thematik instrumentalisiert, die letztlich ins Religiöse verweist. Außerdem lenkt Schiller wie schon in den »Räubern« und im »Fiesko« und dann wieder im »Don Karlos« auch in diesem Trauerspiel vom Problemstück zum tragischen Charakterdrama hinüber: grob gesagt, vom Drama des »Ständekonflikts« zur »Tragödie der unbedingten Liebe« (Koopmann 1977, S. 40). Die Konzeption einer solchen absoluten, in einem vermeintlichen sozialen Niemandsland angesiedelten Liebe und der ihr entsprechenden Liebesheirat wird ja in der zweiten Hälfte des 18. Jhs ein prominenter »Diskurs« (Greis, Saße), nämlich im Zug der aufklärerischen Selbstbestimmung als Gegenentwurf zum konventionellen religiösen Selbstverständnis (Koopmann, 1986). Dieser mißlingt jedoch in »Kabale und Liebe« so eklatant, daß damit zugleich die konventionelle Theodizee in Frage gestellt wird (Alt).

Dieser zweifache Rahmen, der also das Sozialpolitische umschließt, ist oft übersehen worden, besonders in der Frühzeit der Schiller-Rezeption, aber noch in der Gegenwart. Überwiegend galt »Kabale und Liebe« lange Zeit als politisches Stück mit sozialrevolutionärer Tendenz, und zwar in zweierlei Hinsicht: einmal als Protest gegen die korrupte und gesetzlos repressive Obrigkeit, als »Dolchstoß in das Herz des Absolutismus« (Korff, S. 206; noch Neuhaus 2001), zum anderen als Verurteilung der Ständegesellschaft und Verteidigung »des Rechts des Menschen auf Liebe gegen die Standesvorurteile der herrschenden Klasse« (Joachim Müller, »Wirklichkeit und Klassik«, S. 121), wodurch Schiller sich zum Wortführer des unterdrückten Bürgertums gegen das korrupte Feudalregime mache (Joachim Müller, »Reden«, S. 217f.). Der marxistischen Deutung liegt diese Interpretation natürlich nahe (Müller schrieb in der DDR); sie begegnet aber z. B. auch in Erich Auerbachs »Mimesis« und in G. Frickes Kommentar in der fünfbändigen Hanser-Ausgabe der Werke Schillers (Bd I, S. 96). Die theologische Deutung, die den dramatis personae selbst in den Mund gelegt ist, würde sich in dieser Sicht relativieren, sofern »die jeweilige Inanspruchnahme des Himmels sozial vermittelt« sei (Janz, S. 220). Noch 1990 sah man es angezeigt, die »Dolchstoß«-Deutung in aller Form zurückzuweisen als unvereinbar mit Schillers Grundeinstellung:

Dem politisch noch unfreien Teil der Gesellschaft, den Gebildeten des Dritten Standes, sollten Gefahren gezeigt und die nötige Leidensfähigkeit beigebracht werden. (Das heutige Modewort dafür heißt Frustrationstoleranz). Den guten Fürsten, denn mit solchen rechnete das Schillersche wie das Lessingsche Theater durchaus, sollte der Spiegel der Wahrheit vorgehalten, aber auch die Möglichkeit angeboten werden, durch die Theaterdichter von der Bühne herab politisch aufklärend und damit aggressionsverhindernd zu wirken. Endziel war allerdings die Aufhebung der Klassen – wie aller zwischenmenschlicher Schranken; doch dies als Akt der Freiheit, wie ihn Fiesco in der Mannheimer Theaterfassung vollzog, und nicht durch irgend einen Angriff von unten nach oben gegen das System; seine aktive Bekämpfung kam für Schiller schon 1784 nicht mehr in Frage, nur seine freiwillige Selbstaufhebung. (Martin Stern, S. 103)

Andrerseits ist die sozialpolitische Deutung gerade in neuster Zeit wiederbelebt worden, wenn auch nicht mit dem Anspruch, das Stück thematisch zu erschöpfen (van der Laan); schließlich ist ja die Kritik an bestimmten historisch verbürgten Mißständen wie dem Untertanenverkauf an das kriegführende England nicht zu überhören.

Doch es gibt Vermittlungen zwischen dem Verständnis von »Kabale und Liebe« als im Grunde theologisch orientierter »Tragödie des endlichen Menschen« (Binder) oder auch als Charakter-»Tragödie der unbedingten Liebe«, wobei das soziale Problem kategorisch als für das heutige Verständnis irrelevant betrachtet werden kann (Wilkinson und Willoughby), einerseits und der soziologisch ausgerichteten Interpretation des Werks als revolutionäres Anklagestück andererseits. Diese Vermittlungen weisen (wenn sie nicht, wie bereits angedeutet, die religiöse Dimension in die soziale integrieren, die dann dominiert mit ihrer Kritik an Feudalordnung wie auch an bürgerlicher Ethik [Janz]) dem Standeskonflikt, dem Thema des bgl. Tr. der siebziger Jahre, einen Stellenwert zu, der seine nur funktionale Bedeutung bezeichnet, darüber hinaus aber auch seinen Sinn und seine Unentbehrlichkeit in der poetischen Gesamtökonomie dieses in der Geschichte des bgl. Tr. einzigartigen Dramas. Eine Art Spiegelfechterei blieb es zwar, wenn man in der DDR-Germanistik versuchte, das Stück zwar als »exemplarische Verkörperung des Genres« des bgl. Tr. auf die genehme Linie festzunageln, zugleich aber, in Lady Milford etwa, Schillers Tendenz zur »hohen Tragödie« erkannte – die jedoch das Engelssche Urteil (»das erste deutsche politische Tendenzdrama«) dennoch bestätige (Dahnke u. Vogel).

Produktiver kritisch begreift Lohmann, einem Fingerzeig Schillers (23. Dez. 1782 an Reinwald) folgend, »Kabale und Liebe« als Modernisierung der »Romeo-and-Juliet«-Thematik des »Scheiterns der Liebe in der Welt« (S. 127); er relativiert den Konflikt der Stände, deren »sittlicher Grundhaltung« die Liebenden verpflichtet sind, zum Erfordernis der Transponierung der Konstellation in Schillers Gegenwart. »Von daher wird deutlich, daß jede Interpretation, die die sozialkritische Tendenz des Werkes – so stark sie ausgeprägt sein mag [!] – zum Angelpunkt der Deutung macht, Wesentliches verfehlen muß« (S. 126). Der Standesgegensatz hat dennoch seine notwendige Funktion darin, daß er den »Riß in der Welt« exemplifiziert, der letztlich zur Theodizeefrage und weiter zu einer »Anklage auch gegen Gott« (S. 129) führt bzw. zur Vindikation des »Erbarmenden« (Kurt May, »Friedrich Schiller«, 1948, S. 44). Differenziert und vertieft hat diese Deutungsrichtung Wilfried Malsch in einer der umsichtigsten Studien zu »Kabale und Liebe« (bes. S. 205–208). Die Erfahrung der Liebe bedeutet für Ferdinand und Luise das religiöse Erlebnis des Paradieses; das übergreifende theologische Thema der Tragödie ist demgemäß, daß die zeitgenössische Wirklichkeit gemessen und geprüft wird an jener religiösen Utopie, die in der Liebe momentan wirklich geworden war. Solche »Examination der Gegenwart am Maß des Paradieses« enthüllt aber »die Tragik des verlorenen Paradieses«. Veranschaulicht wird dieser gebrechliche Welt- und Gesellschaftszustand konkret und zeitgeschichtlich naheliegend durch die Standesschranken. Sie illustrieren die »Kluft zwischen Paradies und Wirklichkeit«. So sind Charaktertragödie der unbedingten Liebe und Tragödie des Ständekonflikts eng aufeinander bezogen und überdies in eine übergreifende religiöse Fragestellung eingespannt. Die Tragödie zeigt »die ganze Wahrheit der religiösen und sozialen Wirklichkeit«; die Kritik am Adel wie am Kleinbürgertum ist religiös fundiert: »Schließlich gipfelt [...] die religiöse Gesellschaftskritik des Dramas in einem Gericht, das die Verschuldung eines Standes in der allgemeinen des verlorenen Paradieses untergehen läßt.« Solcher Fundamentalisierung des Religiösen ist entgegengehalten worden: »die religiösen Positionen des Stückes« seien »selber sozial vermittelt«, eben durch den Stand derer, die sich zu ihnen bekennen (Herrmann, S. 228). Aber damit wird der Stand letztlich doch nicht das sinngebende Determinans – wie gerade diese Interpretation zugeben müßte; denn sie sieht den Baron Ferdinand von Walther in seiner empfindsam-schwärmerischen Exaltation für das Menschliche als den Vertreter »bürgerlicher Ideale« (was neuerdings auch an seiner Sprache demonstriert worden ist [Pilling]): also nicht als Adligen, sondern als »den bürgerlichen Intellektuellen zwischen den Klassen« – der dann aber doch wieder »adlig« sei in »vielen Äußerungsformen seiner Liebe« (S. 240, 243). Bringt das Klärung?

Unbestreitbar bleibt, auch wenn an der religiösen *Begründung* des Tragischen gezweifelt wird (und etwa das Versagen haltgebender familiärer Beziehungen, in beiden Ständen, als das grundsätzliche Thema gesehen wird [van der Laan]), daß sich die tragische Analysis, ähnlich wie in »Emilia Galotti«, spätestens im Schlußplädoyer des letzten Aktes der Theodizeefrage öffnet. Die zunächst im Ständekonflikt aktualisierte Tragik wird damit in eine übergreifende religiöse Fragestellung transponiert. In dieser Dimension erweist sich »Kabale und Liebe« nicht zuletzt als »Tragödie der Säkularisation« (Guthke, Alt, 1994).

Auf die Menschengestaltung (in deren Medium sich für Schiller die »Probleme« wenn nicht erledigen, so doch artikulieren) lenkt eine ebenfalls zwischen den extremen Positionen vermittelnde Beobachtung Martinis zurück: daß nämlich der Stand als *seelisches* Hindernis der Liebe ins Spiel kommt. Die Tragödie der Liebenden

erwächst aus ihrer doppelten Situation: zugleich Menschen zu sein, deren Wesen und Weltverhalten, bewußt und unbewußt, von Gesetz und Art ihrer ständischen Geburt und Gebundenheit bestimmt ist, und Menschen zu sein, deren ekstatisch entgrenztes Gefühl in der Liebe das Göttlich-Unbedingte unmittelbar zu erfahren glaubt. [...] Nicht allein im Gegensatz der Stände, vielmehr in der pessimistischen Erfahrung der psychologischen Gebundenheit des Menschen an seinen Stand liegt das tragische Pathos dieses bürgerlichen Trauerspiels. [...] Damit wird das Gesellschaftlich-Ständische und das Psychologische in den essentiellen Vollzug des Tragischen hineingenommen und derart erst die volle dichterische Wirklichkeit dieser heute wie je erschütternden Tragödie gewonnen. (Martini, S. 20)

Seither hat Günter Saße »die psychohistorische Dimension«, die Verquickung des Religiösen und Psychischen mit dem historisch Sozialen, subtil erforscht in seinem Buch »Die Ordnung der Gefühle«:

die Gefühle entfalten sich nicht in »geschichtsresistenter Menschlichkeit«; deutlich werde vielmehr, daß die »vom Konzept der Liebesheirat behauptete Unabhängigkeit des Fühlens von sozialen Prägungen selbst sozial bedingt ist« (S. 288, 289).

Wie allerdings die psychischen Bindungen an den Stand gerade zu ständisch uneindeutigen Einstellungen führen, so daß die Fronten zwischen den Ständen eben nicht mehr klar demarkiert sind, zeigt eine neuere Studie von Helmut Scheuer höchst instruktiv. Theo Elm spezifiziert: Bürgertum und Adel treffen sich in einem Punkt: »im Entwurf des Menschen als Ding – als Ding, das man besitzen kann. Damit kippt Schillers Sozialkritik als Ständekritik. Denn aus dieser Perspektive gesehen sind alle gleich. [Derart »verläßt« Schiller] den politischen Revolutionsanspruch, der im Ständekonflikt des Stücks angelegt ist« (S. 100–101).

Die poetologische Frage nach der Zugehörigkeit von »Kabale und Liebe« zur Gattung bgl. Tr. hat 1993 Cornelia Mönch wiederaufgegriffen. Sie stellt fest: trotz mancher Gemeinsamkeiten mit dem konventionellen bgl. Tr., wie sie es sieht, vor allem trotz seiner partiellen Erfüllung der »poetischen Gerechtigkeit«, rage das Stück dank seiner innovativen »brisanten politischen« Wendung heraus, daß der Präsident zur Rechenschaft gezogen wird. »Kabale und Liebe« gehöre folglich an die Peripherie der Gattung (S. 331–336). Ein solches Urteil setzt natürlich eine moraldidaktische Konzeption des bgl. Tr. voraus, die sich neuerer Kritik stellen müßte (vgl. o. S. 2–5, 61–64).

Ähnliches ist zu sagen zu zwei neueren »ethizistischen« Grundsatzerklärungen, die eher mit Meinungen als mit Argumenten gegen den Strom der Deutungen der letzten Jahrzehnte schwimmen: Ferdinands Liebesevangelium sei ernstzunehmen ohne alle Abstriche, die Schiller im Medium der von anderen gesehenen problematischen Charaktergestaltung (Vermessenheit, Egozentrik, Brutalität) daran macht (Schulte); Miller sei als »liebevoller Vater« statt kritisch als »egoistischer Kuppler und Tyrann« dargestellt und Luise statt als »Opfer und Komplizin des Systems« als tragische Tugend-Heldin konzipiert, die sich als moralische Person verwirkliche (Wittkowski).

Literatur

Vgl. die Bibliographie o. S. 89–90.

Leisewitz:
Theo Buck: »Die Szene wird zum Tribunal«. Zu Johann Anton Leisewitz' Kurzdrama »Die Pfandung«, in: Theatre, nation (s. o. S. 101), S. 153–166.

– Richard Maria Werner (Hrsg.): »Julius von Tarent« und die dramatischen Fragmente. (DLD des 18. u. 19 Jhs. Nr. 32). 1889. Reprint 1969, Einführung. – Werner Keller (Hrsg.): »Julius von Tarent« (Reclam). 1965 u. ö., Nachwort. – Sørensen (s. o. S. 18), S. 110–121. – Margaret Kirby: »Julius von Tarent« and the Theme of Fraternal Strife in the »Sturm und Drang«, in: Forum for Modern Language Studies XIX, 1983, S. 348–363. – Günter Saße: Die Ordnung der Gefühle. 1996, S. 246–262. – Ulrich Karthaus: Leisewitz: »Julius von Tarent«, in: Dramen des Sturm und Drang. Interpretationen, 1997, S. 99–128.

Törring:
Otto Brahm: Das deutsche Ritterdrama des 18. Jhs. 1880. – Adolf Hauffen: Einleitung zu dem Abdruck der »Agnes Bernauerinn«, in: Das Drama der klassischen Periode. 1. Teil. (Kürschners Dt. Nationallitteratur. Bd CXXXVIII). [1891]. Reprint 1974, S. 3–10. Werner Konrad: Patriotendrama – Fürstendrama. 1995, S. 42–51.

Goethe:
Georg Keferstein: Bürgertum und Bürgerlichkeit bei Goethe. 1939.
Zu »Clavigo«: Ernst Feise: Zum Problem von Goethes »Clavigo«, in: E. F.: Xenion. Baltimore 1950, S. 66–76. (Zuerst in: Studies in German Literature in Honor of A. R. Hohlfeld. Madison, WI. 1925.) – H. J. Meessen: »Clavigo« and »Stella« in Goethe's Personal and Dramatic Development, in: Goethe Bicentennial Studies. (Indiana University Publications. Humanities Series. Nr 22). 1950, S. 153–206. – Paul H. Meyer: Goethe lecteur de Beaumarchais: »Clavigo«, in: Actes du IVe Congrès de l'Association Internationale de Littérature Comparée. Den Haag u. Paris 1966. Bd II, S. 1146–1153. – Ingrid Strohschneider-Kohrs: Goethes »Clavigo«, in: Goethe-Jahrbuch XC, 1973, S. 37–56. – Peter J. Burgard: »Emilia Galotti« und »Clavigo«, in: Zs. f. dt. Philol. CIV, 1985, S. 481–494. – Bernd Fischer: Goethes »Clavigo«. Das Melodrama des Bildungsbürgers des Sturm und Drang, in: Goethe Yearbook V (1990), S. 47–64. – Wolfgang Leppmann: »Clavigo«, in: Goethes Dramen, hrsg. v. Walter Hinderer. 1993, S. 66–87. – Cornelia Mönch: Abschreckung oder Mitleiden. Das deutsche bürgerliche Trauerspiel im 18. Jh. 1993, S. 158–166. – Klaus-Detlef Müller: Goethes »Clavigo«. Das Künstler-Drama im bürgerlichen Trauerspiel, in: Aufklärung als Problem und Aufgabe, hrsg. v. Klaus Bohnen u. Per Øhrgaard. (Text u. Kontext, Sonderreihe, Bd 33). 1993, S. 192–201. – Saße (s. o. S. 80), S. 226–245. – Gaby Pailer: Identität als Inszenierung. Soziales, nationales und geschlechtliches Rollenbewußtsein in Goethes »Clavigo«, in: Goethe nach 1999, hrsg. v. Matthias Luserke. 2001, S. 99–110.
Zu »Egmont«: Fritz Brüggemann: Goethes »Egmont«, die Tragödie des versagenden Bürgertums, in: Jb. d. Goethe-Ges. XI, 1925, S. 151–172. – Hartmut Reinhardt: »Egmont«, in: Goethes Dramen, hrsg. v. Walter Hinderer. 1993, S. 158–198. – W. Daniel Wilson: Hunger/Artist. Goethe's Revolutionary Agitators in »Götz«, »Satyros«, »Egmont«, and »Der Bürgergeneral«, in: Monatshefte (Wisc.) LXXXVI, 1994, bes. S. 84–87.

Zu »Götz«: Fritz Martini: Goethes »Götz von Berlichingen«. Charakterdrama und Gesellschaftsdrama«, in F. M.: Geschichte im Drama – Drama in der Geschichte. 1979, S. 104–128.

Klinger:
Sørensen (s. o. S. 18), S. 121–130.

Wagner:
O. H. Werner: s. o. S. 89. – J. M. Rameckers: s. o. S. 89. – Jörg-Ulrich Fechner (Hrsg.): »Die Kindermörderin« (Reclam). 1969, Nachwort. Dort auch Auszüge aus K. G. Lessings Bearbeitung (s. o. S. 92) und Wagners untragischer Neufassung von 1779. – Beat Weber u. H.-D. Weber: s. o. S. 90. – Edward McInnes: Social Insight and Tragic Feeling in Wagner's »Die Kindermörderin«, in: New German Studies IV, 1976, S. 27–38. – Jürgen Haupt: »Die Kindermörderin«. Ein bürgerliches Trauerspiel vom 18. Jh. bis zur Gegenwart, in: Orbis Litterarum XXXII, 1977, S. 285–301. – Johannes Werner: Gesellschaft in literarischer Form. H. L. Wagners »Kindermörderin« als Epochen- und Methodenparadigma. 1977. – Andreas Huyssen: »Die Kindermörderin«, in: A. H.: Drama des Sturm und Drang. 1980, S. 173–188, 238–240. – Elisabeth Genton: La Vie et les opinions de Heinrich Leopold Wagner (1747–1779). 1981. – Dieter Mayer: H. L. Wagners Trauerspiel »Die Kindermörderin« und die Dramentheorie des L. S. Mercier, in: Literatur für Leser, 1981, S. 79–92. – Sørensen (s. o. S. 18), S. 130–142. – Greis (s. o. S. 80), S. 86–87 (»Reue nach der Tat«). – Saße (s. o. S. 80), S. 205–225 (»Kindermörderin«). – Hart (s. o. S. 39), Kap. V (»Reue nach der Tat«, »Kindermörderin«). – Matthias Luserke: Sturm und Drang. 1997, S. 218–243 (»Kindermörderin«); auch in: Dramen des Sturm und Drang (s. o. S. 115), S. 161–196. – Sturm und Drang. Epoche – Werke – Wirkung, hrsg. v. Ulrich Karthaus. 2000, S. 113–123 (»Kindermörderin«) – Theo Elm: Das soziale Drama. Von Lenz bis Kroetz. 2004, S. 66–87 (»Kindermörderin«).

Lenz:
M. N. Rosanow: J. M. R. Lenz, der Dichter der Sturm-und-Drang-Periode. Sein Leben und seine Werke, übers. v. C. v. Gütschow. 1909. Reprint 1972, 2001. – Oskar Gluth: Lenz als Dramatiker. Diss. München 1912. – Georg Hausdorff: Die Einheitlichkeit des dramatischen Problems bei J. M. R. Lenz. Diss. Würzburg 1913. – Heinz Kindermann: J. M. R. Lenz und die deutsche Romantik. Ein Kapitel aus der Entwicklungsgeschichte romantischen Wesens u. Schaffens. 1925. – Fritz Rittmeyer: Das Problem des Tragischen bei J. M. R. Lenz. Diss. Zürich 1927. – Maria Sinnreich: Das gesellschaftskritische Element im Schaffen von J. M. R. Lenz. Diss. (Masch.) Wien 1936. – Joseph Torggler: Sozialbewußtsein und Gesellschaftskritik bei Jakob Michael Reinhold Lenz. Diss. (Masch.) Innsbruck 1957. – René Girard: Lenz, 1751–1792. Genèse d'une dramaturgie du tragi-comique. Paris 1968. – John Osborne: J. M. R. Lenz. The Renunciation of Heroism. 1975. – Matthias Luserke: J. M. R. Lenz: »Der Hofmeister«, »Der neue Menoza«, »Die Soldaten«. 1993. Heribert Tommek: J. M. R. Lenz. Sozioanalyse einer literarischen Laufbahn. 2003.

Zu »Der Hofmeister«: Wolfgang Stammler: »Der Hofmeister« von J. M. R. Lenz. Ein Beitrag zur Literaturgeschichte des 18. Jhs. Diss. Halle 1908. – Willy Meyer: Lenz' »Hofmeister«. Diss. Erlangen 1933. – Gerhart Unger: Lenz' »Hofmeister«. Diss. (Masch.) Göttingen 1949. – Karl S.Guthke: Geschichte und Poetik der deutschen Tragikomödie. 1961, S. 59–65. – Richard Daunicht (Hrsg.): Lenz: »Gesammelte Werke in vier Bänden«. Bd I. 1967, Kommentar. – M. A. L. Brown: Lenz's »Hofmeister« and the Drama of Storm and Stress, in: Periods in German Literature, hrsg. v. J. M. Ritchie. Bd II. London 1969, S. 67–84. – Huyssen (s. o. S. 116), S. 157–173, 237f. – Walter Hinderer: Gesellschaftskritik und Existenzerhellung. »Der Hofmeister« von J. M. R. Lenz, in: W. H.: Über deutsche Literatur und Rede. 1981, S. 66–94. – Franz Werner: Soziale Unfreiheit und »bürgerliche Intelligenz« im 18. Jh. Der organisierende Gesichtspunkt in J. M. R. Lenzens Drama »Der Hofmeister oder Vorteile der Privaterziehung«. 1981. – Monika Wiesmeyer: Gesellschaftskritik und die Tragikomödie. »Der Hofmeister« (1774) und »Die Soldaten« von J. M. R. Lenz, in: New German Review II, 1986, S. 55–68. – Thomas Kopfermann: Bürgerliches Selbstverständnis. 1988, S. 54–79. – Sørensen (s.o. S. 18), S. 153–161. – John Guthrie: Revision und Rezeption. Lenz und sein »Hofmeister«, in: Zs. f. dt. Philologie CXI, 1991, S. 181–201. – Manfred Durzak: Lenz' »Der Hofmeister« oder Die Selbstkasteiung des bürgerlichen Intellektuellen. Lenz' Stück im Kontext des bürgerlichen Trauerspiels, in: J. M. R. Lenz. Studien zum Gesamtwerk, hrsg. v. David Hill. 1994, S. 110–119. – Komfort-Hein (s. o. S. 30), S. 183–205. – Barbara Becker-Cantarino: Lenz: »Der Hofmeister«, in: Dramen des Sturm und Drang (s. o. S. 115), S. 33–56. – Angela Hansen: »Der Hofmeister« von J. M. R. Lenz. New York 2000. – Karthaus (s. o. S. 116), S. 97–105. – Georg-Michael Schulz: J. M. R. Lenz. 2001, S. 69–89. – Günter Niggl: Ständebild und Ständekritik in Lenzens sozialen Dramen »Der Hofmeister« und »Die Soldaten«, in: Die Wunde Lenz, hrsg. v. Inge Stephan u. Hans-Gerd Winter. 2003, S. 145–153. – Elm (s. o. S. 116), S. 44–68.

Zu »Die Soldaten«: Walter Höllerer: J. M. R. Lenz: »Die Soldaten«, in: Das deutsche Drama, hrsg. v. Benno von Wiese. 1958. ²1960. Bd I, S. 127–146. – Karl S. Guthke: Geschichte und Poetik der deutschen Tragikomödie. 1961, S. 65–69. – Manfred Windfuhr: Nachwort zur Reclam-Ausgabe. 1967. – Paul Michael Lützeler: J. M. R. Lenz: »Die Soldaten«, in: Dramen des Sturm und Drang. Interpretationen. 1987, S. 129–159. Auch in: P.M.L.: Geschichte in der Literatur. 1987, S. 40–66. – David Hill: »Das Politische« in »Die Soldaten«, in: Orbis Litterarum XLIII, 1988, S. 299–315. Vgl. Wiesmeyer u. Niggl oben zu »Der Hofmeister«. – Paul Michael Lützeler: Lenz: »Die Soldaten«, in: Dramen des Sturm und Drang (s. o. S. 115), S. 129–159. – Luserke: Sturm und Drang (s. o. S. 116), S. 290–300. – Pierre Labaye: J. M. R. Lenz et la crise de la tragédie. Remarques sur »Les Soldats«, in: L'Allemagne dès lumières à la modernité, hrsg. v. Pierre Labaye. Rennes 1997, S. 63–76. – Schulz (s. o.), S. 98–110. – James Gibbons: Politics and the Playwright. J. M. R. Lenz and »Die Soldaten«, in: MLR XCVI, 2001, S. 732–746.

Schiller:
Joachim Müller: Bürgerfreiheit, Nationalbewußtsein und Menschenwürde
im Werk Friedrich Schillers. in: Schiller. Reden im Gedenkjahr 1955. 1955,
S. 214–236. – Werner Kahle: Schillers Begriff des »Bürgerlichen Krieges«
als geschichtsphilosophisch-epochekritischer Ansatz, in: Philosophie und
Frieden. Beiträge zum Friedensgedanken in der deutschen Klassik. 1985,
S. 132–142.
Zu »Kabale und Liebe«: H. A. Korff: Geist der Goethezeit. Bd I. [8]1966, S. 205–
207 (zuerst 1923). – Ausgabe von E. M. Wilkinson u. L. A. Willoughby.
Oxford 1944. [2]1964, Einführung. – Erich Auerbach: Mimesis. 1946. [2]1959,
Kap. XVII. – Fritz Martini: Schillers »Kabale und Liebe«. Bemerkungen zur
Interpretation des »Bürgerlichen Trauerspiels«, in: Der Deutschunterricht,
1952, Heft 5, S. 18–39. – Walter Müller-Seidel: Das stumme Drama der
Luise Millerin, in: Goethe XVII, 1955, S. 91–103. – Joachim Müller: Schil-
lers »Kabale und Liebe« als Höhepunkt seines Jugendwerkes, in: J. M.: Wirk-
lichkeit und Klassik. 1955, S. 116–148. – Wolfgang Binder: Schiller: »Kabale
und Liebe«, in: Das deutsche Drama, hrsg. v. Benno von Wiese, 1958. [2]1960.
Bd I, S. 248–268. – Benno von Wiese: Friedrich Schiller. 1959, [3]1963, Kap.
X. – Herbert Kraft (Hrsg.): Schillers »Kabale und Liebe«. Das Mannheimer
Soufflierbuch. 1963 (S. 224: »In der Bühnenfassung ist die Bindung an den
Vater und die bürgerliche Welt für Louise bestimmender geworden«). – Knut
Lohmann: Schiller: »Kabale und Liebe«, in: Germanistik in Forschung und
Lehre. 1965, S. 124–129 (mit Diskussionsbeiträgen). – Wilfried Malsch: Der
betrogene Deus iratus in Schillers Drama »Louise Millerin«, in: Collegium
Philosophicum. Studien Joachim Ritter zum 60. Geburtstag. 1965, S. 157–
208. – Helmut Koopmann: Friedrich Schiller. Bd I. (Slg Metzler. 50). 1966.
[2]1977, S. 39–49. – Robert R. Heitner: Luise Millerin and the Shock Motif in
Schiller's Early Dramas, in: Germanic Review XLI, 1966, S. 27–44. – Rolf-
Peter Janz: Schillers »Kabale und Liebe« als bürgerliches Trauerspiel, in: Jb.
d. Dt. Schillergesellschaft XX, 1976, S. 208–228. – Hans-Dietrich Dahnke
u. Lutz Vogel: Die hohe Tragödie im bürgerlichen Trauerspiel. »Kabale und
Liebe«, in: Schiller. Das dramatische Werk in Einzelinterpretationen, hrsg. v.
H.-D. Dahnke u. Bernd Leistner. 1982, S. 64–88. – Sørensen (s. o. S. 18),
S. 176–189. – Hans Peter Herrmann: Musikmeister Miller, die Emanzipation der Töchter und der dritte Ort der Liebenden, in: Jb. der Dt. Schillergesellschaft XXVIII, 1984, S. 223–247. – Helmut Koopmann: »Kabale
und Liebe« als Drama der Aufklärung, in: Verlorene Klassik?, hrsg. v. Wolf-
gang Wittkowski. 1986, S. 286–308. – Bernd Fischer: »Kabale und Liebe«.
Skepsis und Melodrama in Schillers bürgerlichem Trauerspiel. 1987. – Mar-
tin Stern: Kein »Dolchstoß ins Herz des Absolutismus« … (s. o. S. 101). –
Friedrich A. Kittler: Schiller. Archäologie der Psychologie des bürgerlichen
Dramas, in: F. A. K.: Dichter, Mutter, Kind. 1991, S. 47–98. – Helmut
Scheuer: Theater der Verstellung – Lessings »Emilia Galotti« und Schillers
»Kabale und Liebe«, in: Der Deutschunterricht XLIII, Heft 6, 1991, S. 58–
74. – Jutta Greis: Drama Liebe. Zur Entstehungsgeschichte der modernen
Liebe im Drama des 18. Jhs. 1991, Kap. VII. – Cornelia Mönch: Abschrek-
ken oder Mitleiden. Das deutsche bürgerliche Trauerspiel im 18. Jh. 1993,
S. 331–336. – Peter-André Alt: Tragödie der Aufklärung. 1994, S. 270–289.

– Wolfgang Wittkowski: Verzeichnet, verfälscht, verweigert. Schillers »Kabale und Liebe«. Tendenzen der Forschung, alt und neu, in: Jb. d. Wiener Goethe-Vereins IC, 1995, S. 37–68. – Saße (s. o. S. 80), S. 263–284. – Helmut Koopmann: »Kabale und Liebe«, in: Schiller-Handbuch, hrsg. v. H. Koopmann, 1998, S. 365–378. – Claudia Pilling: Linguistische Poetik und literaturwissenschaftliche Linguistik? Anmerkungen zu Schillers »Kabale und Liebe«, in: Sprachspiel und Bedeutung. Festschrift für Franz Hundsnurscher, hrsg. v. Susanne Beckmann u. a. 2000, S. 439–449. – Peter-André Alt: Schiller. 2000, Bd I, S. 351–372. – Hans Schulte: Schillers »Kabale und Liebe«. Versuch einer Wiederherstellung, in: GRM L, 2000, S. 77–102. – Stefan Neuhaus: »Daß die Zärtlichkeit noch barbarischer zwingt als Tyrannenwut!« Zur Problematisierung von Familienstrukturen in Schillers Dramen, in: Jb. f. Internationale Germanistik XXXIII: 1, 2001, S. 98–111. – Theo Elm: Das soziale Drama. Von Lenz bis Kroetz. 2004, S. 88–108. – Matthias Luserke-Jaqui: Friedrich Schiller. 2005, S. 114–135. – Günter Saße: Liebe als Macht. »Kabale und Liebe«, in: Schiller. Werk-Interpretationen, hrsg. v. G. Saße. 2005, S. 35–55. – Karl S. Guthke: Schillers Dramen. Idealismus und Skepsis. [2]2005, Kap IV u. S. 319–323. – J. M. van der Laan: »Kabale und Liebe« Reconsidered, in: A Companion to the Works of Friedrich Schiller, hrsg. v. Steven D. Martinson. Rochester, NY, 2005, S. 115–135. – E. Schön: »Kabale und Liebe«: (Kein) bürgerliches Trauerspiel. Schiller und Otto von Gemmingens »Der deutsche Hausvater«, in: Bürgerlichkeit im 18. Jh., hrsg. v. Hans-Edwin Friedrich u. a., angekündigt für 2006.
Zu »Don Karlos«: Klaus-Detlef Müller: Die Aufhebung des bürgerlichen Trauerspiels in Schillers »Don Karlos«, in: Friedrich Schiller. Angebot und Diskurs, hrsg. v. Helmut Brandt. 1987, S. 218–234. – François Genton: »Don Carlos«, doch ein Familiengemälde?, in: Aurora LX, 2000, S. 1–11.

V. Verfall, Wandlung, Nachspiele

1. Schwundformen in der Goethezeit

»Kabale und Liebe« wurde vielfach nachgeahmt, aber tragisch hat keiner der Bearbeiter den Stoff gefaßt (Hauffen, S. XXI). Das ist symptomatisch für die Entwicklung des bürgerlichen Genres am Ausgang
des Jahrhunderts. Wenn sich schon in den fünfziger Jahren bgl. Tr.
und ernsthaftes Lustspiel einander annäherten und dadurch der intermediären Gattung des rührenden Familienschauspiels zumindest den
Weg bahnten, so ist der Zug zu solchen bürgerlichen Sittengemälden
in den beiden letzten Jahrzehnten des 18. Jhs dominant geworden,
nicht zuletzt, wie Rochow (s. o. S. 6) betont, unter dem »unmittelbar spürbaren Einfluß« Diderots, der damit zum »Urvater des deutschen Trivialdramas« werde (S. 87f.). Das Tragische des bgl. Tr., von
Anfang an in Gefahr, moralisiert und sentimentalisiert zu werden*,
schwächt sich nun merklich ab. Besonders augenfällig wird das im
Vermeiden des unglücklichen Endes; aber in der Regel ist schon das
ganze Drama im Ton auf einen solchen Schluß angelegt (Schaer,
S. 7–13, 21–26; Nolte, S. 202–209; vgl. o. S. 69 zu Duschs und
Buris bgl. Tr.). Das Resultat ist das bürgerliche Familiengemälde, wie
diese Dramen gern heißen. (Auch ein »fürstliches Original-Familien-
Gemälde« kommt vor: Johann Carl Wilhelm Palms »Fürstenglück«,
1796, worin dem Vorwort zufolge »das häusliche Glück eines durch
Liebe beglückten Fürstenpaars« geschildert wird.) Die gesellschaftskritische Schärfe des bgl. Tr. des Sturm und Drang schleift sich ab.
Statt dessen stellt das Familienschauspiel die Welt des Mittelstands,
genauer: des Besitz- und Bildungsbürgertums, nicht ohne Selbstgefälligkeit dar. Ihr Wert soll sichtbar werden, den dann Hebbel, am
kleinbürgerlichen Paradigma, als falschen Schein entlarven wird. Die
Sozialgesinnung ist konservativ; der Ständestaat wird nicht angetastet, wenn auch einzelne Adelige als verwerflich gezeichnet werden;
man fühlt sich an seinen gesellschaftlichen Ort gebunden; Obrigkeits-

---

* Daraus ist jedoch nicht generell zu schließen, daß »Familiendrama« eine
  sachlich angemessenere Bezeichnung sei als »bgl. Tr.«, wie z.B. Pikulik
  (1966, S. 18) meint.

treue ist selbstverständlich; tugendhaft-gesinnungstüchtig, manchmal deutschtümelnd, lebt man saturiert und pflichtbewußt in seinem Kreis von Familie und kleinstädtischer Nachbarschaft, in einer bis zum Trivialen realistisch ausgemalten geschlossenen Welt; die Rührungsfreudigkeit hält der Lehrhaftigkeit die Waage. Heroik ist verpönt; Biedersinn ist Trumpf. Gemmingen, Iffland, Schröder und (oft mit dem Akzent des Exotischen) Kotzebue sind die Hauptautoren dieser Dramengattung der Spätaufklärung (Krause). Da sie sämtlich versierte Handwerker des zugkräftigen Stückeschreibens sind, erreicht das bürgerliche Drama, das nun nur noch ausnahmsweise bgl. Tr. ist oder als solches auf der Titelseite deklariert wird, mit ihnen seine größten Publikumserfolge, selbst im Mannheimer Nationaltheater und im Weimar Goethes und Schillers. Schillers Xenion »Shakespeares Schatten« (1797) und Goethes »Prolog zur Eröffnung des Berliner Theaters am 26. Mai 1821« haben es nicht zu Unrecht getroffen – wenn man es als literarische Leistung statt als gekonnte Unterhaltungsdramatik ernstnimmt. Allerdings ist in neuster Zeit der anregende und einleuchtende Versuch unternommen worden, das Familienschauspiel ungeachtet seiner literarischen Mediokrität als gesellschaftshistorisches Phänomen zu würdigen: als Spiegelung der Spannungen im sozialen Gefüge der Zeit, sofern es die ganze Skala »zwischen Affirmation bürgerlicher Werte und progressiver Kritik von individualistischer Warte« zu erkennen gibt (Ladendorf). Es versteht sich von daher als Instrument der Erziehung zu bürgerlicher Tugend und zur Erkenntnis unbürgerlichen Fehlverhaltens.

Die Klassiker selbst unternehmen nicht den Versuch, das bürgerliche Drama auf eine ihren ästhetischen Anschauungen entsprechende literarische Höhe zu heben. Werke wie Goethes »Faust« und »Die natürliche Tochter« oder Schillers »Don Karlos« (s. o. S. 104), »Wallenstein« und »Wilhelm Tell« wird man nicht sinnvoll für die Gattung reklamieren können, es sei denn, man definiere diese in verschwommenster und unhistorischer Weise (vgl. den Versuch von Wolfgang Albrecht, eine »Nachwirkung« des bgl. Tr. im »Wallenstein« zu entdecken, in dem von Dietrich Sommer herausgegebenen Band »Probleme der Kunstwirkung«, 1979, S. 167–174). Die Romantiker, besonders Tieck (Vorrede zu F. L. Schröders »Dramatischen Werken«, 1831, S. XXVI) und A. W. Schlegel (24., 34. und 37. Wiener Vorlesung), lehnen das bürgerliche Genre einschließlich des bgl. Tr. ebenfalls ab als unpoetisch und zu lebenspraktisch orientiert (vgl. Mortier [s. o. S. 41], S. 105–116). Eine interessante Ausnahme ist jedoch ein anonymer Aufsatz »Über das deutsche Familiengemälde« in dem von Heinrich von Kleist und Adam Müller herausgegebenen »Phöbus. Ein Journal für die Kunst«: Er lehnt das Familiengemälde, das

er auch »bürgerliches Drama« nennt, zwar ebenfalls ab wegen seiner
Oberflächlichkeit und thematischen »Unwesentlichkeiten«, faßt aber,
vielleicht in Erinnerung an »Die Familie Schroffenstein«, ein »ächtes
Familiendrama« von authentischer Tragik als Möglichkeit ins Auge:
»In den einfachsten Familiensituationen unsres häuslichen Lebens
walten« noch dieselben Mächte, die im Hause der Atriden herrsch-
ten« (Bd I, 11.–12. Stück, 1808, S. 49–50). Das Stichwort »bgl. Tr.«
fällt hier allerdings nicht.

Wiederbelebt wird das bgl. Tr. erst um die Wende zu den 1840er
Jahren von den Jungdeutschen. Aus den vorausgehenden vier Jahrzehnten des Jahrhunderts ist allenfalls an drei Stücke zu erinnern, von
denen zwei nur als Annäherungen an die Gattung verstanden werden
können. Alle drei gehören in den Umkreis der Romantik und Spätro-
mantik. Ludwig Roberts (in zwei beigegebenen gattungstheoretischen
»Briefen« als bgl. Tr. deklariertes) Stück »Die Macht der Verhältnisse«
(1819) weist entfernt zurück auf den Sturm-und-Drang-Typus der
Gattung und voraus auf den jungdeutschen. Denn auch hier wird die
Tragödie heraufbeschworen durch den Konflikt der Stände (Offiziers-
adel, Bürgertum) und ihrer Ehrbegriffe, genauer durch die Macht
»vernunftwidriger« »sanktionirter Vorurtheile, die [...] zu festen gesellschaftlichen Formen sich gesteigert haben«, eben durch die »Verhältnisse« (S. 137). Und zwar zeigt sich deren Macht, die nichts Geringe-
res als das Fatum der klassischen Tragödie ersetzen soll, am Exempel
von »Normalbegebenheiten«, die »aus dem Geiste der Zeit« hervor-
gehen (S. 141). Deutet das auf einen ernstzunehmenden Versuch zur
Erneuerung des bgl. Tr., so weicht Robert am Schluß seines Dramas
doch der Konsequenz der Gattung aus, indem er mit der adligen
Abstammung des ehrpusseligen Exponenten des Bürgertums über-
rascht und das bgl. Tr. ins sentimentale Familiendrama umbiegt – mit
dem entscheidenden und ihm wichtigen Unterschied allerdings, daß
er bei der eingeschlagenen tragischen Richtung beharrt.

Als Versuch im Genre des bgl. Tr. ist das 1830/31 entstandene,
1835 veröffentlichte »Trauerspiel« »Schwert und Hand« von Michael
Beer, dem Bruder des Opernkomponisten Meyerbeer, gedacht – so sein
Freund und Herausgeber Eduard von Schenk (S. XXIII) und man-
che spätere Beurteiler (z.B. Arnold [s.u. S. 129], S. 609). In Wirklich-
keit ist es eine Liebestragödie, in der das Moment der soldatischen
Bewährung des bürgerlichen Offiziers vor der adligen Familie seiner
Geliebten nur eine ganz untergeordnete Rolle spielt.

Karl von Holteis »Bürgerliches Drama« »Ein Trauerspiel in Berlin«
(1838 gedruckt, 1832 uraufgeführt) ist eine theatralische Kolportage,
allenfalls dadurch interessant, daß »bürgerlich« hier so viel wie städ-
tisch, großstädtisch im pointierten Gegensatz zur harmlosen Idyllik

des Landes bedeuten dürfte. Die Entfremdung von den patriarchalisch-einfachen Lebensformen des Grundbesitzertums soll für den moralischen Verfall einer Familie verantwortlich sein, der tatsächlich durch romanhaft arrangierte Verwicklungen und trivialliterarische Charaktergebung herbeigeführt wird.

Literatur

Vgl. o. S. 16–18, besonders:
Selver, S. 98–126: »Der saturierte Bürger. Familiengemälde«.
Pikulik, 1966, S. 168–169: »Vom ›bürgerlichen Trauerspiel‹ zum ›Schauspiel‹«.

Ferner:
Adolf Hauffen (s.o. S. 115), S. XVII-XXXIV.
Albert Ludwig: Ritterdrama und Familiengemälde, in: Das deutsche Drama, hrsg. v. Robert F. Arnold. 1925. Reprint 1972, S. 405–436.
Peter Hacks: Das Theaterstück des Biedermeier (1815–1840). Diss. (Masch.) München 1951.
Horst Albert Glaser: Das bürgerliche Rührstück. Analekten zum Zusammenhang von Sentimentalität mit Autorität in der trivialen Dramatik Schröders, Ifflands, Kotzebues und anderer Autoren am Ende des 18. Jhs. 1969. (Rez. v. Richard Alewyn in: Germanistik XI, 1970. S. 748–749.)
Karl S. Guthke: Deutsches Nationaltheater. Gemmingens »Mannheimer Dramaturgie«, in: K. S. G.: Literarisches Leben im 18. Jh. in Deutschland und in der Schweiz. 1975, S. 266–281.
Krystyna Stefańczyk: Das bürgerliche Trivialdrama im 18. Jh., in: Germanica Wratislavensia, Nr. 27 (= Acta Universitatis Wratislavsensis, Nr. 323). 1976, S. 91–108.
Markus Krause: Das Trivialdrama der Goethezeit, 1780–1805. Produktion und Rezeption. 1982.
Ingrid Ladendorf: Die Familie unter dem Patronat des Deus-ex-Machina. Zum deutschen Familienschauspiel (1750–1800) zwischen Affirmation und Subversion bürgerlicher Werte, in: Bürgerlichkeit im Umbruch, hrsg. v. Helmut Koopmann. 1993, bes. S. 93–107.

Iffland:
Eloesser (s.o. S. 17), Kap. VII. – Ulmann (s.o. S. 17), Kap. VI. – Karl Heinz Klingenberg: Iffland und Kotzebue als Dramatiker. 1962. – Sigrid Salehi: August Wilhelm Ifflands dramatisches Werk. Versuch einer Neubewertung. 1990. S. auch oben S. 84.

Kotzebue:
Eloesser (s.o. S. 17), Kap. VII. – Schaer (s.o. S. 17), S. 105–116. – Klingenberg (vgl. o. zu Iffland). – Robert L. Kahn: Kotzebue. His Social and Political Attitudes. The Dilemma of a Popular Dramatist in Times of Social Change. Diss. (Masch.) Toronto 1950. – Henriette Mathes-Thierfelder:

August von Kotzebue und das Bürgertum um 1800 im Spiegel seiner dramatischen Werke. Diss. (Masch.) München 1953. – Frithjof Stock: Kotzebue im literarischen Leben der Goethezeit. Polemik – Kritik – Publikum.
1971. – Oscar Mandel: August von Kotzebue. The Comedy, the Man. University Park, PA, 1990. – Armin Gebhardt: August von Kotzebue. Theater-
genius zur Goethezeit. 2003.

Schröder:
Eloesser (s.o. S. 17), Kap. III. – Ulmann (s.o. S. 17), Kap. V. – Berthold Litz-
mann: Friedrich Ludwig Schröder. Bd I. 1890. Bd II. 1894.

Robert:
Wilhelm Haape: Ludwig und Friederike Robert. 1896. – Lothar Kahn:
Ludwig Robert: Rahel's Brother, in: Leo Baeck Institute Yearbook XVIII,
1973, S. 185–199.

Beer:
Eduard von Schenk (Hrsg.): Sämmtliche Werke von Michael Beer. 1835, Einleitung. – Goedeke. [2]VIII. 1905, S. 564–571. – Lothar Kahn: Michael Beer
(1800–1833), in: Leo Baeck Institute Year Book XII, 1967, S. 149–160.

Holtei:
Alfred Moschner: Holtei als Dramatiker. 1911. – Max Back: Holteis Stellung
zu den politischen Strömungen seiner Zeit. Diss. Münster 1914.

2. Das bürgerliche Tendenzdrama
        des Jungen Deutschland

Die nachdrücklich sozial und speziell bürgerlich orientierte Neube-
stimmung von Wesen und Funktion der Dichtung in den program-
matischen Verlautbarungen des Jungen Deutschland erweckt die
Erwartung, daß diese von 1830 datierende Bewegung eine Affinität
zum bgl. Tr. besitze. Hatte doch Börnes Kritik an Schillers Tell als des
sich duckenden Kleinbürgers schon 1829 den Weg in diese Richtung
gewiesen. Bereits für die Zeitgenossen besteht die epochale Bedeutung das Jungen Deutschland, und zwar namentlich Gutzkows, in der
Erneuerung des deutschen Dramas in Gestalt des aktuellen sozialkritischen Bühnenstücks, das den – in der Regel bürgerlichen – »Menschen im Kampf mit der Gesellschaft« zeigt (Hebbel, »Mein Wort
über das Drama!«; Dithmar, S. 25–27, 67).
    Zugleich aber wirkt der überwiegende sozialpolitische Optimis-
mus der Jungdeutschen der *tragischen* Behandlung zeitgenössischer
Gesellschaftsprobleme entgegen. Daher entstehen relativ wenige als

tragisch zu bezeichnende bürgerliche Dramen; eine größere Zahl gehört dem Schauspieltypus oder der Gattung des satirischen Zeitstücks an, ganz zu schweigen von den Dramatisierungen historischer Stoffe im Sinne der jungdeutschen Ideologie. Für eine Geschichte des bgl. Tr. kommt als einziger jungdeutscher Autor Karl Gutzkow in Betracht, der den Weg zum Bühnenstück überdies erst spät, 1839, gefunden hat. Er hat ihn aber, mit Unterbrechungen, bis in die fünfziger Jahre weiterverfolgt. Seine gesellschaftskritische bürgerliche Dramatik fällt also in zwei Jahrzehnte, die in der üblichen literarhistorischen Epocheneinteilung nicht mehr zum Jungen Deutschland gerechnet werden. Doch ist Gutzkow auch in dieser Zeit seinem jungdeutschen Ideengut treu geblieben, obwohl es bereits in den vierziger Jahren von den Autoren des »Vormärz« als nicht radikal genug unter Beschuß genommen wurde.

Mit den Stürmern und Drängern, als deren Nachfahren schon die Jungdeutschen selbst sich gelegentlich verstanden, verbindet Gutzkow die Behandlung gegenwärtiger Gesellschaftsprobleme im tragischen und ernsten Drama. Dessen Gegenstand sind besonders die überlebten Konventionen, wozu in erster Linie wieder – oder noch – die Ständetrennung gehört (auch in Dramen*entwürfen* der vierziger Jahre, vgl. Houben, 1898, S. 8, 13). Was Gutzkow von den meisten Stürmern und Drängern unterscheidet, ist jedoch, statt der geniezeitlichen Resignation und Skepsis auch und gerade gegenüber dem Bürgertum, die fortschrittsgläubige Tendenz seiner bürgerlichen Ideologie. Nicht nur um die Widerspiegelung der tatsächlichen Verhältnisse kann es sich daher für ihn handeln, sondern zugleich um die zielstrebige sozialpolitische Opposition gegen sie und ihre Denkformen vom Standpunkt einer bürgerlichen Reformgesinnung. Das Drama wird Waffe im Kampf um die Emanzipation des Bürgertums. Nicht darüber hinwegtäuschen kann die häufige, schon aus dem Sturm und Drang vertraute vulgär-rousseauistische Formulierung der Gegensätze im Sinne von verderbter Zivilisationsgesellschaft und unverbildeter Natürlichkeit, zu der es zurückzukehren gelte. (So auch besonders eindringlich Ernst Willkomms Aufsatz »Das moderne Gesellschaftsleben und die sociale Tragödie« in den »Jahrbüchern für Drama, Dramaturgie und Theater«, Bd II, 1839, S. 105–109). Denn die vor dem Forum der »Natürlichkeit« des Gefühls geltenden Wertungen hat sich bei Gutzkow eindeutig das liberale Bürgertum zu eigen gemacht.

Gutzkows Gegenwartsdramen – keins trägt den Untertitel »bürgerliches Trauerspiel« – behandeln »mit einer gewissen Vollständigkeit die Fragen der gesellschaftlichen Emanzipation (Eloesser [s. o. S. 17], S. 209). Sie leben aus den »gewichtigen Ideen«, die Hebbel Gutzkow zugestand, »aber das poetische Talent ist ihnen nicht gewach-

sen« (Hebbels Tagebuch, 31. Dez. 1839). Sie neigen zum Zerreden,
zur sentimentalen Überdeutlichkeit, zum theatralischen Effekt. Zeigt
das eine gewisse Bereitschaft, sich vom Publikumsgeschmack bestimmen zu lassen, so erst recht die Änderungen, die Gutzkow, die Fol-
gerungen aus der Resonanz der Aufführungen ziehend, unermüd-
lich vornahm. Sie betreffen namentlich den Dramenausgang, dem
Gutzkow eine versöhnliche Note zu geben liebt. »Wie nachgiebig
macht – das Glück!« (»Werner«, Vorrede). Diese Flexibilität hat
auch dazu geführt, daß die Textgeschichte seiner Dramen bis heute
schwer zu übersehen ist, was wiederum interpretatorische Details
zu relativieren angetan ist.

Die gesellschaftlichen Konventionen der Zeit stellen in allen bürgerlichen Problemstücken Gutzkows das »Problem«. Immer aber ist
die Gestaltung und Erörterung des gesellschaftlichen Problems aufs
engste verbunden mit der Darstellung eines allgemeineren Themas
menschlichen Miteinanderlebens, das an sich mit bestimmten gesellschaftlichen Verhältnissen und Institutionen wenig zu tun hat. So
geht es in »Richard Savage« (1839 uraufgeführt), »Werner« (1840
uraufgeführt) und »Ottfried« (1849 uraufgeführt) zwar einerseits um
den gesellschaftlichen Aufstiegswillen eines Bürgerlichen, der in der
einen oder anderen Weise nach der Aufnahme in den höheren Stand
strebt, sowie um die Hartnäckigkeit des Vorurteils der Aristokratie,
die die bestehende »unnatürliche« Konvention, die Ständetrennung,
als Schutz ihrer Privilegien gutheißt. Verquickt mit diesem aktuellen
Gesellschaftsproblem ist jedoch im ersten Stück das Thema des Verhältnisses des illegitimen Sohns zu seiner Mutter, in den beiden anderen das des Mannes zwischen zwei Frauen. Entsprechend ist auch die
Lösung der tragischen Spannung am Schluß des Dramas von zwei
Gesichtspunkten aus zu sehen. Vom Blickpunkt des gesellschaftlichen
Konflikts triumphiert in allen dreien letztlich die bürgerliche standesbewußte Gesinnung und damit die jungdeutsche »Tendenz«: direkt
in »Werner« und »Ottfried« im Bekenntnis des bürgerlichen Helden
zu seiner Herkunft und in seiner Ablehnung der in gesellschaftlicher
Verblendung erstrebten »höheren« Lebensform; indirekt in »Richard
Savage«, indem die standesstolze aristokratische Mutter ihr Vorurteil
aufgibt und ihren unehelichen Sohn anerkennt, freilich zu spät: das
ideologisch versöhnliche Ende wird hier mit tragischer Ironie artikuliert, während die beiden anderen tragisch angelegten Stücke eher
schauspielmäßig ausklingen.

Drei weitere Stücke behandeln ebenfalls gesellschaftliche Probleme,
die sich aus der Herrschaft der Konvention ergeben, doch spielt hier
der Standeskonflikt keine Rolle; es bleibt aber die Unter- oder Über-
lagerung des gesellschaftlichen Problems durch ein psychologisches

Thema. Lehnte sich schon in den genannten Stücken die Stimme der Natur gegen die Konvention auf, so in diesen noch viel deutlicher. »Ein weißes Blatt« (1842 uraufgeführt) gestaltet den Konflikt von natürlichem Empfinden und Bindung durch die konventionelle Institution der Verlobung, zugleich wieder das Thema des Mannes zwischen zwei Frauen. »Ella Rose« (1856 uraufgeführt) behandelt die Emanzipation der Frau aus der ihr von der Gesellschaft konventionell zudiktierten Rolle zur Erfüllung im künstlerischen (schauspielerischen) Beruf, zugleich das Motiv der Eifersucht in der Liebe. Während aber diese beiden tragischen Gegenwartsdramen jedenfalls äußerlich versöhnt enden mit dem Sieg des für die liberale Gesinnung Rechten, so läßt das »Volkstrauerspiel« »Liesli« (1849 uraufgeführt) die tragische Dissonanz in aller Kraßheit bestehen: das Eherecht ist zur Debatte gestellt, und damit speziell wieder (wie in »Ella Rose«, doch hier in dörflich-kleinbürgerlichem Milieu) die Frage nach dem Recht der Frau auf Selbstbestimmung. Wenn der Konflikt der strikten Eheauffassung mit dem Bestehen der Frau auf ihrem Eigenrecht hier Mann und Frau zugrunde gehen läßt, so ist diese Entwicklung jedoch ebenfalls wieder eng verbunden mit dem Charaktergegensatz, der in psychologischer Durchleuchtung plausibel gemacht wird.

Literatur

Gesellschaftliche Verhältnisse:
Bürger und Bürgerlichkeit im 19. Jh., hrsg. v. Jürgen Kocka. 1987.
Bürgertum im 19. Jh., 3 Bde, hrsg. v. Jürgen Kocka. 1988. ²1995.
Helmut Koopmann: Das Junge Deutschland. 1993.

Dramaturgie und Literaturkritik

Allgemeines:
Otto Kohlermann: Der Dramenbegriff des jungen Deutschland. Diss. (Masch.) München 1921. – Werner Storch: Die ästhetischen Theorien des jungdeutschen Sturms und Drangs. Diss. Bonn 1924. – Helmut Förster: Studien zum jungdeutschen Begriff vom Drama. Diss. Breslau 1930. – Hugo von Kleinmayr: Welt- und Kunstanschauung des Jungen Deutschland. Studien zur Geistesgeschichte des 19. Jhs. 1930. – Günther Bliemel: Die Auffassung des Jungen Deutschlands von Wesen und Aufgabe des Dichters und der Dichtung. Diss. (Masch.) Berlin (F. U.) 1955. – Margret Dietrich: Europäische Dramaturgie im 19. Jh. 1961, Kap. XI: »Jungdeutsches Zwischenspiel: Bekenntnis zum Leben«. – Otto-Reinhard Dithmar: Deutsche Dramaturgie zwischen Hegel und Hettner und die Wende von 1840. Diss. Heidelberg 1966. – Horst Denkler: Revolutionäre Dramaturgie und revolutionäres Drama in Vormärz und Märzrevolution, in: Gestaltungsgeschichte und Gesellschaftsgeschichte, hrsg. v. Helmut Kreuzer. 1969, S. 306–337. – ders.: Politische Dra-

maturgie. Zur Theorie des Dramas und des Theaters zwischen den Revolu-
tionen von 1830 und 1848, in: Deutsche Dramentheorien; hrsg. v. Reinhold
Grimm. 1971. Bd II, S. 345–373. – Hartmut Steinecke: Kritik als Literatur?
Zur Neuorientierung der Literaturkritik im Jungen Deutschland, in: Festschrift für Friedrich Kienecker, hrsg. v. Gerd Michels. 1980, S. 247–264. –
ders.: Literaturkritik des Jungen Deutschland. Entwicklungen – Tendenzen
– Texte. 1982. – Leo Löwenthal: Das Junge Deutschland – die Vorgeschichte
des bürgerlichen Bewußtseins, in: L.L.: Das bürgerliche Bewußtsein in der
Literatur. 1981, S. 317–339.

Wienbarg:
Victor Schweizer: Ludolf Wienbarg als jungdeutscher Ästhetiker und Kunst-
kritiker. Diss. Leipzig 1896. – Walter Dietze (Hrsg.): Wienbarg: »Ästhetische
Feldzüge«. 1964, Einführung.

Willkomm:
Fritz Hinnah: Ernst Willkomm. Ein Beitrag zur Geschichte des ›Jungen
Deutschland‹. Diss. Münster 1915.

Börne:
Wolfgang Schimming: Ludwig Börnes Theaterkritik. 1932 – Wolfgang
Labuhn: Literatur und Öffentlichkeit im Vormärz. Das Beispiel Ludwig
Börne. 1980.

Laube:
Alexander von Weilen (Hrsg.): Laube: »Theaterkritiken und dramaturgische Aufsätze«. 2 Bde. 1906, Einführung. – Wolfgang Förster: Laubes dramatische Theorie im Vergleich zu seiner dramatischen Leistung. Diss. Breslau 1932. – Erich Ziemann: Heinrich Laube als Theaterkritiker. 1934. – Eva
Stahl-Wisten (Hrsg.): Laube: »Schriften über Theater«. 1959, Einführung. –
Ellen von Itter: Heinrich Laube. Ein jungdeutscher Journalist und Kritiker.
1989. – Jakob Karg: Poesie und Prosa. Studien zum Literaturverständnis des
Jungdeutschen Heinrich Laube. 1993, S. 170–175.

Gutzkow:
Harry Iben: Gutzkow als literarischer Kritiker. Die jungdeutsche Periode.
Diss. Greifswald 1928. – Klemens Freiburg-Rüter: Der literarische Kritiker
Karl Gutzkow. 1930. – Elizabeth McConkey: Karl Gutzkow as Literary
Critic, with Special Emphasis on the Period 1852–1862. Diss. Chicago
1941. – Eitel Wolf Dobert: Karl Gutzkow und seine Zeit. 1968. – Bernd
Wegener: Karl Gutzkow. Literaturkritik und Zeitgeist. Anmerkungen zu
einigen Prämissen jungdeutscher Literaturkritik, in: Zs. f. Religions- u. Gei-
stesgeschichte XXXIII, 1981, S. 289–322. – Joachim Jendretzki: Karl Gutzkow als Pionier des literarischen Journalismus. 1988. – Lucien Calvié: Karl
Gutzkow et la révolution de 1848, in: 1848 und der deutsche Vormärz, hrsg.
v. Peter Stein u. a. 1998, S. 55–65. – Norbert Trobitz: Der Literaturkritiker
Karl Gutzkow. Diss. Düsseldorf 2003.

Dramatik

Allgemeines:
Robert F. Arnold: Tendenz- und Gegenwartsdrama, in: Das deutsche Drama, hrsg. v. R. F. A. 1925. Reprint 1972, S. 605–619. – Paul Malthan: Das Junge Deutschland und das Lustspiel. 1930, S. 73–77: »Lustspiel und Trauerspiel«. – Hanna Bessler: Studien zum Historischen Drama des Jungen Deutschland. Diss. Leipzig 1935. – Susanne Ghirardini-Kurzweil: Das Theater in den politischen Strömungen der Revolution von 1848. Diss. München 1960. – Horst Denkler: Das Drama der Jungdeutschen. Glanz und Elend eines Erneuerungsversuchs, in: Zs. f. dt. Philol. XCI, 1972, Sonderheft »Heine u. s. Zeit«, S. 110–130; ders.: Restauration und Revolution. Politische Tendenzen im deutschen Drama zwischen Wiener Kongreß und Märzrevolution. 1973, S. 254–276.

Gutzkow:
Heinrich Hubert Houben: Studien über die Dramen Karl Gutzkows. I. Hinterlassene Dramen-Entwürfe. II. »Ein weißes Blatt«. Diss. Greifswald 1898. – August Caselmann: Karl Gutzkows Stellung zu den religiös-ethischen Problemen seiner Zeit. 1900. – Heinrich Hubert Houben: Karl Gutzkows Dramen, in seiner Ausgabe von Gutzkows »Ausgewählten Werken in zwölf Bänden«. o.J. (1908). Bd II, S. 3–59. – Paul Weiglin: Gutzkows und Laubes Literaturdramen. 1910 (zu »Richard Savage«). – Eduard Metis: Gutzkow als Dramatiker. 1915. – Eitel Wolf Dobert: s.o. S. 128. – Edward McInnes: German Social Drama. 1840–1900. 1976, S. 11–24. – Roger Jones: Gutzkows Dramen. Möglichkeiten und Grenzen der Innovation, in: Karl Gutzkow. Liberalismus – Europäertum – Modernität, hrsg. v. R. J. u. Martina Lauster. 2000, S. 181–196.

3. Hebbel und die »Tragödie des Bürgertums«

In eine neue, für manche Beurteiler in die Schluß-Phase führt Hebbel das deutsche bgl. Tr. mit seiner »Maria Magdalena«, die im Untertitel eigens als Exemplar der Gattung ausgewiesen ist (der Druckfehler der Erstausgabe, 1844, »Maria Magdalene«, hat sich stellenweise bis heute behauptet). Vom Jungen Deutschland und insbesondere von Gutzkow – mit dem ihn die Zeitgenossen gelegentlich in einem Atem nannten, mit dem er auch selbst zeitweilig »gemeinschaftlich streben« zu können glaubte (Tgb. 5159, vgl. 1652) und dem er in »Mein Wort über das Drama!« immerhin das Verdienst zubilligte, das »sociale Thema« aufgegriffen zu haben – trennt Hebbel sich jedoch gerade als Theoretiker und Praktiker des bgl. Tr. grundsätzlich. Nicht nur schienen ihm Gutzkows

bgl. Tr. »Richard Savage« und »Werner« trivial und armselig (Tgb.
1771, 1925), nicht nur blieben für ihn Gutzkows Werke generell
sogar noch hinter Iffland und Kotzebue zurück (Tgb. 3852). Vor
allem störte ihn die »fatale tendenziöse Spitze, die durch so viele
Arbeiten des jungen Deutschlands, wie eine Stecknadel, hindurch-
ging« (»Sämtliche Werke«, hrsg. v. R. M. Werner, Bd ^{2}XII, 1904,
S. 214). Für das eigene bgl. Tr. behauptete er dagegen im Vorwort
eine tendenzfreie, philosophisch allgemeinere Zeitgemäßheit (s.u.
S. 134f.), die sich von der allzu aktuellen und unpoetischen Gutzkows unterscheide und mit der er den erfolgreichen Gutzkow auf
dem Theater auszustechen hoffte (an Julius Campe, 2. Juni 1844).
Vor allem aber gewinnt Hebbel dem Drama, auch und besonders
in seinem bgl. Tr., die spätestens seit dem Ende der Goethezeit
verlorene Dimension des Tragischen zurück, und zwar in der Form
einer nicht zuletzt »autobiographisch verwurzelten Lebens-Tragik«
(Elm, S. 144).

Bei Hebbel hat darüber hinaus die Bezeichnung »bgl. Tr.« einen
nicht nur gegenüber dem Jungen Deutschland, sondern auch gegenüber der ganzen Tradition der Gattung neuen Sinn, so sehr »Maria
Magdalena« auch typische Motive und Konstellationen aus der Blütezeit der Gattung im 18. Jh. aufgreift (Hart, Scheuer).

Daß Hebbel den Untertitel hinzugefügt habe, »um nicht den Eindruck entstehen zu lassen, es handle sich – wie bei ›Judith‹ – um die
Dramatisierung eines biblischen Stoffes« (Pörnbacher, S. 12), trifft
nicht zu. Wohl hat er, um »Mißverständnissen« zuvorzukommen, auf
das Manuskript, das er am 11. Dez. 1843 der Schauspielerin Auguste
Stich-Crelinger zur Begutachtung schickte, »für's Erste den allgemeinen [Titel]: ein bürgerliches Trauerspiel! gesetzt«. Aber schon als das
Werk noch unbiblisch »Klara« heißen sollte, nannte er es »das bürgerliche Trauerspiel Klara« (Tgb. 2408, 28. Dez. 1841), und 1843
meldet das Tagebuch mehrfach die Arbeit am »bürgerlichen Trauerspiel«, wobei dies als alleiniger Titel fungiert (Tgb. 2677, 2801, 2910,
2926; vgl. an Elise Lensing, 5. Dez. 1843). Hebbel war sich weiterhin im klaren über die Neudeutung, der er den Begriff »bgl. Tr.« im
Zug der Kritik an seiner bisherigen Geschichte unterzog. Der konventionelle Begriff trat ihm in Stücken wie »Der Hofmeister«, »Die Soldaten« und »Emilia Galotti« entgegen, die er in der Konzeptionszeit
der »Maria Magdalena« (1839) gelesen hat (Zincke, S. 39–42). Diesen Typus, dem auch noch das bgl. Tr. Gutzkows angehört (Standeskonflikt; Spannung von gesellschaftlicher Konvention und vulgär-
rousseauistischer »Natur«), suchte er umzugestalten:

Es war meine Absicht, das bürgerliche Trauerspiel zu regeneriren und zu zeigen, daß auch im eingeschränktesten Kreis eine zerschmetternde Tragik möglich ist, wenn man sie nur aus den rechten Elementen, aus den diesem Kreise
selbst angehörigen, abzuleiten versteht. Gewöhnlich haben die Poeten, wenn
sie bürgerliche Trauerspiele zu schreiben sich herabließen, es darin versehen,
daß sie den derben, gründlichen Menschen, mit denen sie es zu thun hatten,
allerlei übertriebene Empfindeleien oder eine stöckige Bornirtheit andichte-
ten, die sie als amphibienhafte Zwitter-Wesen, die eben nirgends zu Hause
waren, erscheinen ließen. (Tgb. 2910, 4. Dez. 1843)

Speciell hatte ich bei diesem Stück noch die Absicht, das bürgerliche Trauerspiel einmal aus den dem bürgerlichen Kreise ursprünglich eigenen Elementen, die nach meiner Ansicht einzig und allein in einem tiefen, gesunden
und darum so leicht verletzlichen Gefühl und einem durch keinerlei Art von
Dialektik und kaum durch das Schicksal selbst zu durchbrechenden Ideen-
kreis bestehen, aufzubauen. Wenn dies Stück daher, abgesehen von der grö-
ßeren Kette, in der es ein nothwendiges Glied bildet, ein partielles Verdienst
hat, so dürfte es darin liegen, daß hier das Tragische nicht aus dem Zusammenstoß der bürgerlichen Welt mit der vornehmen, woraus freilich in den
meisten Fällen auch nur ein gehaltloses Trauriges hervorgeht, abgeleitet ist,
sondern ganz einfach aus der bürgerlichen Welt selbst, aus ihrem zähen und
in sich selbst begründeten Beharren auf den überlieferten patriarchalischen
Anschauungen und ihrer Unfähigkeit, sich in verwickelten Lagen zu helfen.
(An Auguste Stich-Crelinger, 11. Dez. 1843)

Hebbel verabsolutiert damit einen Aspekt des geniezeitlichen bgl.
Tr.: die Kritik am Bürgertum. Erst bei ihm wird so aus dem bgl. Tr.
»die Tragödie des Bürgertums« (Eloesser, S. 216), das »Trauerspiel
des Bürgerlichen« (Christian Janentzky im »Jb. d. Freien Dt. Hochstifts«, 1936/40, S. 13). Statt des gesellschaftlichen Daseins schlechthin oder des Klassenkonflikts ist nun ein Stand und sein typisches
Denken und sittliches Verhalten Gegenstand der Anklage und Ursache des Tragischen: die kleinbürgerliche Geistigkeit, ihre Gebundenheit an »das *man*« (May), an das Meinen der anderen, an die in diesem Kreis gültigen engen und formalistischen Anschauungen von
Ehre und Schande. »Mit der ›Maria Magdalena‹ hat sich das bürgerliche Drama, einst ein Organ des Emanzipationskampfes, gegen das
Bürgertum selbst gekehrt«, das sich mittlerweile politisch und sozial
durchgesetzt hat (Eloesser, S. 217). Verurteilt wird die am Äußerlichen haftende, enthumanisierende bürgerliche Mentalität Meister Antons durch die menschlichere, fundamentalere Sittlichkeit,
die Klara in ihrer Selbstaufopferung und zum Schluß der Sekretär
verkörpern, letzterer zwar keineswegs in der Sicht aller Interpreten
(Elm, S. 153). Selbst der symbolische Titel, der die von den Phari-
säern verachtete Sünderin im Lukas-Evangelium meint (7, 36–50),
der von Jesus vergeben wird, verweist auf diesen Gegensatz (Glenn),

so sehr es auch zutrifft, daß »eine überzeugende Deutung [des biblischen Titels] bisher nicht gelungen und wohl auch kaum möglich ist
(Häntzschel, S. 248).

Das im soziologischen Sinne Bürgerliche oder Kleinbürgerliche
der verurteilten Moralanschauung hat Hebbel jedoch im Stück selbst
ebensowenig expressis verbis artikuliert wie im Titel. Alles Ideologi-
sche versuchte er im Stück vielmehr gerade nicht direkt auszuspre-
chen; »ganz *Bild*, nirgends *Gedanke*« sollte es sein (an Elise Lensing,
23. März 1843). Denn »es kam darauf an, durch das einfache Lebensbild selbst zu wirken und alle Seitenblicke des Gedankens und der
Reflexion zu vermeiden, da sie mit den dargestellten Characteren sich
nicht vertragen. Das ist aber schwerer, als man denkt, wenn man es
gewohnt ist, die Erscheinungen und Gestalten, die man erschafft,
immer auf die Ideen, die sie repräsentieren, überhaupt auf das Ganze
und Tiefe des Lebens und der Welt zurück zu beziehen. Ich hatte mich
also sorgfältig zu hüten, mich bei der Arbeit zu erhitzen, um nicht
über den beschränkten Rahmen des Gemäldes hinweg zu sehen und
Dinge hinein zu bringen, die nicht hinein gehören, obgleich es eben
diese Dinge sind, die mich am meisten reizen« (Tgb. 2910). Daher
auch die Bemerkung, es seien alle Personen des Stücks »im Recht«
(an Elise Lensing, 5. Dez. 1843), man möge insbesondere Meister
Anton, der Klara »in den Tod hinein treibt«, nicht »gram werden«
(an Auguste Stich-Crelinger, 11. Dez. 1843).

Diese schon ans Artistische grenzende darstellerische Objektivität tritt an die Stelle der jungdeutschen »Tendenz« (deren Fehlen
bereits die zeitgenössische Kritik der »Maria Magdalena« immer wieder hervorgehoben hat, wofür Hebbel ihr dankbar war; s. den Brief
an H. Th. Rötscher vom 22. Dez. 1847; vgl. »Sämtliche Werke«, Bd
²XI, S. 58: »ohne specielle Tendenz«). Erkauft wird die Deutungsab-
stinenz des Dramatikers aber mit der Verschleierung der Intentio-
nen des Theoretikers und Gesellschaftskritikers: ist Meister Antons
Verhalten zureichend zu erklären aus den materiellen und geistigen
Bedingungen seines Standes, soweit sie dargestellt werden, oder ist es
nicht vorwiegend determiniert durch seine obsessive psychische Dis-
position, die nicht primär durch gesellschaftliche Umstände verur-
sacht ist? Und ist folglich das Tragische der Absicht gemäß wirklich
»aus der bürgerlichen Welt« als geistig-sozialem Raum »abgeleitet«?
Nicht zufällig sehen ganz auf das Drama selbst und seine Bilderspra-
che konzentrierte Interpretationen wie die von May und besonders
Stern denn auch von gesellschaftskritischen Implikationen so gut wie
ganz ab. Sie erkennen in »Maria Magdalena« vielmehr die Gestaltung
einer »Urerfahrung des Dichters« (Stern), nämlich der zwanghaften
Bedrängtheit in der seelischen Enge: den »poetischen Ausdruck eines

eigenen Lebens und Leidens an der Gebundenheit« (May, S. 292; vgl. auch Reinhardt, S. 197–212).

Die Crux ist jedoch, daß diese originäre, biographisch faßbare Gebundenheit Hebbels in hohem Grade auch wieder eine soziale war, was begründen mag, warum man beim Durchdenken der Gestaltung dieser »Urerfahrung« im Werk kaum aus dem analogen Zirkel herauskommt – es sei denn, man urteilt, Antons überaus starke »aboriginal quality of self which precedes all social definition« könne sich ironischerweise eben nur in der verzehrenden Leidenschaft für die soziale Konformität verwirklichen (McInnes, 1972 [s.o. S. 90], S. 78–80). Das aber läuft letztlich doch wieder auf eine Deskription des Sachverhalts hinaus, der nach wie vor zur Kritik herausfordert, wenn man ihn von Hebbels Theorie des bgl. Tr. aus zu verstehen sucht.

Öffentlich und literarhistorisch bewußt hat Hebbel den intendierten neuen Typus des bgl. Tr. in dem nach Abschluß der »Maria Magdalena« geschriebenen Vorwort definiert und zugleich gegen die Schwächen des herkömmlichen bgl. Tr. abgegrenzt, damit aber zugleich einen weiteren Widerspruch zum Text heraufbeschworen:

Das bürgerliche Trauerspiel ist in Deutschland in Mißcredit gerathen, und hauptsächlich durch zwei Uebelstände. Vornähmlich dadurch, daß man es nicht aus seinen *inneren*, ihm allein eigenen, Elementen, aus der schroffen Geschlossenheit, womit die aller Dialectik unfähigen Individuen sich in dem beschränktesten Kreis gegenüber stehen, und aus der hieraus entspringenden schrecklichen *Gebundenheit* des *Lebens* in der *Einseitigkeit* aufgebaut, sondern es aus allerlei *Aeußerlichkeiten*, z.B. aus dem Mangel an Geld bei Ueberfluß an Hunger, vor Allem aber aus dem Zusammenstoßen des dritten Standes mit dem zweiten und ersten in Liebes-Affairen, zusammen geflickt hat. Daraus geht nun unläugbar viel Trauriges, aber nichts Tragisches, hervor, denn das Tragische muß als ein von vorn herein mit Nothwendigkeit Bedingtes, als ein, wie der Tod, mit dem Leben selbst Gesetztes und gar nicht zu Umgehendes, auftreten [...]. Dann auch dadurch, daß unsere Poeten, wenn sie sich einmal zum Volk hernieder ließen, weil ihnen einfiel, daß man doch vielleicht bloß ein Mensch sein dürfe, um ein Schicksal, und unter Umständen ein ungeheures Schicksal haben zu können, die gemeinen Menschen, mit denen sie sich in solchen verlorenen Stunden befaßten, immer erst durch schöne Reden, die sie ihnen aus ihrem eigenen Schatz vorstreckten, adeln, oder auch durch stöckige Bornirtheit nicht unter ihren wirklichen Standpunct in der Welt hinab drücken zu müssen glaubten, so daß ihre Personen uns zum Theil als verwunschene Prinzen und Princessinnen vorkamen, die der Zauberer aus Malice nicht einmal in Drachen und Löwen und andere respectable Notabilitäten der Thierwelt, sondern in schnöde Bäckermädchen und Schneidergesellen verwandelt hatte, zum Theil aber auch als belebte Klötze, an denen es uns schon Wunder nehmen mußte, daß sie Ja und Nein sagen konnten. Dieß war nun, wo möglich, noch schlimmer, es fügte dem Trivialen das Absurde und Lächerliche hinzu [...]. Diese beiden Uebelstände machen das

Vorurtheil gegen das bürgerliche Trauerspiel begreiflich, aber sie können es
nicht rechtfertigen, denn sie fallen augenscheinlich nicht der Gattung, sondern nur den Pfuschern, die in ihr gestümpert haben, zur Last. (»Sämtliche
Werke«, Bd ^{2}XI, S. 62–63)

Angesichts der auch am Schluß des Vorworts noch einmal nachdrücklich (als sine qua non des Tragischen statt Traurigen) betonten unab-
änderlichen Notwendigkeit, mit der die Ereignisse im Drama herbeigeführt werden sollen, stellt sich die umstrittene Frage, ob in »Maria
Magdalena« endgültig tatsächlich die bezeichnete Zwangsläufigkeit
herrsche, Hebbel hier also deterministisch die »Tragödie des totalen
Nihilismus« schreibe (v. Wiese, S. 595), und sei es auch um den Preis
der mangelnden »psychologischen Glaubwürdigkeit« (Häntzschel,
S. 248), oder ob nicht gerade in Klaras Haltung vielmehr die Möglichkeit der sittlichen Freiheit des Menschen gegenüber den Gesche-
hensabläufen sichtbar werde (Ziegler, S. 107–108). Eben und erst
darin würde sich dann das Tragische als anthropologische statt nur
dramenstrukturelle Kategorie konstituieren. Damit nicht unverbun-
den ist die ebenfalls widersprüchlich beantwortete Frage, ob die aus
der »Maria Magdalena« zu erschließende politische Einstellung des
Autors sozial konservativ oder eher fortschrittlich im Sinne der 1848
kulminierenden Liberalisierungsbewegung sei (Dosenheimer, »Das
deutsche soziale Drama«, S. 92; Streller, S. 103–104, 113–114).

    Das von Hebbel selbst bemerkte Dilemma: daß ihm die »Ideen«
das Interessanteste seien, diese aber in einem »Lebensbild« einfacher
Menschen schon um des Realismus der Darstellung willen nicht ausgesprochen werden könnten, tritt schließlich noch in einem dritten
Aspekt der problematischen Beziehung von Text und Theorie zutage.
Das Vorwort weist dem Drama eine Funktion im »welthistorischen
Proceß« zu, in dem das Verhältnis von jeweiligem »Welt- und Men-
schen-Zustand« einerseits und »Idee«, nämlich »dem Alles bedingen-
den sittlichen Centrum [...] im Welt-Organismus«, andererseits eine
Wandlung erfahre. Das Drama soll diesen Prozeß vorantreiben helfen, in diesem Sinne also zeitgemäß sein; es soll das Ende eines überlebten, den Beginn eines neuen sittlichen »Weltzustands« darstellen
und so dazu beitragen, eine »neue Form der Menschheit« zu »erzeugen« (Bd ^{2}XI, S. 40–44). Diese würde sich also kundgeben in Klaras
tragischer Selbstverwirklichung als Alternative zur formalmoralistisch
erstarrten bürgerlichen Vergangenheit, wie Meister Anton sie repräsentiert, wie auch zur menschlichen Unzulänglichkeit Leonhards
und Karls als Vertretern der opportunistischen Gegenwartsmenta-
lität (Elm, S. 153). Aus solcher Perspektive gesehen, wäre selbst die
schneidende Tragik der »Maria Magdalena« noch »voll Versöhnung«
(an Elise Lensing, 26. März 1843). Mit Meister Antons Schlußwort

(»Ich verstehe die Welt nicht mehr!«) mag auf ein solches »Brechen der Weltzustände« (Bd ²XI, S. 44) hingedeutet sein; aber das wäre der einzige Hinweis. Gewiß durchzieht der Gegensatz von alter und junger Generation, alter und neuer Zeit das ganze Stück im Gegeneinander von Vater und Sohn, und gewiß wird die Haltung Antons – bei aller verständnisvollen Plausibilisierung – verurteilt. Aber es ist fragwürdig, ob gerade dieser Gegensatz mit der Ahnung des Heraufkommens einer höheren sittlichen Entwicklungsstufe der Menschheit in Verbindung zu bringen ist, die doch von Klaras, nicht ihres Bruders, sittlichem Sein ausgeht und darüber hinaus allenfalls von der – zu späten – moralischen Einsicht des Sekretärs. Die Deuter sind daher uneins: der Behauptung, es werde der Anbruch einer neuen Welt im Zusammenbruch der alten geahnt (Dosenheimer, »Das zentrale Problem«, S. 65), steht die entgegen, daß die behauptete »Versöhnung« und die geschichtsphilosophische Ideologie im Stück selbst einfach nicht verwirklicht seien (v. Wiese, S. 595–596) – sehr im Gegensatz etwa zu »Agnes Bernauer« (1855), wo derartige Thematik jedenfalls diskursiv thematisiert wird.

In neuerer Zeit ist man noch einen Schritt weiter in dieser Richtung gegangen und hat in »Maria Magdalena« »die Agonie des bgl. Tr.« konstatiert, sofern die gattungsbestimmende Katharsis hier dem Triumph der schieren Gewalt gewichen sei, während zugleich das gesellschaftliche Emanzipationsbestreben des realen Bürgertums sich zurücknehme: Endspiel in jedem Sinn:

Ist Lessings *Miß Sara Sampson* gewissermaßen der Holotypus des Bürgerlichen Trauerspiels, wonach sich also die Beschreibung der Gattung richtet, so Hebbels *Maria Magdalena* das letzte Exemplar, der Tod Klaras symbolisiert das Ende des Bürgerlichen Trauerspiels, Logos und Leidenschaft werden nicht mehr empfindsam ausbalanciert oder pathetisch verhandelt, die Katharsis dient nicht mehr als Fluchtpunkt der Macht über das Begehren; nur noch Gewalt kann das literarische Trauerspiel beenden. Wird Literatur respektive Kunst dekathartisiert, lassen sich fiktionale und nicht-fiktionale Konfliktkonstellationen nur noch gewaltsam lösen. […]

Hebbels *Maria Magdalena* ist die adäquate Ausdrucksform eines Kleinbürgertums, das sein Emanzipationsbegehren endgültig aufgegeben hat, das nun weder ökonomische Macht besitzt noch an politischer Macht partizipiert, für das Begehren nach Emanzipation der Leidenschaften ist hier kein Raum mehr, man hat sich mit den bestehenden Gewaltverhältnissen arrangiert. Insofern ist Hebbels Drama Prototyp eines kleinbürgerlichen Trauerspiels, in dem die Gewalt die Katharsis ersetzt hat, weil das Bürgertum zur herrschenden Macht geworden ist und keiner Katharsis mehr bedarf. Denn die Katharsis hält das Bewußsein von einem Ungenügen wach, von jenen Leidenschaften, aus denen immer noch bedrohlich Rebellion blicken könne. (Matthias Luserke, S. 143, 149)

Nach »Maria Magdalene« hat Hebbel sich denn auch nicht wieder im Genre des bgl. Tr. versucht. Ähnlich wie Törrings Behandlung des Stoffes (s. o. S. 103f.) ist auch Hebbels Agnes Bernauer-Drama – »ein deutsches Trauerspiel« –, obwohl »die Ingredienzien des bgl. Tr. alle vorhanden sind« (Durzak, S. 84), kein bgl. Tr.: nicht nur weil die aus dem 18. Jh. geläufige »emanzipatorische Linie« verloren geht in der konservativen politischen Anschauung (Durzak, S. 85), sondern zunächst einmal schon, weil das dynastische Staatsinteresse tonangebend ist: »Das bgl. Tr. ist nur ein integrierter Bestandteil der Haupt- und Staatsaktion« (Scheit, S. 288).

Literatur

Vgl. die Bibliographie zur Geschichte des deutschen bgl. Tr. o. S. 17f. sowie die oben S. 127 genannten soziologischen Studien (hrsg. v. J. Kocka).

Heinrich Steves: Fr. Hebbels Verhältnis zu den politischen und sozialen Fragen. Diss. Greifswald 1909.

Elise Dosenheimer: Das zentrale Problem in der Tragödie Friedrich Hebbels. 1925, Kap. VI.

Grete Pogge: Hebbel und das Problem der inneren Form im bürgerlichen Trauerspiel. Diss. (Masch.) Hamburg 1925.

Klaus Ziegler: Mensch und Welt in der Tragödie Friedrich Hebbels. 1938. Reprint 1966, Kap. IV. 1.

Kurt May: »Maria Magdalene« im Zusammenhang der jüngsten Hebbelforschung, in: Dichtung u. Volkstum XLIII, 1943, S. 32–61. Umgearbeitet in: K. M.: Form und Bedeutung. Interpretationen deutscher Dichtung des 18. und 19. Jhs. 1957, S. 273–298.

Paul Husfeldt: Der Mythos in Hebbels Drama erläutert an »Maria Magdalene«, in: Dichtung u. Volkstum XLIII, 1943, S. 61–69.

Benno von Wiese: Die deutsche Tragödie von Lessing bis Hebbel. 1948. ⁹1983, Kap. XXIII.

Martin Stern: Das zentrale Symbol in Hebbels »Maria Magdalene«, in: Wirkendes Wort IX, 1959, S. 338–349. Überarbeitet und erweitert in: Hebbel in neuer Sicht, hrsg. v. Helmut Kreuzer. 1963, S. 228–246.

Anni Meetz: Friedrich Hebbel. (Slg Metzler. 18). 1962. ³1973, Kap. II. 3.

Jerry H. Glenn: The Title of Hebbel's »Maria Magdalena«, in: Papers on Language and Literature III, 1967, S. 122–133.

Joachim Müller: Zur motivischen und dramaturgischen Struktur von Hebbels »Maria Magdalena«, in: Hebbel-Jb., 1968, S. 45–76.

Karl Pörnbacher (Hrsg.): Friedrich Hebbel: »Maria Magdalena«. (Erläuterungen und Dokumente). 1970.

Siegfried Streller: »Maria Magdalene«. Die Wandlung des bürgerlichen Trauerspiels bei Friedrich Hebbel, in: Studien zur Literaturgeschichte u. Literaturtheorie, hrsg. v. Hans-Günther Thalheim u. Ursula Wertheim. 1970, S. 101–115. Auch in S.S.: Wortweltbilder. 1986, S. 169–183, 334–335.

Herbert Kraft: Poesie der Idee. Die tragische Dichtung Friedrich Hebbels. 1971, S. 104–122.

Edward McInnes: »Maria Magdalena« and the Bürgerliches Trauerspiel, in: Orbis Litterarum XXVIII, 1973, S. 46–67. (Auch in: McInnes: German Social Drama. 1840–1900. 1976.)

Josef Jansen u.a.: Einführung in die deutsche Literatur des 19. Jhs. Bd I. 1982, S. 181–198.

Ludger Lütkehaus: Friedrich Hebbel: »Maria Magdalena«. 1983, S. 89–103 (»Ein bürgerliches Trauerspiel«).

Joachim Bark: So viel Fremdheit, so wenig Lust. Überlegungen zu Hebbels »Maria Magdalena«, in: Wirkendes Wort XXXVIII, 1988, S. 200–213 (S. 211–212: »Bürgerliches Trauerspiel?«).

Hartmut Reinhardt: Apologie der Tragödie. Studien zur Dramatik Friedrich Hebbels. 1989, S. 197–264.

Matthias Luserke: Gewalt statt Katharsis – ein Paradigmenwechsel? Die Agonie des Bürgerlichen Trauerspiels in Hebbels »Maria Magdalena«, in: »Alles Leben ist Raub«. Aspekte der Gewalt bei Friedrich Hebbel, hrsg. v. Günter Häntzschel. 1992, S. 139–149.

Walsøe-Engel (s. o. S. 80), Kap. V.

Hart (s. o. S. 39), Kap. VII.

Günter Häntzschel: Christian Friedrich Hebbel: »Maria Magdalena«, in: Dramen des 19. Jhs. Interpretationen. 1997, S. 234–252.

Helmut Scheuer: »Dein Bruder ist der schlechteste Sohn, werde du die beste Tochter!« Generationskonflikte in Friedrich Hebbels »bürgerlichem Trauerspiel« »Maria Magdalena« (1844), in: Der Deutschunterricht LII, Heft 2, 2000, S. 27–35.

Theo Elm: Das soziale Drama. Von Lenz bis Kroetz. 2004, S. 139–154.

Zu »Agnes Bernauer«:

Gerhard Scheit: Bürgerliches Trauerspiel und patriarchale Staatsaktion. Dramaturgie der Geschlechter bei Friedrich Hebbel, in: Hebbel. Mensch und Dichter im Werk, hrsg. v. Ida Koller-Andorf. Wien 1995, S. 281–291.

Manfred Durzak: »Außer der Bernauerin ist niemand naß geworden«. Hebbels problematischer Beitrag zur Geschichte des Bürgerlichen Trauerspiels in »Agnes Bernauer«, in: Hebbel-Jb. 2001, S. 83–102.

4. Ausblick: Tod oder Auferstehung des bürgerlichen Trauerspiels?

Hebbel blieb ohne Nachfolger, die seinen hohen Anforderungen an die Stringenz des Tragischen im bgl. Tr. entsprochen hätten, jedenfalls in Deutschland; daß Ibsens und bis zu einem gewissen Grade auch Strindbergs Tragödientypus dem Hebbels, einschließlich seiner bezeichneten Problematik, nicht unvergleichbar ist (Ibsen hat »Maria Magdalena« übrigens sehr geschätzt [Michael L. Meyer: Ibsen. New

York 1971, S. 95f.]), steht auf einem anderen Blatt. Schon in der ersten
Hälfte der vierziger Jahre, und zwar bereits vor »Maria Magdalena«,
hört man Stimmen, die das bürgerliche Drama in Bausch und Bogen
als unzeitgemäß abtun (Dithmar [s. o. S. 127], S. 27, 70–72). Speziell dem tragischen bürgerlichen Drama bescheinigt der Hegelianer
Julius Mosen, daß es das Produkt einer Vergangenheit sei, die kein
Nationalgefühl und keinen Sinn für ihre welthistorische Bedeutung
besessen habe; die Zukunft gehöre der geschichtlichen Tragödie (Vorrede zu seinem »Theater«, 1842). Hermann Hettners Versuch, solchen »mehrfachen Stimmen« zum Trotz gerade das bgl. Tr. als Gebot
der sozialgeschichtlichen Stunde und als Gattung der Zukunft zu
propagieren (»Das moderne Drama«, 1852), ist kein positives Echo
beschieden gewesen. Eine Art Nachruf ex parte infidelium ist es, wenn
Grillparzer 1859/60 das bgl. Tr. als eine der »zwei schlechtesten Gattungen[,] die es gibt« brandmarkt (Tagebuchnotiz Nr. 4256). Die
Untertitelbezeichnung »bgl. Tr.« verschwindet denn auch seit Hebbel (bis ans Jahrhundertende). Und was unter den nicht mit diesem
Etikett versehenen Dramen gelegentlich als bgl. Tr. reklamiert wird,
besonders Otto Ludwigs Tragödien »Die Rechte des Herzens« (entst.
1845/46), »Die Pfarrose« (entst. 1845/49) und vor allem »Der Erbförster« (1853), kann nicht als bgl. Tr. in irgendeiner der historisch
belegten Wortbedeutungen angesehen werden. Charaktertragödien in
bürgerlichem Milieu sind keine bgl. Tr., wenn auch jedenfalls in der
»Pfarrose« die »unverändert subjektfeindlichen Strukturen in Feudal-
absolutismus und bürgerlicher Gesellschaft« eine gewisse Rolle spielen (Owzar, S. 99).

Der Verfall des bgl. Tr. seit den vierziger Jahren ist nicht nur vor
dem Hintergrund des allgemeinen Niedergangs der deutschen Tragödie seit der Jahrhundertmitte zu sehen (Martini). Der Hauptgrund
liegt in der sozialgeschichtlichen Entwicklung: die Themen des bgl.
Tr. fangen an, sich zu überleben, wie die Zeitgenossen bemerken
(Dithmar, S. 70–72). Hettner bezeugt 1852, daß der Standesunter-
schied, bei Gutzkow noch akut, für ein Zeitstück nicht mehr aktuell genug sei (Neudruck, S. 89). Und daß auch die interne Tragik
des Bürgertums, also Hebbels Variation des bürgerlich Tragischen,
nicht mehr den Nerv der Zeit trifft, ist bereits Arnold Ruges Bespre-
chung der »Maria Magdalena« (»Leipziger Revue«, 1847) wie auch
der von Friedrich Theodor Vischer (»Jahrbücher der Gegenwart«,
1847) zu entnehmen (vgl. Beer, S. 53, 59). Selbst bei Hettner ist
das zwischen den Zeilen zu lesen, wenn er mehrfach, ohne Namen
zu nennen, von den »Proletarierstücken«, »sozialistischen Volksdra-
men« der Jahrhundertmitte als wahrem Ausdruck der Zeitmentalität
und Symptom einer neuen Entwicklung spricht, die zur Gestaltung

der »sozialen Fragen« in der »Tragödie der Idee« führen werde (Neudruck, S. 75, 83, 91–94).

Verdrängt werden die Probleme des Bürgertums durch die »soziale
Frage«, die sich mit dem seit der Jahrhundertmitte aufkommenden
Industrieproletariat stellt. Das bgl. Tr. weicht dem sozialen Drama,
spätestens seit dem Jahrhundertende (wenn auch die neueste Darstellung des sozialen Dramas, von Theo Elm, dessen Entwicklung bereits
mit J. M. R. Lenz beginnen läßt und dementsprechend auch sonst
als bgl. Tr. verstandene Dramen als »soziale« behandelt wie den »Hofmeister«, »Die Kindermörderin«, »Kabale und Liebe« sowie »Maria
Magdalena«). Indem das soziale Drama den Menschen, und zwar
mit Nachdruck den unterprivilegierten, in seiner biologischen, öko-
nomischen und sozialen Bedingtheit darstellt (Schößler, Elm), ist es
jedoch in Gefahr, mit der daraus resultierenden Schuld- und Verant-
wortungsunfähigkeit des Menschen zugleich das Tragische preiszuge-
ben. So lehnt Paul Ernst um die Jahrhundertwende das bgl. Tr. und
überdies das proletarische ab mit der Überlegung, soziale Gebundenheit gehe Hand in Hand mit dem Mangel an jener geistigen und
sittlichen Freiheit, die als Grundbedingung des Tragischen zu gelten
habe (»Der Weg zur Form«, 1906, S. 119–121). Noch 1921 hört
man ein Echo davon bei Hofmannsthal in seinem Essay »Die Ironie
der Dinge«: »Die Tragödie gibt ihrem Helden, dem Individuum, die
künstliche Würde: sie macht ihn zum Halbgott und hebt ihn über
die bürgerlichen Verhältnisse hinaus. [...] Ein bürgerliches Trauerspiel ist vollends ein Unding, denn die bürgerliche Welt ist die Welt
des sozial Bedingten und die Tragödie entfaltet sich am sozial Unbedingten« (Ges. Werke in Einzelausg., hrsg. v. Herbert Steiner, »Prosa«,
Bd IV, 1955, S. 40).

Ein isolierter Vorläufer der Proletariertragödie oder des tragischen
»sozialen Dramas« ist in den dreißiger Jahren Büchners »Woyzeck«,
der jedoch erst 1879 veröffentlicht wurde – ein sehr individueller
Vorläufer, da das spezifisch Ständische, die soziale Gebundenheit und
der ökonomische Zwang, nicht ausschlaggebend als Verhängnis ins
Spiel gebracht wird; vielmehr zeigt »Woyzeck« den kreatürlichen, leidenden Menschen bei aller gesellschaftlichen Bedrängtheit als Opfer
letztlich von anonymen, elementaren, aber nicht biologistisch kon-
zipierten Kräften, die seinem lenkenden Zutun und Verständnis ent-
zogen bleiben (Dosenheimer, Müller-Seidel [s. o. S. 17]; daher auch
die Möglichkeit einer existentialistischen Interpretation wie z. B. bei
Karl Schmid, »Georg Büchner«, 1940).

Proletariertragödie als »soziales Drama« entwickelt sich im genaueren Wortsinne (Stand, Milieu, »Verhältnisse«, biologische Veranlagung
als Schicksal) in literarisch ernstzunehmender Form erst im Natura-

lismus. Bei Gerhart Hauptmann, besonders in »Rose Bernd« (1903)
im Unterschied zu »Vor Sonnenaufgang« (1889), wird sie variiert
durch die Auffassung des Tragischen nicht als Ergebnis eines »sozialen Konflikts« (wie Fr. Marx mit Recht betont [S. 126]), sondern
als Umgebensein des Menschen von urtümlichen Mächten, die weit
über die gesellschaftlichen hinausgehen, sich aber in ihnen bekun-
den können – ähnlich wie bei Strindberg dessen Selbstverständnis
zufolge und schon bei Büchner, den der junge Hauptmann schätzte
und entdecken half. An Strindberg vor allem läßt Hauptmanns ins
Psychische vertiefte Artikulation einer »Familienkatastrophe« in prononciert bürgerlicher Umwelt in »Das Friedensfest« (1890) denken,
zugleich aber auch an Hebbels Konzeption der Selbstzerstörung der
bürgerlichen Enge. (Demgegenüber ist es, woran Jürgen Jacobs erin-
nert hat, zwar interessant, hat aber sachlich wenig zu besagen, daß
Hauptmann, bei dem generell viel angelesenes Bildungsgut zu finden
ist, sich gelegentlich expressis verbis auf Lessing als Befürworter eines
nicht-heroischen Dramas beruft, dessen tragische Wirkung statt auf
Rang, Titel und Fallhöhe auf den elementaren menschlichen Beziehungen – Freund, Vater, Mutter, Geliebte, Kind – auch im sozial
geringsten Milieu beruhe.)

Soweit das Bürgertum als gesellschaftliches Phänomen *nach* »Maria
Magdalena« ohne die Hauptmannsche Subsumierung unter einen exi-
stentiell umfassenderen Aspekt im deutschen Drama erscheint, wird
es, anstatt Träger des Tragischen, Gegenstand einer Feindseligkeit, die
zum Satirischen und Karikaturistischen neigt. Es erscheint als Unter-
drücker des vierten Standes und Vertreter einer verlogenen Ideologie
(Naturalismus), als höhnisch verzerrtes Gegenbild zum »fünften Stand«
der außergesellschaftlichen freien Menschen (Wedekind), als Gegenstand achselzuckenden, quasi tiefsinnigen Psychologisierens (Schnitzler) oder als Inbegriff des konventionell erstarrten gesellschaftlichen,
nicht zuletzt auch in der Familie konkretisierten Daseins, das der substantiellen Regeneration des Menschen im Wege steht (Expressionismus; Ödön von Horváth). Mehr als das bgl. Tr.* entsprechen solchen
Sichtweisen die »bgl. Tragikomödie« (Felix Langer: »Lore Ley, die bür-

---

* Als Untertitel kommt »bgl. Tr.« in dieser Zeit noch vor bei Hermann
   Bahr: »Die große Sünde« (1889), Max Nordau: »Doktor Kohn« (1898;
   vgl. Hans-Peter Söder: Captain Dreyfus in Germany? Max Nordau's »Dr.
   Kohn« as a »Bourgeois Tragedy«, in: Modern Judaism XV, 1995, S. 35–
   47) und Erich Schlaikjer: »Heinrich Lornsen« (1900); vgl. Max Dauthen-
   dey: »Frau Raufenbarth. Bürgerliche Tragödie« (1911) und Iwan Heilbut:
   »Bürgertragödie« (1929).

gerliche Tragikomödie«, 1913) und das »bgl. Lustspiel« (Untertitel von Herbert Eulenbergs »Der natürliche Vater«, 1909, Sternheims »Die Hose«, 1911, Hanns Johsts »Der Ausländer«, 1916).

Wenn schließlich im mittleren und späteren 20. Jh. der Untertitel »bgl. Tr.« noch oder wieder gewählt wird, dann nicht ohne literarhistorische Ironie wie in Peter Hacks' »Der Müller von Sanssouci« (1958), Rainer Werner Fassbinders »Bremer Freiheit« (1971), Adolf Muschgs »Rumpelstilz« (1968, »ein kleinbürgerliches Trauerspiel«) und Kuno Raebers »Vor Anker« (1992). Entsprechend werden in diesen Jahrzehnten auch noch Dramen geschrieben, die, indem sie die Familienthematik kritisch artikulieren und dabei »bürgerliche« Einstellungen aufs Korn nehmen, direkt zurückgreifen auf prominente Exemplare der Tradition des bgl. Tr. (bei Kipphardt und Brecht auf Stücke von Lenz, bei Hacks und Ferdinand Bruckner auf Wagners »Kindermörderin«, bei Kroetz auf »Maria Magdalena«). Doch mit den bgl. Tr. früherer Zeiten haben sie wenig gemein. Wenn das bgl. Tr. in ihnen »weiterlebt«, dann in einer Metamorphose, die diesen Abstand selbst von Hebbels bgl. Tr. deutlich hervorkehrt. Für manche Kritiker und Historiker ist es folglich, ihrer präzisen Konzeption der Gattung gemäß, wenig sinnvoll, im Hinblick auf die Dramatik der Gegenwart vom Weiterwirken einer Tradition zu sprechen, die eine literarische und nicht ausschließlich eine sozialgeschichtliche war.

In den Augen von Germanisten wie Mönch (s. o. S. 118, S. 342), Eibl im »Reallexikon der deutschen Literaturwissenschaft« (Bd I, 1997, S. 285–287) und Rochow (s. o. S. 6, S. 206–214) ist es sogar schon um 1800 mit dem bgl. Tr. vorbei. »Von der Tradition des bgl. Tr. aus führt [...] kein Weg in die Gegenwart« (Rochow, S. 214); das bgl. Tr. sei »heute eine tote Gattung« (S. 7). Während für diese Beurteiler dementsprechend auch Hebbels »Maria Magdalena« nicht mehr als bgl. Tr. gelten kann, sondern wegen der Nicht-Konformität mit Hebbels Theorie der Gattung nur noch als Nachweis der »Unmöglichkeit« der »neuen bürgerlichen Tragödie« figuriert (Rochow, S. 206, 213), behauptet sich die konventionelle Vorstellung der Geschichte der Gattung von Lessing bis Hebbel noch in der Gegenwart etwa bei Hart (s. o. S. 39) und Kwang Woo Park (s. o. S. X). Eher isoliert hingegen steht Dieter Borchmeyers Feststellung da: »In ›Rose Bernd‹ gelangt die Geschichte der Gattung des bürgerlichen Trauerspiels noch einmal zu einem Höhepunkt und zugleich zu ihrem unwiderruflichen Ende« (S. 219).

Demgegenüber mehren sich neuerdings jedoch die Stimmen, die, nicht ohne Plausibilität, in der »bürgerlichen« Dramatik seit dem Naturalismus und bis in die unmittelbare Gegenwart eine neue Phase der Geschichte der Gattung zu sehen geneigt sind. Deren Hauptvertreter

seien die oder einige der in den vorausgehenden Absätzen genannten
Autoren (Jacobs; Killy, »Literatur-Lexikon«, Bd XIV, 1993, S. 443;
Wilpert, »Sachlexikon der Literatur«, [8]2001; Hassel [s. o. S. 81]; v.
d. Lühe). Das wäre dann – nach der empfindsamen, der ständekri-
tischen und der mittelstandskritischen (Hebbelschen) – die vierte
Phase in der Geschichte der Gattung. Ihre detaillierte Untersuchung
unter genretypologischem Gesichtspunkt steht noch aus; hat die Produktion dieser Phase ihr eigenes Profil, wie es in den vorausgehenden
Phasen der Fall war? Schon jetzt aber dürfte einleuchten, daß manches für die Annahme spricht, daß die oft totgesagte Gattung des bgl.
Tr. eher scheintot war.

Literatur

Vgl. o. S. 17f.

Allgemeines:
Hermann Hettner: Das moderne Drama. 1852. Neudruck: DLD. Nr. 151.
1924. Reprint 1971, bes. Kap. II: »Das bürgerliche Drama«, Abschnitt 2:
»Das bürgerliche Trauerspiel«. – Karl Borinski: Das Theater. Sein Wesen,
seine Geschichte, seine Meister. 1899, Kap. VI: »Das bürgerliche Trauerspiel
(›Gesellschaftsstück‹)«. – Oskar Beer: Hebbels »Judith« und »Maria Magda-
lena« im Urteil seiner Zeitgenossen. Diss. Freiburg 1909. – Kuno Brombacher:
Der deutsche Bürger im Literaturspiegel von Lessing bis Sternheim. 1920.
– Werner Wirths: Der Übergang vom bürgerlichen zum sozialen Drama in
Deutschland. Diss. (Masch.) Freiburg 1928. – Marianne Thalmann: Die Anar-
chie im Bürgertum. Ein Beitrag zur Entwicklungsgeschichte des liberalen Dra-
mas. 1932. – Elise Dosenheimer: Das deutsche soziale Drama von Lessing bis
Sternheim. 1949. Reprint 1967. – Fritz Martini: Drama und Roman im 19.
Jh. Perspektiven auf ein Thema der Formengeschichte, in: Gestaltprobleme
der Dichtung, hrsg. v. Richard Alewyn u. a. 1957, S. 207–237. – Margret
Dietrich: Europäische Dramaturgie im 19. Jh. 1961. – Fritz Martini: Deutsche Literatur im bürgerlichen Realismus, 1848–1898. 1962. [3]1974, S. 116–
236: »Das Drama«. – Friedrich Knilli u. Ursula Münchow (Hrsg.): Frühes
deutsches Arbeitertheater, 1847–1918. Eine Dokumentation. 1970, Einführung. – Walter Hinck: Produktive Rezeption heute. Am Beispiel der sozialen
Dramatik von J. M. R. Lenz und H. L. Wagner, in: Sturm und Drang. Ein
literaturwissenschaftliches Studienbuch, hrsg. v. W. Hinck. 1978, S. 257–269.
– Jürgen Jacobs: Zur Nachgeschichte des Bürgerlichen Trauerspiels im 20.
Jh., in: Drama und Theater im 20. Jh. Festschrift für Walter Hinck, hrsg. v.
Dietrich Irmscher u. Werner Keller. 1983, S. 294–307. – Franziska Schöß-
ler: Einführung in das bürgerliche Trauerspiel und das soziale Drama. 2003.
– Irmela von der Lühe: Das bürgerliche Trauerspiel, in: Die Tragödie. Eine
Leitgattung der europäischen Literatur, hrsg. v. Werner Frick. 2003, S. 202–
216. – Theo Elm: Das soziale Drama. Von Lenz bis Kroetz. 2004.

Ludwig:
Brigitte E. Schatzky: Otto Ludwig's »Der Erbförster« as a Bürgerliches Trauer-spiel, in: GLL VI, 1952, S. 267–274. – McInnes, 1976 (s. o. S. 137), S. 41–58. – Rolf Geißler: Otto Ludwigs »Erbförster«. Zum Problem einer geschichtlich-soziologischen Interpretation, in: R.G.: Zeigen und Erkennen. 1979, S. 57–68. – Armin Owzar: »Wer stirbt heut' zu Tag' an Schmerz?« Adaptationen des bürgerlichen Trauerspiels in den Jugenddramen »Die Rechte des Herzens« und »Die Pfarrrose«, in: Otto Ludwig. Das literarische und musikalische Werk, hrsg. v. Claudia Pilling u. Jens Dirksen. 1999, S. 99–121, 518–521.

Naturalismus und Gerhart Hauptmann:
Max Günther: Die soziologischen Grundlagen des naturalistischen Dramas der jüngsten deutschen Vergangenheit. Diss. Leipzig 1912. – Benno Manns: Das Proletariat und die Arbeiterfrage. Diss. Rostock 1913. – Carter Kniffler: Die ›sozialen‹ Dramen der achtziger und neunziger Jahre des 19. Jhs und der Sozialismus. Diss. Frankfurt 1929. – Josef Hundt: Das Proletariat und die soziale Frage im Spiegel der naturalistischen Dichtung (1884–1890). Diss. Rostock 1931. – Hans Joachim Schrimpf: Hauptmann: »Rose Bernd«, in: Das deutsche Drama, hrsg. v. Benno v. Wiese. 1958. ²1960. Bd II, S. 166–185. – Warren R. Maurer: Hebbel im Urteil der Naturalisten, in: Hebbel-Jb., 1967, S. 107–138. – Ursula Münchow: Deutscher Natura-lismus. 1968. – Sigfrid Hoefert: Das Drama des Naturalismus. (Slg Metzler. 75). 1968. ²1973. – Richard Hamann u. Jost Hermand: Naturalismus. 1972. ²1973. – Martin Machatzke: Geschichtliche Bedingungen des sozialen Dramas in Deutschland um 1890, in: Michigan Germanic Studies I, 1975, S. 283–300. – McInnes, 1976 (s.o. S. 137), S. 96–229. – Dietmar Trempenau: Frühe sozialdemokratische und sozialistische Arbeiterdramatik (1890–1914). 1979. – Jürgen Jacobs: s. o. S. 142. – Dieter Borchmeyer: Der Naturalismus und seine Ausläufer, in: Geschichte der deutschen Literatur vom 18. Jh. bis zur Gegenwart, hrsg. v. Viktor Žmegač. Bd II. 1980. – Karl S. Guthke: »Logisch wie die Natur«? Hauptmanns Menschenbild im »Friedensfest«, in: K. S. G.: Das Abenteuer der Literatur. 1981, S. 266–276. – Friedhelm Marx: Gerhart Hauptmann. 1998, S. 125–127. – Susanne Balhar: Das Schicksalsdrama im 19. Jh. 2004, Kap. IX (über Hauptmanns »Friedensfest«).

Expressionismus und Wedekind:
Rudolf Baucken: Bürgerlichkeit, Animalität und Existenz im Drama Wede-kinds und des Expressionismus. Diss. (Masch.) Kiel 1950. – Johannes Mit-tenzwei: Karl Sternheims Kritik am Bürgertum im Rahmen einer Darstel-lung des Pessimismus. Diss. (Masch.) Jena 1952. – Fritz Martini: Soziale Thematik und Formwandlungen des Dramas, in: Der Deutschunterricht, 1953, Heft 5, S. 73–100. – Hans H. Fritze: Über das Problem der Zivili-sation im Schaffen Georg Kaisers. Diss. (Masch.) Freiburg 1955. – Martin Reso: Der gesellschaftlich-ethische Protest im dichterischen Werk Ernst Tol-lers. Diss. (Masch.) Jena 1957. – Klaus Ziegler: Dichtung und Gesellschaft im deutschen Expressionismus, in: Imprimatur, N.F. III, 1961/62, S. 98–114. – Peter Uwe Hohendahl: Das Bild der bürgerlichen Welt im expressio-nistischen Drama. 1967. – Klaus Kändler: Drama und Klassenkampf. Bezie-

hungen zwischen Epochenproblematik und dramatischem Konflikt in der sozialistischen Dramatik der Weimarer Republik. 1970. ²1974. – Richard Hamann u. Jost Hermand: Expressionismus. 1975. – Winfried Freund: Die Bürgerkomödien Carl Sternheims. 1976. – Virginia Verrienti: Dal »piccolo« al grande borghese. Genesi ed evoluzione di un topos letterario dal romanzo guglielmino al teatro espressionista, in: Studi germanici XVII–XVIII (1979–80), S. 259–307. – Metwally (o. S. 38).

Schnitzler:
Geißler (s. o. S. 17), S. 89–92. – Axel Fritz: Vor den Vätern sterben die Töchter. Schnitzlers »Liebelei« und die Tradition des bürgerlichen Trauerspiels, in: Text & Kontext X, 1982, S. 303–318. – Bettina Matthias: Arthur Schnitzler's »Fräulein Else« and the End of Bourgeois Tragedy, in: Women in German Yearbook XVIII, 2002, S. 248–266.

Horváth:
Karl Müller: »Wo ganz plötzlich ein Mensch sichtbar wird« – Lebens- und Todeskämpfe, in: Ödön von Horváth. Unendliche Dummheit – dumme Unendlichkeit, hrsg. v. Klaus Kastberger. 2001, S. 19–34.

Kipphardt:
Karl H. Schoeps: Zwei moderne Lenz-Bearbeitungen, in: Monatshefte (Wisc.) LXVII, 1975, S. 443–446. – Hinck (s. o. S. 142), S. 261–263 (zu »Die Soldaten« [1968]). – Walter Karbach: Mit Vernunft zu rasen. Heinar Kipphardt. 1989, S. 221–229.

Brecht:
Guy Stern: Brechts »Trommeln in der Nacht« als literarische Satire [auf das bgl. Tr.], in: Monatshefte (Wisc.) LXI, 1969, S. 241–259. – Schoeps (s. o.), S. 437–443. – Laurence P. A. Kitching: »Der Hofmeister« [1950]. A Critical Analysis of Bertolt Brecht's Adaptation of Lenz' Drama. 1976. – Rolf Christian Zimmermann: Marginalien zur Hofmeister-Thematik und zur »Teutschen Misere« bei Lenz und Brecht, in: Drama und Theater im 20. Jh (s. o. S. 142), S. 213–227. – Durzak (s. o. S. 117). – Rüdiger Bernhardt: Vom Aufstand der Sinne. Bertolt Brechts Bearbeitung des »Hofmeisters« von Jakob Michael Reinhold Lenz aus dem Jahre 1950, in: Brecht-Jahrbuch XXII, 1997, S. 305–337. – Jean-Claude François: L'Adaption du »Hofmeister« de Lenz par Bertolt Brecht«, in: L'Allemagne dès lumières à la modernité«, hrsg. v. Pierre Labaye. Rennes 1997, S. 307–317. – Jan Knopf: Die Kastration von Lenz' »Hofmeister« durch Brecht, in: »Die Wunde Lenz«, hrsg. v. Inge Stephan u. Hans-Gerd Winter. 2003, S. 431–439.

Hacks:
Herbert Haffner: Wagner/Hacks. »Die Kindermörderin«. Original und Bearbeitung [1957, 1963] im Vergleich. 1982.

Kroetz:
Jan Berg: Friedrich Hebbel: »Maria Magdalena« und die Bearbeitung [1972]

von Franz Xaver Kroetz, in: Von Lessing bis Kroetz, hrsg. v. Jan Berg u. a. 1975, S. 43–67. – Georg Kurscheidt: Hebbels bürgerliches Trauerspiel in der Bearbeitung von Franz Xaver Kroetz, in: Wirkendes Wort XXXII, 1982, S. 405–418. – Hassel (s. o. S. 81), 299–324. – Vgl. auch Walsøe-Engel (s. o. S. 80), Kap. VI.

Bruckner:
Francis Cros: Ferdinand Bruckner: »Die Kindsmörderin« [Anfang d. 50er Jahre], in: Recherches germaniques VI, 1976, S. 269–302.

Namenregister

Sammlung Metzler

Printed in the United States
By Bookmasters